Ports industriels en transition

De l'économie circulaire
à la décarbonation

Collection « L'esprit économique »

fondée par Sophie Boutillier et Dimitri Uzunidis en 1996
dirigée par Sophie Boutillier, Blandine Laperche, Dimitri Uzunidis

Si l'apparence des choses se confondait avec leur réalité, toute réflexion, toute Science, toute recherche serait superflue. La collection « L'esprit économique » soulève le débat, textes et images à l'appui, sur la face cachée économique des faits sociaux : rapports de pouvoir, de production et d'échange, innovations organisationnelles, technologiques et financières, espaces globaux et microéconomiques de valorisation et de profit, pensées critiques et novatrices sur le monde en mouvement...
Ces ouvrages s'adressent aux étudiants, aux enseignants, aux chercheurs en sciences économiques, politiques, sociales, juridiques et de gestion, ainsi qu'aux experts d'entreprise et d'administration des institutions.

La collection est divisée en six séries :

Dans la série *Economie et Innovation* sont publiés des ouvrages d'économie industrielle, financière et du travail et de sociologie économique qui mettent l'accent sur les transformations économiques et sociales suite à l'introduction de nouvelles techniques et méthodes de production. L'innovation se confond avec la nouveauté marchande et touche le cœur même des rapports sociaux et de leurs représentations institutionnelles.

La série *Economie formelle* a pour objectif de promouvoir l'analyse des faits économiques contemporains en s'appuyant sur les approches critiques de l'économie telle qu'elle est enseignée et normalisée mondialement. Elle comprend des livres qui s'interrogent sur les choix des acteurs économiques dans une perspective macroéconomique, historique et prospective.

Dans la série *Le Monde en Question* sont publiés des ouvrages d'économie politique traitant des problèmes internationaux. Les économies nationales, le développement, les espaces élargis, ainsi que l'étude des ressorts fondamentaux de l'économie mondiale sont les sujets de prédilection dans le choix des publications.

La série *Krisis* a été créée pour faciliter la lecture historique des problèmes économiques et sociaux d'aujourd'hui liés aux métamorphoses de l'organisation industrielle et du travail. Elle comprend la réédition d'ouvrages anciens, de compilations de textes autour des mêmes questions et des ouvrages d'histoire de la pensée et des faits économiques.

La série *Clichés* a été créée pour fixer les impressions du monde économique. Les ouvrages contiennent photos et texte pour faire ressortir les caractéristiques d'une situation donnée. Le premier thème directeur est : mémoire et actualité du travail et de l'industrie ; le second : histoire et impacts économiques et sociaux des innovations.

La série *Cours Principaux* comprend des ouvrages simples, fondamentaux et/ou spécialisés qui s'adressent aux étudiants en licence et en master en économie, sociologie, droit, et gestion. Son principe de base est l'application du vieil adage chinois : « le plus long voyage commence par le premier pas ».

Sophie Boutillier, Blandine Laperche,
Son Thi Kim Le

Ports industriels en transition

De l'économie circulaire à la décarbonation

L'Harmattan

5-7, rue de l'École-Polytechnique ; 75005 Paris

http://www.editions-harmattan.fr/

ISBN : 978-2-336-46618-7
EAN : 9782336466187

Table des matières

Liste des figures

Liste des tableaux

Liste des photos

Liste des encadrés

Introduction

L'économie circulaire est aujourd'hui considérée comme un modèle permettant la transition du système économique existant depuis le début de l'industrialisation vers un fonctionnement plus durable. L'ensemble de pratiques intégrées sous ce terme a pour but de réduire les déchets produits par les activités économiques, de promouvoir un meilleur usage des ressources et de favoriser des pratiques de réutilisation, de réemploi et de recyclage dans les processus de production et de consommation. L'économie circulaire a vocation à s'appliquer aux acteurs qui se trouvent au cœur du système économique de production et de consommation : les entreprises. Mais elle fait aussi l'objet de politiques publiques macro-économiques afin d'orienter les économies dans leur ensemble vers des fonctionnements plus sobres et plus respectueux de l'environnement.

Dans cet ouvrage, nous étudions dans quelle mesure l'économie circulaire peut être un levier pour le développement et la transition des territoires vers un développement plus durable, intégrant donc des dimensions économiques, environnementales et sociales. Notre réflexion se porte sur les territoires particuliers que sont les ports industriels. Emblématiques de l'industrialisation, ces ports, points d'entrée et de flux de matières premières et d'énergie ont été au cœur de l'industrialisation du 20e siècle, par les industries lourdes qui y ont été développées. Après des années de croissance forte, les ports ont dû faire face à de nombreux enjeux économiques (réduction de la demande, restructurations, désindustrialisation, globalisation et concurrence accrue), environnementaux (industrie lourde et polluante) et sociaux (profil ouvrier de la main-d'œuvre, chômage croissant). Cependant, depuis le début des années 2000, l'économie circulaire et en particulier l'écologie industrielle, sont apparues comme un nouveau levier de développement durable et de transition énergétique. Nous étudions sa mise en œuvre, et l'ensemble de transformations que l'économie circulaire sous-tend : dans quelle mesure peut-elle donner naissance à une nouvelle orientation de la trajectoire économique d'un territoire ? Est-elle à l'origine de la création, à cette échelle, d'écosystèmes d'innovation que l'on pourrait qualifier de circulaires, porteurs de transformations économiques, sociales et environnementales ? Les projets actuels orientés vers la réindustrialisation et la décarbonation participent-ils à ces nouvelles dynamiques et, si oui, de quelles manières ?

Telles sont les questions auxquelles les auteures de cet ouvrage répondent, en appliquant leurs réflexions en particulier au cas du port de Dunkerque, tout en mettant son expérience en perspective avec d'autres ports industriels, européens surtout.

Dunkerque est située à l'extrême nord de la France sur le littoral de la mer du Nord à une dizaine de kilomètres de la frontière belge. Ce territoire, comme beaucoup d'autres, a été le théâtre de nombreux conflits au cours des siècles. La ville devient française en 1662. À partir de cette période, l'État organise le développement économique de ce territoire en fonction des objectifs définis à l'échelle nationale. Des travaux d'aménagement du port sont réalisés et facilitent la création de manufactures de transformation de produits importés (notamment le tabac), mais également de fabrication de cordage et sacs nécessaires au commerce maritime. L'intervention de l'Etat se poursuit d'abord avec le Plan Freycinet à la fin du 19e siècle qui permet un développement endogène d'activités entrepreneuriales de grande ampleur, puis avec la création d'un pôle d'industries lourdes après la fin de la Seconde Guerre mondiale, reposant essentiellement sur l'implantation d'unités de production de groupes français ou étrangers. La période la plus récente en ce début de 21e siècle, amorçant un vaste plan de réindustrialisation et de décarbonation, confirme cette caractéristique. Nous aurons l'opportunité de décrire ces différentes phases de la trajectoire économique de Dunkerque dans le cadre de cet ouvrage.

Pour situer ce territoire, précisons d'abord qu'en dépit de la brutalité du processus de désindustrialisation des années 1970-1980, il est resté un territoire industriel qui génère environ 21% des émissions de CO_2 industrielles du territoire national grâce à 460 entreprises industrielles. 22,5% des emplois se concentrent dans l'industrie[1], contre 13,3% en France. Dunkerque est actuellement le troisième port français. En 2019, il est classé sixième dans le Range Nord qui s'étend du Havre à Hambourg[2]. Il est premier port français d'importation de minerais et de charbon, et pour l'importation de fruits en conteneurs. Il est le premier port de fret ferroviaire français et le deuxième port français pour les échanges avec la Grande-Bretagne. Il est enfin le premier port fluvial du Nord/Pas de Calais. En 2023, l'activité globale du port de Dunkerque s'établit à 44 millions de tonnes (MT), en recul de 10% par rapport à l'année précédente, à l'instar de la plupart des ports européens du Range Nord, mais aussi en raison de l'arrêt du haut-fourneau n°4 d'ArcelorMittal et d'une baisse de 21% du trafic d'hydrocarbure. Mais son chiffre d'affaires est en hausse de 5,2%, s'établissant à 107 millions d'euros. Les vracs secs, qui sont historiquement l'activité majeure du port (minerai de fer, charbons, mais aussi céréales…), s'élèvent à 14,3 MT en 2023, en baisse de 12% mais constituent toujours plus d'un tiers de son activité (32%). Les vracs liquides (hydrocarbures, gaz naturel liquéfié) représentent 27% (11,7 MT) de l'activité du port et sont également en diminution. Les marchandises diverses représentent 41% du volume portuaire (18 MT, en baisse de 5%). Malgré une diminution du trafic de conteneurs de 10% (670 000 EVP[3]) due à la baisse de l'activité de transbordement, l'ambition de Dunkerque est de capter 2,3% du marché du trafic de conteneurs d'ici 2035. Le trafic lié à l'hinterland progresse, quant à lui, de 11%, de même que le trafic roulier transmanche[4].

Le salariat y est très développé puisque 91,5% de la population est salariée, contre environ 87% pour la moyenne nationale (INSEE, 2020). La métallurgie occupe une place centrale dans l'économie de ce

---

[1] https://www.insee.fr/fr/statistiques/2011101?geo=ZE2020-3213#chiffre-cle-6

[2] Le Range Nord (Northern Range) désigne la façade maritime de la mer du Nord, du Havre à Hambourg. Données 2019, Région Hauts-de-France. https://cartes.hautsdefrance.fr/?q=map-list-new&field_mots_cles_tid%5b%5d=507. Nous remercions Karine Becuwe (Union Maritime et Commerciale) et Stéphane Bak (Port Center Dunkerque) pour la transmission de cette information.

[3] EVP est l'abréviation française pour équivalent vingt pieds (TEU en anglais : Twenty-Foot Equivalent Unit). C'est l'unité de mesure pour exprimer une capacité de transport en multiple du volume standard occupé par un conteneur 20 pieds (6 mètres)

[4] Grand Port Maritime de Dunkerque, Dossier de Presse, 2024.

territoire. Environ 5800 salariés y travaillent, soit le tiers des emplois de la zone d'emploi de Dunkerque. ArcelorMittal (anciennement Usinor) est la principale entreprise de ce secteur et emploie fin 2023 près de 4500 salariés, répartis sur deux établissements dont l'un constitue le plus grand établissement métallurgique national[1]. En dehors d'ArcelorMittal, Dunkerque compte sur son territoire de grandes entreprises industrielles, telles que EDF (production d'électricité à partir de l'énergie nucléaire), Aluminium Dunkerque (production d'aluminium), Lesieur (production d'huiles alimentaires et de sauces, Eqiom (production de béton), Coca-Cola (production de boissons gazeuses)… toutes ces entreprises ont en commun de faire partie de groupes multinationaux, poursuivant la trajectoire entamée dans les années 1960. S'il est question depuis quelques années, et sans doute depuis les années 2020, de réindustrialisation, c'est après avoir traversé une période très difficile. Selon le maire de Dunkerque, en 2013, Dunkerque était « l'agglomération de France qui perd[ait] le plus d'habitants » (*Le Figaro*, 24/02/2024). Pour l'heure, le territoire se prépare pour une nouvelle trajectoire économique : deux gigafactories, deux réacteurs nucléaires (EPR), deux usines de recyclage de batteries, de nombreux projets autour de l'hydrogène et de l'agro-industrie. Plus de 22 000 emplois doivent voir le jour d'ici 2030, alors que le taux de chômage est aujourd'hui de plus de 8%, contre environ 7,5% à l'échelle nationale. Les demandeurs d'emploi d'aujourd'hui vont-ils devenir les salariés de demain ? Mais, est-ce si simple ?

Cet ouvrage résulte de nombreuses années de recherche et de plusieurs programmes menés actuellement sur ce territoire au sein du laboratoire de recherche en économie industrielle (ISI/Lab.RII) de l'Université du Littoral Côte d'Opale. Nous reviendrons en détail sur ceux-ci dans la première partie de cet ouvrage mais nous remercions ici l'ensemble des partenaires institutionnels qui ont soutenu cette recherche : l'Agence Nationale pour la Recherche (ANR), l'Agence de la Transition Ecologique (ADEME), l'Institut Caisse des Dépôts et Consignations pour la Recherche (CDC), la Communauté Urbaine de Dunkerque (CUD), la Confédération Générale du Travail (CGT), le

---

[1] https://www.insee.fr/fr/statistiques/6797463

Grand Port Maritime de Dunkerque (GPMD), la Région Hauts-de-France (HDF) et l'Université du Littoral Côte d'Opale (ULCO). Nous remercions également l'Agence d'Urbanisme Flandre - Dunkerque (AGUR), l'association Ecopal, Euraénergie, l'Union Maritime et Commerciale et le Port Center de Dunkerque. Nous remercions l'ensemble des chefs d'entreprises ou de services au sein de celles-ci ainsi qu'au sein des institutions et collectivités territoriales que nous avons interrogés au fil des années. Les propos développés dans cet ouvrage restent néanmoins notre responsabilité et ne reflètent pas systématiquement les positions des différentes organisations citées.

L'ouvrage est composé de deux parties : la première partie présente l'hypothèse générale de l'ouvrage autour des impacts que peut avoir la mise en œuvre de projets d'économie circulaire sur un territoire, industrialo-portuaire en particulier. La deuxième partie étudie en détail le cas du port de Dunkerque, pionnier en France dans l'application de l'écologie industrielle et aujourd'hui fer de lance de la stratégie française de décarbonation de l'industrie.

Cet ouvrage est illustré par une série de photographies et d'aquarelles qui retracent différentes étapes de la trajectoire économique du territoire industrialo-industriel dunkerquois, réalisées par Sophie Boutillier, Blandine Laperche, Rony Al Haddad et Son Thi Kim Le et éditées par Hollman Rojas. Certaines photos sont également issues des Archives de Dunkerque (Centre de la Mémoire Urbaine d'Agglomération). Nos remerciements s'adressent également à Philippe Liebaert pour son autorisation à utiliser quelques photographies de sa collection personnelle.

Photo 1 : L'industrie lourde au bord de l'eau

Source : Sophie Boutillier et Hollman Rojas

Photo 2 : L'industrie aquarellée

Source : bl*

Partie 1 : L'économie circulaire comme levier de développement des territoires

Cette première partie est divisée en quatre points. Nous présentons dans un premier temps la définition de l'économie circulaire, telle qu'elle s'est construite depuis le début des années 2000, en opposition à celle du modèle économique linéaire. Ce dernier caractérise le modèle économique forgé depuis le début de l'industrialisation. Son étude, en particulier en économie, n'a que très peu et très tardivement intégré la question environnementale, aujourd'hui pourtant au cœur de toutes les réflexions. Nous présentons dans le deuxième point, le lien entre le déploiement de l'économie circulaire (et de l'ensemble des pratiques qui s'y rapportent) et l'innovation et en particulier l'éco-innovation, celle qui est tournée vers l'émergence de produits, processus, organisations permettant de préserver l'environnement. Selon nous, ce lien est double, l'économie circulaire, s'appuyant et pouvant stimuler les différentes formes de l'innovation. Pour investiguer ce lien, nous nous intéressons à la genèse de l'innovation et montrons comment celle-ci, dans une approche systémique, découle d'interactions entre un ensemble d'acteurs, souvent localisés dans un espace géographique proche. C'est ainsi que se forge l'hypothèse, objet d'étude de cet ouvrage, selon laquelle à l'échelle d'un territoire, un projet d'économie circulaire peut donner naissance à un écosystème d'innovation, dit circulaire, à même de réorienter la trajectoire d'un territoire. Nous présentons dans le troisième point, l'historique du développement de cette hypothèse, qui débute avec les travaux réalisés depuis le milieu des années 1990 au sein du laboratoire d'économie industrielle de l'Université du Littoral Côte d'Opale (ISI/Lab.RII). Nous présentons dans le quatrième point les plus récents d'entre eux. Ils analysent les perspectives de renouveau des ports industriels, portés par les projets de décarbonation.

1.1. De l'économie linéaire à l'économie circulaire

L'économie linéaire et l'intérêt récent des économistes pour l'environnement

Alors que le modèle économique actuel semble à bout de souffle, étouffé par une pollution croissante et difficile à endiguer, la réflexion sur ses limites est plus que jamais nécessaire. Ce modèle économique, le capitalisme, est fondé sur la réalisation d'un processus d'accumulation dans lequel l'investissement, combinant capital matériel et force de travail, doit accoucher d'une production d'une valeur plus grande, source de profit lors de sa valorisation marchande. Ce processus d'accumulation déploie une « économie linéaire » (Figure 1), qui s'est développée depuis les années 1950, dans laquelle les ressources naturelles sont considérées comme quasi illimitées et où l'accent est mis sur la production de valeur lors du processus de production et sa réalisation marchande. De même, une fois le profit réalisé par l'acte de vente, le devenir des marchandises sort du champ d'intérêt des acteurs économiques (Lupton, 2011). En d'autres termes, dans la suite « extraire – *produire – consommer*– jeter », les deux extrémités ont longtemps été peu considérées.

Figure 1 : Schéma du modèle linéaire

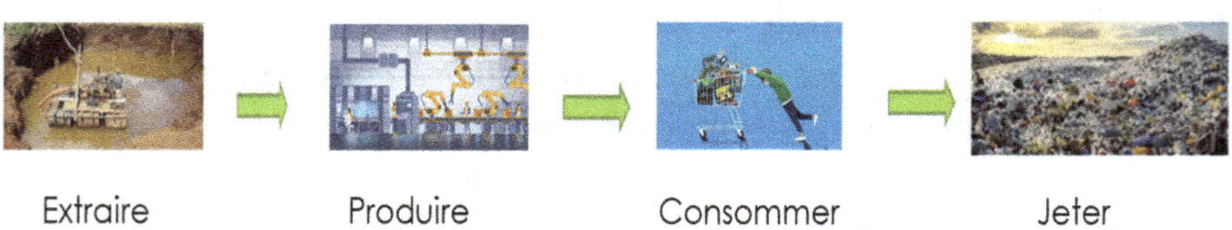

Les économistes, dont la discipline s'est institutionnalisée avec la parution à la fin du 18e siècle de l'ouvrage de A. Smith, *La richesse des nations* (1776), ont bien pris en compte la nature et les ressources naturelles dans leur raisonnement, mais n'ont que très peu et très tardivement appréhendé la question de leur détérioration ou de leur épuisement (Boutillier, 2003).

Auparavant, les Physiocrates avaient, bien entendu, questionné le rapport de l'homme à la nature puisque la terre était selon eux la source de la richesse. Ils soulignaient non pas l'épuisement des ressources, mais leur insuffisance face à l'accroissement de la population. Cette évolution est assez emblématique des changements qui vont apparaitre à partir du 18e siècle quant aux rapports homme/nature, car avant cette période nombre de scientifiques étaient conscients des risques encourus par les sociétés humaines d'une exploitation irraisonnée des ressources naturelles (Fressoz, Locher, 2020). L'économie classique met en revanche en avant la disponibilité des ressources naturelles (souvent illimitée et gratuite), la nécessité de les valoriser pour accroître la richesse, par le biais du travail (théorie de la valeur travail) et de l'industrie humaine qui renforceront l'emprise du capitalisme (et pour Karl Marx de certains groupes sociaux) sur la nature. Marx reconnait en effet un double rapport d'exploitation au sein du capitalisme, d'une part l'exploitation du travail, d'autre part l'exploitation de la nature par le capitaliste (Boutillier, Matagne, 2016). Il est à noter que les doutes de David Ricardo et Thomas Malthus relatifs à la disponibilité des ressources portent davantage sur la croissance démographique qui, via la théorie des rendements décroissants, rend les ressources naturelles insuffisantes, plutôt que sur les risques d'épuisement liés à leur exploitation par l'industrie. Jean-Baptiste Say (qui cependant, à la différence des premiers économistes classiques adhère à la théorie de la valeur utilité) évoque, pour sa part « *des espèces de magasins où la nature a préparé et mis en dépôt des richesses, que l'industrie et les capitaux de leurs propriétaires achèvent en les mettant à la portée des consommateurs* » (Say, 1999, p. 331).

Les premiers économistes néoclassiques (à partir de Léon Walras) adhèrent à cette vision de ressources naturelles disponibles en quantité illimitée et à l'idée d'un marché autorégulé conduisant à une situation optimale pour tous les agents économiques poursuivant leur intérêt particulier. Stanley Jevons ou Antoine-Auguste Cournot, perçoivent au contraire les problèmes d'épuisement des ressources et des comportements prédateurs qui risquent de nuire à la biodiversité. Dans les années 1920, Arthur Cecil Pigou développe l'économie du bien-être. Il remet en cause la toute-puissance du marché en soulignant l'existence d'externalités (positives ou négatives) et en étudiant les impacts économiques (plus qu'environnementaux) de celles-ci. L'existence d'externalités signifie que l'investissement d'un agent économique donné peut avoir des conséquences positives (par exemple dans le cas d'un investissement public) ou négatives (par exemple dans le cas de la pollution) sur d'autres agents, même s'ils n'ont pas financé l'investissement initial. Les taxes et les subventions permettront de résoudre cette difficulté (principe du pollueur payeur dans le cas de la pollution). Ce n'est pourtant pas l'avis de Ronald Coase qui dans *The problem of the Social Cost* (1960), considère que la taxation du pollueur réduira la production et le bien-être social. Il prône plutôt l'instauration de droits de propriété sur les ressources qui pourront s'échanger sur un marché. Ceci permettra à chacun des agents de poursuivre sa stratégie de maximisation de profit tout en mettant en œuvre, *via* les mécanismes marchands, une gestion optimale des ressources. Ces travaux, qui cherchent à faire reconnaître la juste valeur économique de l'environnement, posent les bases de l'économie de l'environnement et des ressources naturelles, qui étend donc à ces domaines le modèle économique standard.

Les débats sur le thème de l'écologie font largement irruption sur la scène publique au lendemain de la Seconde Guerre mondiale (Matagne, 2003), d'abord avec la prise de conscience officielle des impacts environnementaux de la bombe atomique (qui marque l'entrée de l'humanité dans « l'âge écologique », selon l'expression de l'historien parmi les pionniers de l'écologie Donald Worster, 1992), puis avec la guerre du Vietnam, plus long conflit armé du 20e siècle (1954-1975) marqué par l'utilisation massive d'herbicides de synthèse. Les années 1960 sont ponctuées par des publications retentissantes comme celle de Rachel Carson, *Silent Spring* (1962), dans laquelle l'auteure souligne que l'arme atomique n'est pas la seule à détruire la vie et que les pesticides aboutissent au même résultat. Celle aussi, de Paul Ralph Erlich (1968), biologiste américain pour qui, dans une tradition malthusienne, la bombe la plus dangereuse est la bombe « P » comme « population », dans la mesure où sa croissance non maitrisée conduit inévitablement à l'épuisement des ressources naturelles. À partir de cette période, les catastrophes écologiques se multiplient et contribuent à l'intérêt croissant manifesté tant par les politiques que par les citoyens: naufrages de Torey Canyon (1967), de l'Amoco Cadiz (1978), de l'Erika (1999), catastrophe de Seveso en Italie (1976), Bophal en Inde (1984), accident nucléaire de Tchernobyl (1986), explosion de l'usine AZF en France (2001), et plus loin de nous catastrophe de Fukushima au Japon (2011), explosions dans le port de Tianjin en Chine (2015), dans le port de Beyrouth au Liban (2020).

En 1972, la première conférence mondiale sur l'environnement est organisée à Stockholm, sous l'égide de l'Organisation des Nations Unies (ONU). Elle sera la première d'une longue liste de conférences et de rapports internationaux qui montrent que la prise de conscience des limites écologiques, sur le plan institutionnel, progresse relativement lentement. En effet, nombre de ces conférences ne permettent pas d'arriver à un accord entre les pays ou n'aboutissent qu'à des objectifs peu contraignants, n'ayant pas de réels effets positifs pour l'environnement.

Pour autant, en tant que discipline scientifique, l'écologie est plus ancienne et les principaux concepts qui la fondent ont été forgés au cours du 19e siècle. Patrick Matagne (2003) rappelle que c'est le zoologiste et embryologiste allemand darwinien Ernst Haeckel qui, en 1866, a proposé le terme d'« œcologie » à partir du grec « oikos » (maison ou habitat) et « logos » (discours)[1]. Elle est définie comme « la totalité de la science des relations de l'organisme avec l'environnement, comprenant au sens large toutes les conditions d'existence ». Le terme « biosphère » est introduit par un géologue autrichien Eduard Suess, ensuite conceptualisé par le géologue Wladimir Vernadsky. Le terme « biocénose » est défini comme une communauté de vie par le zoologiste allemand Karl August Möbius. En 1895, Eugenius Warming utilise le terme « œcologie » dans un traité de géographie botanique *Œcology of Plants*. C'est le point de départ de l'écologie scientifique.

---

[1] Il est à ce propos étonnant de constater qu'« économie » et « écologie » ont la même étymologie, mais dans le cas de l'économie, l' « oikos » est le foyer en tant d'unité de production familiale, alors que pour l'écologie, il s'agit du milieu naturel.

Dans le contexte de prise de conscience officielle des dangers environnementaux, aux côtés de l'approche libérale de l'économie de l'environnement et des ressources naturelles, et s'appuyant sur les développements de l'écologie scientifique, un courant interdisciplinaire nommé « écologie écologique » se développe dans les années 1960 et 1970 (Froger *et al.*, 2016). Cette dernière se construit en articulant la pensée systémique qui étudie les systèmes complexes et leurs interrelations ; la biologie, l'écologie systémique et la thermodynamique qui jettent les bases des analyses des flux d'énergie et de matière au sein des écosystèmes et les approches institutionnalistes qui interrogent leur régulation. Les principaux auteurs en sont initialement Nicholas Georgescu-Roegen, Kenneth Boulding ou encore Herman Daly. De leurs travaux, vont découler deux approches de la soutenabilité, aujourd'hui acceptées. Elle est dite « faible » lorsque l'on considère à l'instar des économistes libéraux que la question de la rareté des ressources ne se pose pas puisque les différentes formes de capital (manufacturé, humain, naturel) sont substituables entre elles. En d'autres termes, le progrès technique serait à même de pallier les ressources naturelles déficitaires. Les tenants de la soutenabilité « forte » remettent en cause cette hypothèse de substituabilité des formes du capital et insistent sur la nécessité de maintien d'un stock de capital naturel fourni par la nature et nécessaire aux générations futures. Les débats actuels sur la décroissance, voire de post-croissance (Parrique, 2022), y trouvent aussi leur origine, ainsi qu'une partie des travaux rassemblés sous le terme fédérateur d'économie circulaire.

Le questionnement actuel du modèle économique résulte de la rupture provoquée par les deux extrémités de la séquence linéaire (Figure 1), « extraire » et « jeter » et de ses conséquences sur le cœur que constituent la *production* et la *consommation*. La prise de conscience du caractère non renouvelable et donc fini d'un certain nombre de ressources essentielles à la réalisation du processus de production a d'abord sonné comme une menace, lointaine, jusqu'à devenir un décompte annuel sans cesse plus proche du « jour du dépassement » (le 2 août, en 2023, d'après les calculs du *Global Footprint Network* et *World Wide Fund for Nature - WWF*), à partir duquel l'humanité puiserait de manière irréversible dans les réserves

« non renouvelables » de la terre. Dans le même temps, le rejet dans l'atmosphère des résidus de la production fondée sur l'énergie fossile accentue un changement climatique créateur d'incertitude… En parallèle, l'accumulation des déchets matériels, longtemps cachés aux yeux du monde occidental dans les « havres de pollution » construits par la mondialisation, resurgit brutalement, par exemple en un septième continent, un « vortex de plastique », évalué à 1,6 million de km^2 et situé au nord-est de l'océan Pacifique.

La négligence pendant longtemps entretenue de ces deux séquences « extraire » « jeter » engendre des coûts qui pèsent sur le cœur du modèle économique « produire » et « consommer ». Ils sont paradoxalement le moteur du changement ou de la nécessaire « transition » du modèle économique. L'économie circulaire s'est alors imposée comme une alternative au modèle de production linéaire. Visant à combiner prospérité économique, bien-être social et préservation de l'environnement, elle repose sur une utilisation optimale des ressources et une consommation plus sobre, où les produits ont une durée de vie plus longue, le gaspillage est limité et les déchets deviennent une nouvelle ressource précieuse. Souvent considérée comme un mot-valise ou un concept « parapluie » (Homrich *et al.*, 2018), elle est en effet suffisamment large pour susciter l'intérêt des tenants d'une soutenabilité/durabilité forte ou faible. Elle s'est alors largement diffusée tant dans les travaux académiques, toutes disciplines et courants théoriques confondus, que dans les politiques publiques ou les stratégies d'entreprises.

L'économie circulaire : des définitions institutionnelles au concept « parapluie »

Les premières définitions sont d'abord institutionnelles comme celles de la Fondation MacArthur ou celle de l'ADEME (Agence de Environnent et de la Maîtrise de l'Énergie), en France. L'économie circulaire y est considérée comme un nouveau modèle industriel qui s'oppose au modèle linéaire précédemment décrit. Son objectif est d'éliminer les déchets nocifs pour l'environnement. Il s'agit, dans l'approche de la fondation Mac Arthur[1], de favoriser dans la conception des biens d'une part, l'usage d'éléments biologiques appelés *nutriments* qui pourront retourner sans dommage à la biosphère et d'autre part, la valorisation par le réemploi, la réparation, le recyclage des composants techniques inadaptés à la biosphère (Figure 2). La consommation finale des biens doit se fonder sur « l'économie de la fonctionnalité », c'est-à-dire la location des biens et non plus sur leur vente, génératrice de déchets et de gaspillage. Selon la Fondation MacArthur, l'économie circulaire se situe au croisement de plusieurs théories ou concepts développés au sein de disciplines diverses depuis les années 1970 parmi lesquelles l'économie régénérative, l'économie de la performance, le « *Craddle to craddle* » (littéralement du « *berceau au berceau* »), le biomimétisme, l'écologie industrielle, l'économie bleue (Gallaud, Laperche, 2016, p. 30-31). Ces théories mettent l'accent sur les processus et les méthodes de renouvellement, réutilisation, recyclage des ressources ; elles s'inspirent toutes du fonctionnement des systèmes biologiques.

Figure 2 : L'économie circulaire selon la fondation E. MacArthur

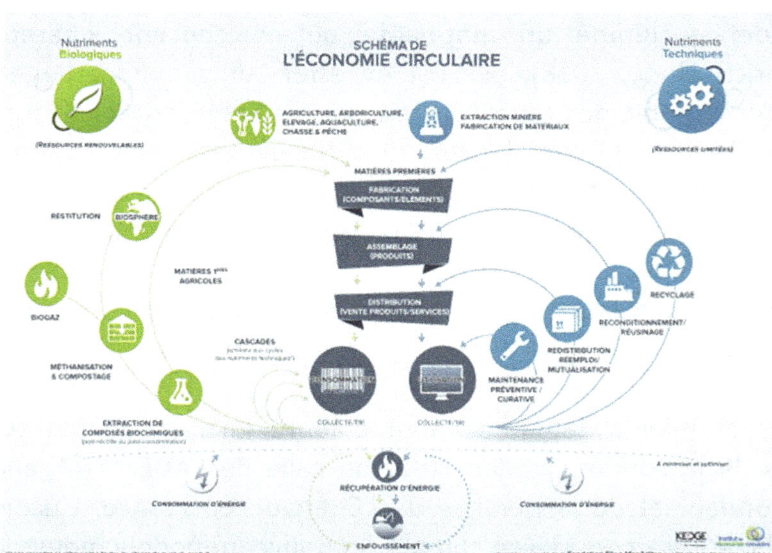

Source : Institut national de l'économie circulaire (2013)

[1] Ellen MacArthur Foundation (2015). What is a circular economy? https://www.ellenmacarthurfoundation.org/circular-economy/concept/schools-of-thought

L'ADEME[1] définit l'économie circulaire comme un système d'échange et de production, qui, à tous les stades du cycle de vie des produits (biens et services), vise à augmenter l'efficacité de l'utilisation des ressources et à diminuer l'impact des activités productives et de consommation sur l'environnement. L'économie circulaire doit viser globalement à diminuer drastiquement le gaspillage des ressources afin de découpler leur utilisation de la croissance du PIB tout en assurant la réduction des impacts environnementaux et l'augmentation du bien-être global de la société. Il s'agit de « faire plus et mieux avec moins ». L'ADEME dresse également une liste d'activités et d'actions (7 piliers dans la figure ci-dessous) relevant de l'économie circulaire, qui s'appliquent aux trois domaines que sont l'offre des acteurs économiques, la demande et les comportements des consommateurs et la gestion des déchets : l'approvisionnement durable, l'écoconception, l'écologie industrielle et territoriale, l'économie de la fonctionnalité, la consommation responsable (achat, consommation collaborative, utilisation), l'allongement de la durée d'usage des biens (réparation, achat, vente et dons d'occasion), le recyclage (Figure 3).

Figure 3 : Schéma de l'économie circulaire par l'ADEME

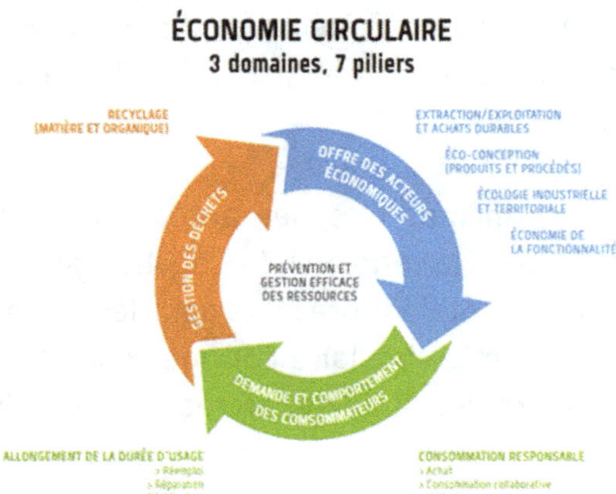

Source : https://www.ademe.fr/les-defis-de-la-transition/economie-circulaire/

[1] https://www.ecologie.gouv.fr/leconomie-circulaire

Si les définitions de l'économie circulaire ont d'abord été de nature institutionnelle, les travaux académiques se sont multipliés depuis le début des années 2000 et ont donné lieu à plusieurs revues de littérature (Kirchherr *et al.*, 2017, 2023 ; Geissdoerfer *et al.*, 2017 ; Homrich *et al.*, 2018 ; Ghisellini *et al.*, 2016).

Après leur revue de littérature publiée en 2017 qui mettait en avant l'hétérogénéité des définitions relatives à l'économie circulaire, Kirchherr *et al.* (2023), ont sélectionné 221 articles publiés sur la période 2017-2021 étudiant précisément l'économie circulaire et proposant donc des définitions de celle-ci. Ils notent que les définitions se consolident entre elles et acquièrent un statut plus conceptuel que pratique. Cette revue de la littérature permet de distinguer les principes clés de l'économie circulaire, ses objectifs et les facteurs qui facilitent sa mise en œuvre. Elle aboutit à une définition synthétique : « *L'économie circulaire est un système économique régénérateur qui nécessite un changement de paradigme pour remplacer le concept de 'fin de vie' par la réduction, la réutilisation alternative, le recyclage et la récupération des matériaux tout au long de la chaîne de valeur, dans le but de promouvoir le maintien de la valeur et le développement durable, créateur de qualité environnementale, de développement économique et d'équité sociale, au profit des générations actuelles et futures. Elle est rendue possible par une alliance de parties prenantes (industrie, consommateurs, décideurs politiques, universités) et leurs innovations et capacités technologiques* » (Kirchherr *et al.*, 2023, p. 7, traduit par nous).

Concernant les principes clés, les auteurs mettent en avant la mention régulière faite à la série de R (3R ou 4R) : pour Reduce - Reuse – Recycle - Recover, qui étaient présents dans les premières politiques orientées vers l'économie circulaire comme celles du Japon ou de la Chine dans la première décennie des années 2000 (Gallaud, Laperche, 2016, p. 20-21).

La dimension systémique, ici relative aux perspectives micro, méso et macro-économiques associées à l'économie circulaire, est aussi pointée, avec la mise en évidence d'un intérêt croissant pour les dimensions micro-économiques (à l'échelle des entreprises) et surtout macro-économiques de l'économie circulaire (politiques publiques). La dimension méso-économique est quant à elle moins présente dans la littérature récente recensée par les auteurs. Ils l'expliquent par le fait que le thème de la gestion des parcs éco-industriels (souvent associés à l'écologie industrielle et aux symbioses industrielles) apparaît moins dans les travaux, au profit de l'économie circulaire, qui a une acception plus large. Cela corrobore notre constat d'un intérêt relativement faible porté à la dimension territoriale de l'économie circulaire, alors que paradoxalement, sa mise en œuvre s'appuie sur les ressources territoriales (nous y reviendrons, dans les sous-parties suivantes de cette partie).

Concernant les objectifs de l'économie circulaire, sa portée théorique et sa relation avec les paradigmes connexes, tels que le développement durable, ont fait l'objet de nombreuses discussions au sein de la communauté des chercheurs (Murray *et al.*, 2017 ; Geissdoerfer *et al.*, 2017 ; Kirchherr *et al.*, 2017 ; Korhonen *et al.*, 2018), mais les travaux récents intègrent davantage cette dimension selon Kirchherr *et al.* (2023). Les dimensions économique et environnementale sont placées en tête, suivies par la dimension sociale, avec des réflexions portant par exemple sur une « société circulaire » (Friant *et al.*, 2020 ; Jaeger-Erben *et al.*, 2021) ou pointant les effets potentiellement négatifs de l'économie circulaire d'un point de vue social (Repp *et al.*, 2021). En revanche, si la thématique de la décroissance reçoit un écho plus grand dans les débats scientifiques, le nombre de travaux s'y référant reste faible à la date de publication de cette revue de littérature.

L'économie circulaire est reconnue comme se déroulant à différentes échelles et implique une diversité d'acteurs (individus, entreprises, institutions publiques, universités, organisations à but non lucratif, etc.) facilitant sa mise en œuvre concrète. Elle a longtemps été principalement étudiée au niveau des stratégies des entreprises (micro échelle), et au niveau des pays (macro-échelle), où ses impacts économiques et environnementaux sont mis en avant dans les feuilles de routes et les plans nationaux (Pinyol Alberich, 2022).

Photo 3 : Ferrailles

Source : Rony Al Haddad et Son Thi Kim Le

La revue de littérature de Kirchherr *et al.* (2023) indique que l'accent a été mis dans la période récente sur les entreprises en insistant sur les *business models* circulaires (Lüdeke-Freund *et al.*, 2018), mais aussi sur le rôle joué par les consommateurs, et par les acteurs académiques. Ces derniers jouent en effet souvent un rôle moteur dans l'émergence de nouvelles filières appliquant les principes de la circularité, comme c'est le cas également pour les filières biosourcées (de Rouffignac, Laperche, 2024).

1.2. L'économie circulaire et l'innovation

L'économie circulaire à l'origine de différentes formes d'éco-innovation

L'intérêt suscité par les pratiques et les réflexions autour de l'économie circulaire se lit dans sa diffusion vers un nombre croissant de disciplines, des sciences expérimentales, à l'ingénierie et aux sciences sociales. Dans le domaine de l'économie et du management, l'économie circulaire s'intègre parfaitement ou contribue à renouveler certaines approches. Les thématiques de l'innovation et de la technologie occupent une place importante en économie et en gestion et la thématique de l'économie circulaire s'intègre dans les problématiques traitées par les chercheurs (Kirrchherr *et al.*, 2023).

L'innovation est au cœur de la stratégie des entreprises, qui pour survivre, pour conserver ou accroitre leur position concurrentielle, sont conduites à renouveler sans cesse leur offre de produits, procédés et organisations. C'est d'autant plus vrai dans une période de crise, qui joue le rôle de « laboratoire d'innovations » (Uzunidis, 2015). Ainsi, après la crise financière de 2008, les entreprises ont largement orienté leur stratégie et la constitution de leur capital savoir en d'autres termes l'ensemble des informations et des connaissances scientifiques et techniques produites, acquises et mobilisées par l'entreprise pour être utilisées dans un processus de production de valeur (Laperche, 2018, 2020), vers les innovations « vertes » (Laperche *et al.*, 2011 ; Laperche, Picard, 2013). Les crises climatiques, économiques, sanitaires et politiques actuelles prolongent cette tendance (Hartley *et al.*, 2024). L'accent mis sur l'économie circulaire va ainsi orienter l'offre des entreprises existantes ou susciter la création de nouvelles entreprises, développant de nouveaux produits, services, procédés ou organisations destinées à réduire les ressources utilisées, à réutiliser ou recycler des produits, matériaux et machines existantes. En effet, l'éco-innovation, tout comme l'innovation, ne se réduit pas à l'offre de produits et procédés technologiques nouveaux. Elle intègre aussi des changements non technologiques, à l'échelle des entreprises (par exemple le développement de nouvelles organisations de la production, ou de la commercialisation des biens) ou à celle des institutions (nouveaux modèles économiques). L'OCDE (2010) distingue ainsi les cibles de l'éco-innovation (produits et procédés ; organisation et méthodes de commercialisation ; changements institutionnels), les mécanismes (qui vont de la simple modification à la création) et les impacts. Les gains environnementaux seront d'autant plus importants qu'il s'agira d'innovations (création) et que les objectifs dépasseront les dimensions technologiques pour intégrer les changements institutionnels (Figure 4).

Figure 4 : L'éco-innovation selon l'OCDE

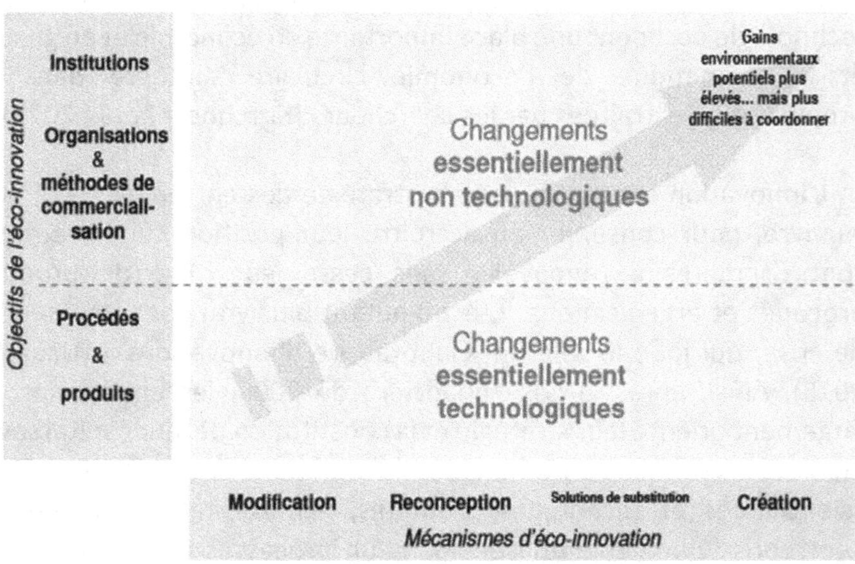

Source : OCDE (2010, p. 50)

L'économie circulaire apparaît ainsi comme un levier pour l'éco-innovation, l'innovation responsable et/ou durable (Jakobsen *et al.*, 2021 ; Boons, McMeekinn, 2019 ; Vence *et al.*, 2022)[1]. Dans le sens inverse, ces mêmes innovations sont destinées à faciliter la transition vers des modes d'organisation circulaires, et donc durables.

Cependant, l'innovation ne se décrète pas, et la définition d'un projet d'économie circulaire ne donne pas naissance automatiquement à l'innovation, quelle que soit sa forme. Il est nécessaire de comprendre les mécanismes par lesquels l'innovation naît, se développe et se diffuse. D'un autre côté, l'innovation, malgré son orientation plus écologique, peut également générer des effets rebonds, qui avaient été déjà mis en évidence par Jevons (1866) à la fin du 19e siècle dans sa célèbre étude sur l'industrie charbonnière en Angleterre. Par exemple, les produits et procédés éco-conçus peuvent continuer à être produits et diffusés en masse et ainsi contribuer à augmenter la consommation (Debref, 2012). Les nouvelles formes de commercialisation fondées sur la fonctionnalité, dans lesquelles la location remplace la vente, peuvent, elles aussi, avoir cet effet (Vernier, 2023 ; Merlin, 2024). C'est pourquoi une réflexion systémique et complexe est nécessaire pour comprendre la relation étroite qui peut se nouer entre économie circulaire et innovation (Vence, Pereira, 2019). Cette pensée systémique implique d'analyser soigneusement toutes les formes d'innovations et toutes les parties prenantes qui contribuent à leur génération et à leur diffusion.

Du système d'innovation à l'écosystème d'innovation circulaire

Les travaux des chercheurs en économie et en management de l'innovation, mettent non seulement l'accent sur l'innovation en tant que résultat, mais aussi sur le processus d'innovation, c'est-à-dire la

[1] Les adjectifs accolés à l'innovation se sont multipliés au cours des années récentes. Dans le domaine de l'environnement et du développement durable, le terme d'innovation verte était en vogue au début du 21e siècle, puis a été supplanté par celui d'éco-innovation. L'innovation responsable a une visée plus large, mais intègre aussi la préoccupation environnementale. Ce polymorphisme de l'innovation démontre en particulier l'appropriation croissante de la thématique de l'innovation dans la sphère académique, quelle que soit la discipline concernée, mais aussi dans les sphères institutionnelle et sociale (Laperche, 2021).

manière selon laquelle celle-ci est générée. Ainsi, la performance d'une entreprise et sa capacité à innover dépendent de manière cruciale non seulement de ses ressources propres, mais aussi de celles qu'elle peut trouver dans son environnement productif, commercial, institutionnel. Dans ce contexte d'innovation ouverte (Chesbrough, 2003), la contribution d'un ensemble d'acteurs, reliés entre eux de manière systémique, est fondamentale. La recherche sur les systèmes d'innovation a été initiée dans les années 1980 (Freeman, 1987 ; Lundvall, 1992).

Le système d'innovation est d'abord défini au niveau national (Système National d'Innovation) comme « *le réseau d'institutions dans les secteurs public et privé dont les activités et les interactions initient, importent, modifient et diffusent les nouvelles technologies*» (Freeman, 1987, p. 1). Ce concept est utilisé par les chercheurs pour montrer l'importance des relations étroites entre les acteurs autour d'un projet commun pour générer l'innovation. Il permet d'identifier les organisations et les institutions impliquées dans le processus d'innovation, de comparer les performances de ces systèmes dans différents pays, régions et secteurs et d'évaluer leurs forces et leurs limites afin d'orienter les politiques publiques. Le système national d'innovation a ensuite été décliné à l'échelle sectorielle (Système sectoriel d'innovation) (Malerba, 2002) et au niveau régional (Système régional d'innovation) (Cooke *et al.*, 1997). Ainsi ces développements ont favorisé le croisement de disciplines et sous disciplines, entre l'économie de l'innovation et l'économie régionale, mais aussi la géographie économique.

Les années récentes ont vu le glissement de la notion de système à celui d'écosystème. C'est en particulier James Moore en 1993 qui a popularisé l'écosystème d'affaires, sortant ainsi le concept d'écosystème de la sphère initiale de la biologie (Tansley, 1935) pour l'appliquer la gestion. Pour Moore (2006), l'écosystème d'affaires est constitué de réseaux d'acteurs interconnectés qui co-évoluent en partageant leurs compétences, leurs technologies et leurs ressources autour d'une innovation et donc d'une entreprise. Bien que sujet à de multiples contradictions et débats, notamment concernant l'analogie biologique (Koenig, 2012), le terme d'écosystème d'affaires, puis d'écosystème d'innovation s'est aujourd'hui largement popularisé. Baldwin *et al.* (2024), comptabilisent près de 13 000 articles (indexés dans Scopus dans la rubrique business) sur la période 1993 à 2022, contenant les termes « ecosystem » ou « ecosystems » dans le titre, les mots clés ou le résumé.

Le terme d'écosystème a aujourd'hui supplanté celui de système dans les travaux sur l'innovation (Adner, 2006 ; Adner, Kappor, 2010 ; Granstrand, Holgersson, 2020) et est appliqué dans différents secteurs (Yaghmaie, Vanhaverbeke, 2019). Les travaux, surtout en management, insistent sur différents éléments : l'identification des acteurs composant l'(eco)système et l'analyse de leurs relations. Ainsi, selon Adner et Kapoor (2010, p. 309), le préfixe « *éco* » dans « *éco-système* » est « *une façon de rendre les interdépendances plus explicites* » entre les parties prenantes. L'autonomie des acteurs est particulièrement mise en avant (Baldwin *et al.*, 2024), ainsi que les dimensions de complémentarité, de co-création (Jackson, 2011 ; De Vasconcelos Gomes *et al.*, 2018 ; Granstrand, Holgersson, 2020). La notion de modularité est aussi pointée par Baldwin *et al.* (2024), pour souligner l'apport de chacun à une architecture plus grande, limitant les effets potentiels négatifs de la défection d'un des acteurs de l'écosystème. La question de la coordination des acteurs n'est pas une question clé dans les travaux récents sur les écosystèmes d'innovation. Certes, certains mettent l'accent sur la présence d'un acteur clé ou pivot (Adner, Kapoor, 2010 ; Song *et al.*, 2024), mais cette question n'est par exemple pas présentée de manière centrale par Baldwin *et al.* (2024), en tout cas sous cette appellation. Elle est davantage traitée via la contribution technologique de la « plateforme ». Architecture digitale à l'interface des acteurs, elle est censée rassembler les besoins de l'ensemble des acteurs et constituer un appui technique à la question de la gouvernance, sans considérer les dimensions plus sociologiques de celle-ci (reliées par exemple à la confiance, aux différentes formes de proximité, notamment cognitive entre les acteurs).

En revanche, un élément essentiel développé dans les travaux récents sur les écosystèmes est celui de la création de valeur (Adner, 2016 ; Kapoor, 2018 ; Baldwin *et al.*, 2024). Celle-ci s'analyse à l'échelle de chacun des acteurs parties prenantes, mais aussi à l'échelle de l'écosystème dans son ensemble qui est lui-même à l'origine d'une valeur plus importante que celle créée individuellement par chaque acteur. Le type de valeur créée permet de différencier les écosystèmes entre eux. Ainsi, la création de valeur dans un écosystème d'innovation se traduit par l'innovation générée, laquelle peut prendre différentes formes : produit, procédé, organisation, etc.

En suivant la logique des travaux sur les systèmes et les écosystèmes d'innovation, on peut considérer qu'un écosystème d'innovation, construit sous l'impulsion de projets d'économie circulaire, forme un « écosystème d'innovation circulaire ». Il reprend les caractéristiques d'un écosystème d'innovation. Il s'agit donc d'un ensemble d'acteurs réunis autour d'un projet commun, développant des relations complexes de collaboration qui n'excluent pas la concurrence (coopétition) et partageant des ressources pour la création de valeur sous la forme de différents types d'éco-innovation (produit/service, processus, organisation). L'ajout de l'adjectif circulaire souligne le fait que l'origine de cet écosystème est le projet d'économie circulaire qui relie les acteurs autour de celui-ci et alimente son fonctionnement (Andriamanantena *et al.*, 2022).

Dans cet écosystème, les acteurs ont le but commun de créer de la valeur aux niveaux micro (entreprises) et méso (territoire) économique. La création de tels écosystèmes nécessite que les entreprises fassent évoluer leurs modèles économiques pour s'aligner sur les objectifs de l'écosystème. Ainsi, les *business model* des entreprises seront interconnectés, en fonction des objectifs de l'écosystème (Shaw, Allen, 2018), orientés vers l'éco-innovation et un développement plus durable.

Dans notre approche de l'écosystème d'innovation circulaire, nous insistions sur la dimension « ressources » à l'intérieur des écosystèmes. L'économie circulaire vise en effet une meilleure gestion des ressources, pour éviter le gaspillage et limiter la production de déchets. De plus, les projets s'appuient souvent sur des ressources présentes dans les territoires où ils sont mis en place. Celles-ci sont à la fois des ressources matérielles ou immatérielles présentes de manière historique (il s'agit alors de ressources héritées). Les projets d'économie circulaire couronnés de succès sont aussi à l'origine de nouvelles ressources, intégrées ou attenantes aux éco-innovations.

Le tableau 1 et la figure 5 présentent de façon précise les caractéristiques des différents éléments formant un écosystème d'innovation circulaire, à savoir : les acteurs, les relations qui les lient, les ressources dont ils disposent et les résultats obtenus (création de valeur) en termes d'éco-innovation.

Tableau 1 : Caractéristiques d'un écosystème d'innovation

Acteurs	Les acteurs d'un écosystème d'innovation peuvent être divisés en trois groupes : 1) les entreprises et les organismes financiers, 2) les organismes de recherche et 3) les organisations et institutions dédiées à la coordination et la gouvernance. - Les entreprises peuvent comprendre des entreprises de différentes tailles et les organisations financières comprennent les banques commerciales, les plateformes de crowdfunding, etc. Au niveau micro, les entreprises vont adapter leurs modèles économiques pour correspondre aux objectifs communs de l'écosystème d'innovation (Konietzko *et al.*, 2020 ; Lopez *et al.*, 2019 ; Pieroni *et al.*, 2019). - Les organismes de recherche, qu'ils soient publics ou privés, sont souvent considérés comme ayant des capacités de recherche de pointe établies en réponse à un besoin particulier et peuvent être considérés comme d'importants catalyseurs de l'innovation (Philbin *et al.*, 2014). Le rôle commun de ces institutions de recherche est la production de connaissances et la diffusion de connaissances scientifiques et appliquées. - Les institutions ou agences de coordination et de gouvernance sont des organisations publiques ou associatives créées pour exercer une fonction de coordination. Leur rôle principal est d'imposer des exigences ou des restrictions ou de fixer la norme des activités, mais aussi d'inciter au développement des échanges entre les membres de l'écosystème. Ces organisations visent à créer un climat des affaires favorable au développement des activités entrepreneuriales.

	Dans un tel écosystème d'innovation, parmi tous les acteurs impliqués, un acteur clé (ou acteur pivot) émerge généralement et peut être n'importe quel acteur de l'écosystème d'innovation, une entreprise, une association ou une université. Cet acteur pivot exerce une influence considérable sur les stratégies et les résultats de tous les autres acteurs (Nambisan, Baron, 2013 ; Nalebuff *et al.*, 1996).
Relations	Tous les acteurs complémentaires d'un écosystème d'innovation entretiennent entre eux des relations étroites et interdépendantes. Par relations, nous entendons les interactions qui se forment entre les acteurs. Ces relations peuvent prendre deux formes : la coopération et/ou la concurrence. Les acteurs se joignent à un écosystème d'innovation pour partager des objectifs communs et en tirer des avantages ; pour profiter de ces avantages, ils établissent des relations de coopération qui contribuent à faciliter les transactions lorsque le besoin s'en fait sentir et créent une source d'opportunités (Jackson, 2011). La coopération s'appuie sur diverses formes de proximité entre les acteurs. La combinaison de différentes formes de proximité est nécessaire pour que la coopération entre acteurs se constitue. Ces formes de proximité peuvent être géographiques, organisationnelles, cognitives et institutionnelles (Torre, 2009 ; Uzunidis, 2010). Bien que les acteurs soient impliqués dans des relations de coopération, ces mêmes acteurs ont encore des attributs, des principes de décision, des croyances différentes, et des réseaux propres, avec des caractéristiques et des objectifs individuels qui conduisent également à la concurrence (Tsujimoto *et al.*, 2018). La relation de coopération découle de l'avantage compétitif potentiel qu'un écosystème peut apporter à ses membres. Les synergies entre acteurs permettent d'accéder à des ressources nouvelles ou plus

	intéressantes (prix, accessibilité de la ressource). Cependant, les relations de coopération n'empêchent pas l'existence d'une concurrence entre ces mêmes acteurs. Les relations de coopération et de concurrence sont en effet présentes au sein d'un écosystème d'innovation, ce que l'on appelle également la coopétition. Les relations de coopétition entre les acteurs, qui semblent à première vue contradictoires, permettent à l'écosystème d'innovation d'évoluer (Volkmer Martins *et al.*, 2019).
Ressources	Pour matérialiser les bénéfices des relations, les acteurs doivent engager des ressources vers les objectifs partagés (Autio, Thomas, 2014). Par ressources, nous entendons l'ensemble des actifs matériels et immatériels utilisés pour produire des biens, pour fournir des services, pour faciliter les échanges ou l'entrée de nouveaux acteurs. Les ressources peuvent ainsi être divisées en deux catégories : matérielles (par exemple, un produit) ou immatérielles (par exemple, un savoir-faire) (Veyssière *et al.*, 2022 ; Kasmi, 2018). Dans un écosystème d'innovation, les ressources peuvent être : 1) la main-d'œuvre (étudiants, chercheurs de l'industrie, représentants de l'industrie, travailleurs qualifiés) des types d'acteurs que nous avons mentionnés précédemment et qui seront en soutien des nouveaux objectifs partagés (Heaton *et al.*, 2019), 2) des sources de financement sont fournies par des organisations financières, et 3) un savoir-faire et des compétences partagées par les acteurs de l'écosystème. Mais les ressources peuvent également prendre la forme d'intrants, de déchets ou de matières premières secondaires et n'ont de valeur qu'en raison de l'existence des synergies. En ce sens, les synergies à travers les relations créées au sein de l'écosystème d'innovation peuvent révéler des ressources qui ne peuvent être trouvées ailleurs (Veyssière *et al.*, 2022).

	Idéalement, un écosystème d'innovation basé sur un projet d'économie circulaire sera structuré pour récupérer, réutiliser et recycler efficacement toutes les ressources (y compris le capital humain) produites par tous les acteurs. La façon dont les ressources sont consommées (Jackson, 2011) et la circulation continue du flux (connaissances, énergie, main-d'œuvre, matières premières, etc.) au sein de l'écosystème d'innovation déterminent son succès ou son échec.
Résultats : Éco-innovations	Les acteurs rejoignent un écosystème d'innovation en établissant des relations et en engageant des ressources ensemble pour obtenir des bénéfices autour des objectifs partagés. Les bénéfices sont alors les résultats ou les sorties qui prennent la forme d'une création de valeur qui ne peut être créée que si toutes les conditions (acteurs, relations et ressources) sont présentes (Hannah, Eisenhardt, 2018). La création de valeur dans un écosystème d'innovation adoptant des activités « circulaires » peut se situer à deux niveaux, d'abord au niveau micro pour les entreprises de l'écosystème. Cette création de valeur prend généralement la forme d'éco-innovations de produits (y compris les services), de processus et d'organisations (Autio, Thomas, 2014 ; De Vasconcelos Gomes *et al.*, 2018 ; OCDE, 2018). La valeur peut également se situer au niveau méso, c'est-à-dire l'ensemble des acteurs du territoire en question. La valeur créée peut être tangible, comme de nouvelles ressources (produits, procédés...) créées par les nouveaux projets ou de nouvelles infrastructures partagées, mais aussi intangible, par exemple une main-d'œuvre formée avec des connaissances et des compétences dans le projet d'économie circulaire, une attractivité pour les entrepreneurs et les start-ups (Nambisan, Baron, 2013). La création de valeur peut également être comprise à travers les impacts environnementaux positifs résultants du projet d'économie circulaire.

Figure 5 : Schéma de l'écosystème d'innovation circulaire dans les territoires (industrialo-portuaire en particulier)

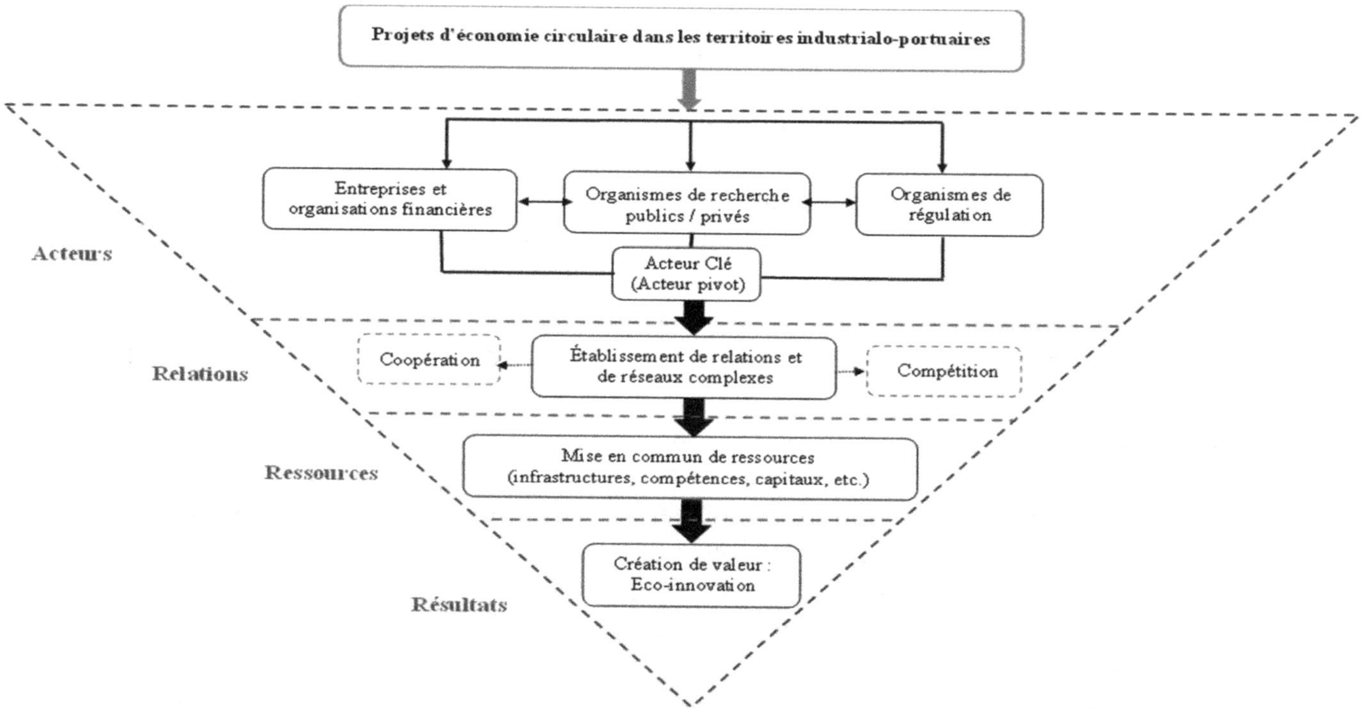

Source : Andriamanantena *et al.* (2022)

L'écosystème d'innovation est appréhendé comme un système évolutif (Dattée *et al.*, 2018). Un écosystème d'innovation circulaire peut également suivre la même logique. Tout au long de son fonctionnement, les acteurs vont, par exemple, intégrer ou se retirer de l'écosystème. En ce sens, un écosystème d'innovation peut avoir un cycle de vie, composé de trois étapes : l'étape initiale, l'étape de développement et l'étape de renouvellement (Heaton *et al.*, 2019).

L'étape initiale peut être associée à la formation de l'écosystème d'innovation, lequel commence à prendre forme avec un acteur qui pose les bases du futur écosystème en définissant un projet commun. Grâce à cette première étape, les acteurs commencent à rejoindre l'écosystème et gravitent généralement autour de l'acteur à l'origine de l'initiative, qui peut devenir par la suite l'acteur clé (acteur pivot) de l'écosystème. À ce stade, les acteurs (principalement des entreprises, mais aussi des institutions de recherche) sont peu nombreux et les interactions sont assez rares, ce qui peut s'expliquer par le temps nécessaire à l'établissement des relations, mais aussi par le fait que chaque acteur doit trouver sa place dans l'écosystème. L'étape suivante est celle du développement de l'écosystème ; c'est à ce niveau que l'écosystème évolue le plus rapidement, que les interactions entre les acteurs deviennent plus intenses, que de nouveaux acteurs rejoignent l'écosystème et que les institutions s'intègrent et prennent une place plus active dans l'écosystème. La valeur est créée à la fois au niveau micro et au niveau méso-économique. La phase de renouvellement correspond au moment où les acteurs trouvent leur place et leur fonction dans l'écosystème d'innovation. Cette étape s'apparente au point d'équilibre de l'écosystème. Les nouveaux acteurs se font plus rares, mais continuent à s'intégrer dans l'écosystème et c'est surtout à ce stade que les acteurs commencent ensemble à diversifier leurs activités pour co-évoluer avec l'ensemble de l'écosystème. Ces trois phases sont présentées dans le tableau 2.

Tableau 2 : Cycle de vie d'un écosystème d'innovation

Phase initiale	Phase de développement	Phase de renouvellement
- Un acteur clé (acteur pivot) - Peu d'entreprises - Peu d'institutions de recherche - Interactions rares entre les acteurs de l'écosystème - Faible identité	- Les organismes de gouvernance et les organismes de recherche deviennent des participants actifs - Création de canaux de communication pour échanger des connaissances dans l'écosystème - Les réseaux inter-entreprises et professionnels sont bien établis. - Création de valeur aux niveaux micro et méso	- Stagnation des secteurs établis - L'activité se déplace vers de nouveaux domaines

Source : Adapté de Heaton *et al.* (2019)

1.3. Le développement territorial à partir de l'économie circulaire : historique et fondements théoriques d'une hypothèse

De l'industrie lourde au milieu innovateur

Notre approche de l'écosystème d'innovation circulaire est ancrée dans l'espace territorial, par les ressources mobilisées et les acteurs parties prenantes. Cet ancrage permet de prolonger notre hypothèse selon laquelle l'économie circulaire peut être à l'origine d'un écosystème d'innovation circulaire en soulignant son impact sur la mise en œuvre d'un processus de développement territorial. Cette hypothèse a été développée par le laboratoire ISI/LabRII au travers de plusieurs programmes de recherche et thèses de doctorat portant sur la trajectoire d'un territoire industrialo-portuaire : celui de Dunkerque, que nous étudions en détail dans la partie 2. Le choix d'étudier ce territoire s'inscrit dans l'histoire de l'Université du Littoral Côte d'Opale née en 1991. Le Laboratoire de Recherche sur l'Industrie et l'Innovation (qui s'appelait initialement le Laboratoire Redéploiement

Industriel et Innovation) a été créé en 1995 par Dimitri Uzunidis et l'un des axes de recherche était justement de constituer un observatoire économique du territoire dunkerquois et de ses évolutions.

Dans une première période, les travaux menés ont porté sur un historique de l'industrialisation dunkerquoise depuis la seconde guerre mondiale en lien avec la politique industrielle et d'aménagement du territoire. La création d'un pôle industriel lourd à Dunkerque (en parallèle de celui de Fos-sur-Mer) décidée par l'État a permis de souligner les effets positifs attendus du développement de l'industrie lourde, en appliquant l'analyse des pôles de croissance de François Perroux (1964) (Boutillier, Uzunidis, 1998). Ceux-ci doivent créer des effets d'entrainement, des externalités positives au niveau local, régional, national permettant le développement de nouvelles activités industrielles, commerciales, financières. C'est ainsi que des réseaux des sous-traitants apparaissent, avec pour conséquence la création de nouvelles entreprises, de nouvelles infrastructures routières, ferroviaires et portuaires, de nouveaux commerces et de nouveaux services à l'industrie. Après la période de croissance forte portée par la demande d'acier alimentant les industries de biens d'équipement pendant la période dite des trente glorieuses, la crise de l'industrie lourde, associée à la fermeture des chantiers navals à la fin des années 1980, a laissé place aux stratégies de reconversion et d'attractivité des investissements étrangers. L'état des lieux des filières existantes à Dunkerque, préfigurant les « toiles industrielles » aujourd'hui développées par l'Agence d'Urbanisme de Dunkerque (voir partie 2), a mis en avant la spécialisation accrue du territoire et l'approfondissement des filières reposant sur l'industrie sidérurgique et pétrochimique principalement (Ziel, 1998). La question qui s'est alors posée a été celle des conditions d'un développement « endogène » à Dunkerque, et non piloté par l'extérieur, c'est-à-dire par des politiques publiques qui à cette période ont privilégié les investissements étrangers, essentiellement sous la forme d'unités de production sans autonomie de décision, puisque les sièges sociaux des unités de production n'ont pas été localisés sur le territoire dunkerquois.

Photo 4 *:* Territoire industrialo-portuaire, depuis la digue du Break

Source : Sophie Boutillier et Hollman Rojas

Photo 5 : Grande Synthe – Usinor – vue des champs

Sources : Les Archives de Dunkerque

Les travaux de cette période ont alors porté sur les conditions d'émergence et les freins à l'émergence d'un « milieu innovateur » (Coppin *et al.*, 2000 ; Uzunidis, 2008). Les recherches sur l'économie du territoire ont été une base de réflexion importante. En économie, le territoire a été introduit dès la fin du 19e siècle, notamment avec les travaux de Marshall (1890), pour expliquer les déterminants locaux de l'industrialisation. Selon Marshall, l'agglomération en un même lieu d'entreprises et d'industries partageant des caractéristiques communes permettait d'encourager l'émergence d'une « atmosphère industrielle » propice à la constitution et à la diffusion de connaissances. Prolongeant les travaux de Marshall, la littérature sur le développement territorial et l'économie de la proximité a mis en lumière les déterminants institutionnels, sociaux et culturels de l'agglomération. Le concept de milieu innovateur a été proposé par le Groupe de Recherche Européen sur les Milieux Innovateurs (GREMI) en Suisse (Aydalot, 1985 ; Crevoisier, 2001 ; Camagni, Maillat, 2006). L'hypothèse des chercheurs était que ce sont les milieux régionaux qui sécrètent les différentes formes de l'innovation. Cette recherche a été à l'origine du développement de la science régionale avec l'analyse des districts industriels définis par Marshall (1920), et qui a été redécouverte par les économistes italiens de la troisième Italie (Brusco, 1982 ; Garofoli, 1992). Il s'agit d'une remise en cause des conceptions top-down, dans laquelle les progrès étaient censés venir de l'extérieur du territoire. Les milieux innovateurs sont aujourd'hui considérés comme le « bloc cognitif » (ou encore le « cerveau ») dont dépend le fonctionnement des Systèmes de production localisés (SPL), qui désignent un ensemble d'activités interdépendantes, techniquement et économiquement organisées et territorialement agglomérées (Torre, Tanguy, 2014). L'économie locale peut alors être définie, lorsqu'elle est un milieu innovateur, comme un espace géographique formé en tant qu'ensemble de rapports systémiques entre entreprises, États et collectivités publiques (Uzunidis, 2008). Ces rapports systémiques caractérisent l'espace localisé par un certain type d'activités et de productions finales. En définitive, le milieu innovateur constitue « *une agrégation des capacités d'actions et des facultés cognitives des différents acteurs* » (Torre, Tanguy, 2014, p. 311).

L'économie locale acquiert les caractéristiques d'un milieu innovateur grâce aux relations de proximité qu'elle propulse entre agents économiques. D'abord, l'accent a été mis sur la proximité géographique, mais ce type de proximité n'est pas suffisant pour faire émerger une dynamique locale de création de ressources, prenant la forme d'innovations, d'entreprises ou d'activités nouvelles. La coopération entre les acteurs ne se décrète pas. D'autres formes de proximité organisationnelles, institutionnelles et cognitives sont nécessaires (Uzunidis, 2008 ; Rallet, Torre, 2005 ; Torre, 2009 ; Boschma, Martin, 2010). La localisation d'entreprises à proximité les unes des autres, ainsi que le développement de formes de proximité plus complexes entre elles et également avec des institutions partenaires sont à l'origine d'effets d'agglomération générant des ressources nouvelles, comme la création d'un marché du travail spécialisé et partagé, le développement d'inputs spécialisés (des actifs spécifiques) qui améliorent la productivité des entreprises (infrastructures communes : routes, communication ; accès à des matières premières spécifiques ou autres ressources spécifiques comme des compétences et des savoir-faire), des retombées technologiques en termes de diffusion des connaissances qui ensemble conduisent à un effet de levier. Dans cette optique, le territoire a été défini par les auteurs de l'école française de la proximité comme le résultat de la mobilisation d'un ensemble d'acteurs situés dans un espace géographique, dans le but de résoudre un problème collectif ou de constituer un avantage concurrentiel (Pecqueur, Zimmerman, 2004). En considérant les acteurs économiques comme des parties prenantes qui établissent entre elles des processus de coordination, qualifiés par des situations de proximité (géographique, institutionnelle, relationnelle, cognitive, organisationnelle), ces travaux permettent de décrire les mécanismes du développement territorial (Boschma, 2004 ; Torre, 2018 ; Uzunidis, 2008).

Dans le cas de Dunkerque, la faible dynamique entrepreneuriale a longtemps nui et freine encore le développement territorial endogène. Cette problématique a fait l'objet d'une thèse de doctorat soutenue en 2004 par Nathalie Mudard, au lab.RII. Revenant sur l'histoire économique du territoire dunkerquois, elle a montré la richesse de l'entrepreneuriat au 19e siècle, lié à l'activité portuaire, mais aussi agroalimentaire et manufacturière (Mudard, 2004). En revanche, l'industrialisation lourde après la Seconde Guerre mondiale a « asphyxié » l'esprit d'entreprise sur un territoire caractérisé par la domination du salariat, de surcroît ouvrier (Mudard, 2001 ; Coppin, 1999). Les études sur l'entrepreneuriat local des années 1990 et 2000 dressent le portrait d'un entrepreneur de proximité, doté d'un faible capital social et humain, et créant son activité principalement dans les services de proximité pour assurer sa survie, dans un contexte de chômage accru, ne permettant pas la création d'entreprises innovantes (Boutillier, 2008, 2019). L'entrepreneuriat dépend non seulement des caractéristiques et ressources propres de l'entrepreneur, mais aussi de l'environnement dans lequel il est inséré. La création de l'université du Littoral au début des années 1990, mais aussi les nouvelles règles définissant la troisième mission des universités « la valorisation de la recherche », à côté des missions fondatrices d'enseignement et de recherche (en France, la loi sur la recherche et l'innovation de 1999) aurait dû dans cette optique stimuler l'entrepreneuriat local. Les travaux menés sur ce thème au début des années 2000, actualisés 20 ans plus tard (Laperche, 2002 ; Laperche *et al.*, 2021) ont mis en avant le caractère systémique de la valorisation de la recherche, qui ne dépend pas uniquement de nouvelles réglementations, mais surtout de l'existence d'une offre et d'une demande. Or, la faiblesse de la demande des industries locales en matière de recherche, qui s'explique par l'absence d'activité de recherche des unités de production de firmes multinationales installées à Dunkerque, réduit les possibilités et les retombées des relations universités-entreprises. Des effets positifs sur l'entrepreneuriat local étaient attendus suite à la création d'un espace de coworking en 2014 dans une ancienne usine textile rénovée, mais tel n'a pas été le cas (Boutillier, 2018). La majorité des coworkers qui ont élu domicile dans cet espace de travail sont des autoentrepreneurs qui ont cherché à rompre l'isolement du travail à domicile, mais aussi des salariés nomades travaillant pour le compte d'entreprises ou d'associations humanitaires (notamment d'aide aux migrants) et quelques petites entreprises dans la logistique et la communication. Ceci sans remettre en question l'intérêt d'une organisation de ce type, cette étude a permis de souligner l'empreinte territoriale du territoire du coworking. Il n'y a pas de modèle unique en matière de coworking, ce mode d'organisation du travail se modèle en fonction des caractéristiques du territoire dans lequel il est inséré (Boutillier, Ross, 2021).

La proximité du territoire de Dunkerque de la frontière belge (16,7 km), nous a amenés à étudier l'impact de la mobilité de la main-d'œuvre frontalière sur le territoire. Si un territoire peut être assimilé à un ensemble de ressources, celles-ci n'ont pas toutes le même statut. Le capital est ainsi beaucoup plus mobile que le travail. Derrière les mouvements de capitaux, des mesures de politique publique sont prises par les États pour attirer les entreprises et créer des emplois. La fermeture d'une entreprise est source de chômage pour des centaines de salariés, alors que l'entreprise aura recours en d'autres lieux à de la main-d'œuvre moins onéreuse. C'est ce qu'ont montré Sophie Boutillier, Blandine Laperche et Nathalie Mudard (2002) dans une étude réalisée dans le cadre d'un programme INTERREG (1994-1999) « Kent-Nord/Pas-de-Calais Transmanche » sur les frontaliers du Nord, qui étudient les mouvements de populations entre Dunkerque, l'ensemble du territoire national et des travailleurs venus d'autres territoires européens, ou extraeuropéens. La question de la mobilité de la main-d'œuvre a toujours été au cœur du développement territorial. Or, à l'heure actuelle, dans le cadre de la politique publique visant à réindustrialiser et à décarboner le territoire dunkerquois, la question du recrutement de la main-d'œuvre se pose avec beaucoup d'acuité, comme nous aurons l'occasion de le vérifier dans le présent ouvrage.

La comparaison des trajectoires territoriales des ports industriels de Dunkerque et de Gdansk, dans la thèse de doctorat de Maria Lorek, soutenue en 2013 a permis d'analyser les facteurs qui contribuent à forger une trajectoire particulière (c'est-à-dire, l'accumulation d'actifs spécifiques, qu'ils soient matériels, immatériels ou infrastructurels), à créer des effets de dépendance de sentier, mais aussi ceux qui permettent les changements de trajectoires et les bifurcations. Dans cette dynamique, le développement des connaissances et leur diffusion, et donc le rôle des structures de recherche privées et publiques est apparu déterminant. Un autre aspect fondamental est aussi ressorti, celui de l'existence d'un projet commun à l'ensemble des acteurs locaux, pouvant initier une nouvelle dynamique territoriale.

À l'instar d'autres territoires, les premières décennies des années 2000 ont été marquées à Dunkerque par la volonté des acteurs publics et privés de trouver de nouvelles voies pour un développement « durable », cherchant à limiter les effets néfastes de la pollution industrielle, très visible à Dunkerque. L'écologie industrielle, aujourd'hui intégrée comme pilier de l'économie circulaire a suscité l'intérêt, portée par des expériences jugées positives comme le cas de Kalundborg au Danemark. Un programme est signé avec l'Institut Caisse des Dépôts et Consignations pour la Recherche pour travailler sur le concept de territoire entrepreneurial durable (Boutillier *et al.*, 2015). Il est défini comme « une zone géographique caractérisée par des relations systémiques entre les acteurs, dont le développement repose sur un cadre institutionnel propice à la création d'éco-entreprises et à la transformation des activités existantes dans une perspective de développement durable » (Boutillier, Uzunidis, 2016). Une étude sur le développement de l'écologie industrielle à Dunkerque est menée (Gallaud, Laperche, 2016), suivie par la thèse de doctorat de Fedoua Kasmi, soutenue en 2018. L'hypothèse s'affine alors autour de l'économie circulaire et plus spécifiquement de l'écologie industrielle (voir les définitions dans l'encadré 1), pour comprendre de quelle manière ces pratiques peuvent favoriser le renouvellement du tissu économique du territoire et la construction de milieux innovateurs (Gallaud, Laperche, 2016 ; Kasmi, 2018).

Cette problématique croisant économie circulaire et développement territorial est alors assez inédite dans la littérature, alors qu'elle est devenue beaucoup plus courante dans la période récente (Bourdin *et al.*, 2022 ; Veyssière *et al.*, 2022 ; Veyssière, 2023 ; Kirchherr *et al.*, 2023 ; Torre, 2023).

Encadré 1 : Ecologie industrielle et symbiose industrielle : définitions

L'écologie industrielle fait à la fois référence à une conception des relations entre organisations sur un territoire donné et à ce titre s'apparente à un thème de recherche académique interdisciplinaire (associant écologie scientifique, sciences naturelles, sciences de l'ingénieur, économie du territoire, etc.). Elle regroupe aussi un ensemble de pratiques, telles que la création de synergies entre entreprises, destinées à réduire les impacts environnementaux des activités industrielles, mais aussi les coûts de production de l'ensemble des entreprises parties prenantes. En tant que thème de recherche, elle a été institutionnalisée en 1991 par la National Academy of Science et en 1997, par la naissance d'une revue *Journal of Industrial Ecology* (Vivien, 2003). C'est dans les années 1990 que l'expression se popularise notamment avec la publication de l'article de Robert Frosch et Nicholas Gallopoulos (1989), tous deux ingénieurs chez General Motors. La pollution, l'accumulation des déchets et l'épuisement des ressources naturelles sont des éléments qui doivent conduire, selon Frosch et Gallopoulos (1989), à remettre en cause le modèle de développement des économies industrielles. Ils formulent la notion d'écosystème industriel : « (...) *le modèle traditionnel de l'activité industrielle dans lequel chaque processus industriel consomme des matières premières, génère des produits qui seront vendus et des déchets qui seront stockés, devrait être transformé en un modèle plus intégré : un écosystème industriel* » (Frosch, Gallopoulos, 1989, p. 144). Dans un tel système, poursuivent-ils, la consommation d'énergie et de matières est optimisée, la génération de déchets est minimisée et les effluents d'un processus de production servent de matières premières à un autre. Ils insistent sur la nécessité de recycler et d'échanger les biens utilisés et de rechercher des matières premières de remplacement, afin de faire face à l'épuisement des ressources naturelles. Un écosystème industriel fonctionnerait de manière analogue aux écosystèmes biologiques.

Pour Suren Erkman (2001, 2004), l'écologie industrielle, qui peut être perçue *a priori* comme un oxymore, repose sur l'idée selon laquelle le système industriel peut être décrit, tout comme un écosystème biologique, par une circulation particulière de matières, d'énergie et d'informations. De plus, le système industriel dans son ensemble, repose sur des ressources et services fournis par la biosphère. Pour l'auteur, l'écologie industrielle offre des solutions concrètes en faveur du développement durable et s'éloigne en particulier des solutions « en bout de chaîne » (en anglais : *end of pipe*) habituellement proposées pour faire face aux problèmes environnementaux.

D'un point de vue pratique selon Erkman (2001), l'écologie industrielle repose ainsi sur quatre piliers :
- La valorisation systématique des déchets et des sous-produits, qui doivent être vus comme des ressources potentielles et des gisements de matières premières à exploiter ;
- Les pertes par dissipation doivent être minimisées (énergie, émissions polluantes, etc.). En effet, les dissipations peuvent être inhérentes aux produits, mais aussi aux processus de production ou d'utilisation ;
- L'économie doit être dématérialisée par la minimisation des flux totaux de matière tout en assurant des services au moins équivalents (économie de la fonctionnalité, etc.) ;
- L'énergie doit être décarbonée. Depuis un siècle et demi, elle est principalement obtenue à partir d'hydrocarbures d'origine fossile (charbon, pétrole, gaz), responsables de nombreux problèmes tels que l'augmentation de l'effet de serre, les marées noires, etc.

La notion de symbiose industrielle (Chertow, 2000, 2004) met l'accent sur l'échange de flux de résidus (matière, eau, énergie) issus d'un processus de production et à destination d'un autre, de façon à ce que les déchets ou sous-produits des uns deviennent des ressources pour d'autres. « *La symbiose industrielle associe des industries habituellement séparées dans une recherche collective d'un avantage concurrentiel qui implique des échanges physiques de matériaux, d'énergie, d'eau et /ou de sous-produits. Les facteurs clés de la symbiose industrielle sont la coopération et les possibilités de synergies offertes par la proximité géographique* » (Chertow, 2004, p. 2).

La mise en œuvre d'une symbiose industrielle repose donc sur des synergies entre les acteurs. On distingue généralement deux formes de synergies : les synergies de substitution (elles consistent à substituer un flux entrant neuf par un flux sortant d'une autre entreprise qui est mal ou pas du tout valorisé) et les synergies de mutualisation (lorsque plusieurs entreprises consomment ou rejettent le même type de flux, il existe une possibilité de mutualiser la fourniture ou le traitement de ces flux en réalisant des économies financières et environnementales).

C'est cette vision large de l'écologie industrielle, reposant sur les deux types de synergies, qui est aujourd'hui la plus largement répandue. Ainsi, dans la loi française sur la transition énergétique (du 17 août 2015), le développement de l'écologie industrielle et territoriale «consiste, sur la base d'une quantification des ressources, et notamment des matières, de l'énergie et de l'eau, à optimiser les flux de ces ressources utilisées et produites à l'échelle d'un territoire pertinent, dans le cadre d'actions de coopération, de mutualisation et de substitution de ces flux de ressources, limitant ainsi les impacts environnementaux et améliorant la compétitivité économique et l'attractivité des territoires ». Cette vision large de l'écologie industrielle permet d'adapter la définition aux expériences d'écologie industrielle observées dans la réalité.

Source : Gallaud et Laperche (2016)

Parmi les piliers de l'économie circulaire, l'écologie industrielle est sans doute celui qui a été le plus rapidement relié et considéré comme un outil de développement local et régional (Gibbs *et al.*, 2005). Outre ses impacts positifs sur l'environnement, ses potentiels effets positifs sur l'économie et la société ont été mis en évidence (Dunn, Steinemann, 1998) : diminution du coût des inputs, du coût d'élimination des déchets, valorisation économique des déchets, diversification de la base économique, création d'emplois et d'entreprises de niches, réduction des émissions et de la nécessité de séparer les terrains industriels des terrains résidentiels. L'écologie industrielle serait ainsi une stratégie « win - win - win » pour le développement durable, apportant des avantages financiers aux entreprises, mais aussi sociaux et environnementaux plus globaux. La recherche française sur l'écologie industrielle a mis particulièrement l'accent sur la dimension territoriale et utilise à cet effet le terme d'« écologie industrielle et territoriale » (Buclet, 2011). Les travaux ont d'abord porté sur 1) le rôle de l'écologie industrielle dans la définition d'un projet de territoire (Beaurain, 2008 ; Beaurain, Brullot, 2011), 2) le rôle des acteurs et les échelles territoriales (Maillefert, Robert, 2014 ; Cerceau *et al.*, 2014), 3), les interactions entre acteurs et les difficultés qu'elles posent (Brullot *et al.*, 2014). Mais l'enchainement causal associant écologie industrielle et développement territorial méritait selon nous d'être davantage développé.

L'effet de levier actionné par l'économie circulaire sur le développement territorial s'appuie selon nous, et dans la lignée des travaux précédents du lab.RII, sur la mise en évidence des effets d'agglomération générés par les formes de proximité et qui peuvent avoir un effet positif sur la stabilisation des activités économiques, favoriser la création et la localisation d'autres entreprises. Les entreprises en place peuvent, en effet, bénéficier d'économies d'échelle externes, selon la taille et des caractéristiques du milieu dans lequel elles sont insérées – économies en termes de coût du travail, infrastructures disponibles, matières premières, connaissances – qui justifient leur maintien ou leur installation sur place. L'attractivité structurelle du territoire peut favoriser et être renforcée par la mise en œuvre de projets d'écologie industrielle : de nouvelles entreprises peuvent être créées ou s'installer pour bénéficier de ces nouvelles ressources disponibles localement (ressources humaines qualifiées, énergie moins coûteuse, infrastructures partagées, etc.). Dans sa thèse, Fedoua Kasmi a recensé les flux de substitution (les déchets qui prennent la forme de matières ou d'énergie émanant d'une entreprise deviennent la matière première d'une autre) et les flux de mutualisation (les achats de matières ou la collecte/traitement de déchets sont valorisés de manière collective) et interrogé les principaux acteurs sur les atouts et les freins au développement de ces relations symbiotiques entre entreprises. La complexification de la symbiose industrielle, marquée par l'accroissement du nombre de relations entre acteurs, a amené à mettre particulièrement l'accent sur la coordination entre acteurs et donc de la gouvernance, associant les acteurs publics, privés et associatifs (Kasmi *et al.*, 2017).

Les définitions de la gouvernance territoriale (Gilly, Wallet, 2005 ; Leloup *et al.*, 2005 ; Chia *et al.*, 2008 ; Rey-Valette *et al.*, 2014) ont trait à la coordination des actions et des acteurs et à la construction collective d'un projet commun ou à la résolution d'un problème productif sur un espace territorial donné (Torre, 2015). Elle peut être définie comme « l'ensemble des processus et dispositifs par lesquels les parties prenantes ou acteurs de différentes natures (productifs, associatifs, particuliers, représentants des pouvoirs publics ou des collectivités territoriales) contribuent à l'élaboration, parfois concertée, parfois conflictuelle, de projets communs pour le développement futur des territoires » (Torre, Beuret, 2012). Si certains auteurs (en premier lieu Erkman, 2004) ont d'abord considéré que l'écologie industrielle était le fruit de processus spontanés, Buclet (2011) a rappelé le rôle joué d'une part, par les règles et lois environnementales et d'autre part, par les pouvoirs publics locaux. Dans le cas de Kalundborg au Danemark, la municipalité a exigé que les résidents se connectent au réseau de chaleur créé dans les années 1970. Les contraintes et les règles ont rendu les synergies rentables.

Le rôle de l'intervention publique est de plus en plus souligné dans la littérature. Au niveau national, elle doit fournir un cadre légal et financier incitatif ; à l'échelle locale, les autorités publiques doivent avoir une fonction d'initiation et de coordination pour promouvoir les symbioses industrielles (Lenhart *et al.*, 2015), mais aussi de consommateurs des sous-produits industriels (Horvath, Harazin, 2016). Les travaux portant sur l'écologie industrielle insistent sur le rôle de la gouvernance territoriale (publique et privée) dans la génération et la pérennisation des interactions entre les acteurs (Schalchli, 2011 ; Brullot *et al.*, 2014 ; Decouzon, Maillefert, 2013), dans la mise en œuvre d'une coordination efficace entre acteurs (Boons, Baas, 1997), l'instauration d'un climat de confiance, la promotion de la collaboration, ou encore l'arbitrage des conflits (Beaurain, Brullot, 2011). En d'autres termes, elle peut réduire certaines difficultés qui émergent dans la mise en œuvre des flux d'écologie industrielle. La gouvernance territoriale des démarches d'écologie industrielle, telle qu'elle apparaît dans ces travaux, peut être privée (les acteurs privés, ou une institution formelle les regroupant, pilotent les dispositifs de coordination et de création de ressources), publique (les institutions publiques dominent le mode de coordination), ou le plus souvent mixte : dans ce cas, elle repose sur la coopération entre acteurs publics et acteurs privés, et s'appuie souvent sur une structure associative. Si la gouvernance territoriale est bien présente à cette période dans les expériences et les travaux portant sur l'écologie industrielle, elle peut être qualifiée d'essentiellement « statique » : c'est surtout la mise en œuvre et le développement des synergies éco-industrielles qui sont analysés. Cette gouvernance, et les outils qu'elle génère, est essentielle tant au lancement qu'à l'approfondissement des symbioses industrielles, elle permet la création des dynamiques de proximité génératrices d'effets d'agglomération. Mais pour que l'écologie industrielle puisse jouer un rôle dans la construction d'un milieu innovateur ou un écosystème d'innovation, des formes plus dynamiques devraient être développées comme montré par Kasmi *et al.* (2017), afin de faire évoluer les formes de proximité, pour initier la création et l'attractivité d'activités nouvelles favorisant des formes d'éco-innovation variées et la diversification du territoire.

L'attractivité de nouvelles entreprises est à même de constituer une preuve de réussite du projet d'écologie industrielle. L'attractivité peut être conjoncturelle ou structurelle. L'attractivité conjoncturelle est liée aux politiques publiques d'aides à l'installation de nouvelles entreprises. Réduction d'impôts, zones franches, aides publiques sont des éléments constitutifs de l'attractivité conjoncturelle. L'attractivité structurelle est d'une autre nature, elle est liée aux caractéristiques historiques du territoire, aux ressources spécifiques qui y sont construites et qui peuvent être activées dans un objectif de compétitivité. Ces ressources sont à la fois matérielles (infrastructures, technologies partagées) ou plus immatérielles (compétences, organisations communes). La mutation des éléments structurels de l'attractivité peut être interprétée comme des signaux d'une bifurcation de la trajectoire territoriale. Kasmi (2018, 2021), s'appuyant sur les travaux fondés sur la variété reliée ou non reliée (voir ci-dessous), a appliqué cette analyse au cas de Dunkerque. Nous en verrons les résultats dans la partie 2.

Dans sa thèse portant cette fois sur la région Hauts-de-France soutenue en 2023, Sonia Veyssière élargit l'analyse à la fois en termes géographique mais aussi aux autres piliers constituant l'économie circulaire. Elle s'attache à étudier les micro fondations du développement territorial. Ces processus de développement territorial, mis au jour par les travaux en économie régionale, s'articulent autour de trois mécanismes : la coordination d'acteurs localisés dans un même espace géographique, la gouvernance et la création de ressources territoriales. Elle étudie 16 projets soutenus au sein de la stratégie Troisième Révolution Industrielle de la Région Hauts-de-France et met en évidence le fossé existant entre les politiques publiques et la pratique. Nombre de projets d'économie circulaire échouent au sens où rares sont ceux qui mènent à la création de ressources spécifiques dans les territoires, sur lesquelles ils pourront s'appuyer pour accélérer les mutations. La thèse contribue donc, sur le plan théorique, à relire la littérature sur le développement territorial avec le prisme de l'économie circulaire, en montrant quelles modalités de coordination celle-ci créée et sa contribution à la création de ressources spécifiques. Sur le plan empirique, elle livre une grille de lecture et d'analyse des projets d'économie circulaire à l'intention des chercheurs et des analystes.

L'analyse de la trajectoire des territoires industrialo-portuaires, enseignements de la théorie évolutionniste des territoires

L'ensemble de ces travaux, comme mentionné plus haut, nous ont amenés à étudier la notion de trajectoire des territoires industrialo-portuaires. Nous avons appliqué la théorie évolutionniste pour étudier la trajectoire d'évolution du territoire industrialo-portuaire de Dunkerque depuis les années 1950 aux années 2010 (Laperche *et al.*, 2011 ; Laperche, Uzunidis, 2011) puis, avec cet ouvrage, jusqu'au milieu de la décennie 2020. La théorie évolutionniste initiée par Nelson et Winter (1982) se focalise sur le comportement des agents économiques, en premier lieu des entreprises, lesquelles se transforment en fonction de leurs routines organisationnelles, mais aussi en fonction des actifs spécifiques et secondaires qu'elles ont accumulés (Laperche, 2020). L'évolution des entreprises s'effectue par le biais d'un processus d'apprentissage (qui permet grâce à la répétition et à l'expérimentation d'effectuer des tâches avec plus d'efficacité) et de coordination grâce à des procédures de tâtonnement. Ce processus cumulatif entraîne la production de connaissances qui se manifeste par la création de routines organisationnelles, permettant d'aboutir à des solutions efficaces pour l'entreprise. Une mémoire organisationnelle est ainsi créée qui est intégrée dans les compétences des salariés et les machines. Ces routines tacites, forment pour l'entreprise des actifs spécifiques, difficilement transférables. L'entreprise suit un sentier, qui est contraint par ses investissements passés. Son évolution n'est pas linéaire, des phases de rupture et de bifurcation sont susceptibles de se manifester. Insérées dans un contexte de forte incertitude (mais qui peut être en partie réduite grâce à des mesures de politique publique de soutien à l'industrie), les entreprises sont dotées d'une rationalité limitée et sont dans l'incapacité de réunir toutes les informations pour prendre une décision optimale. Mais, la distinction entre les actifs secondaires et l'actif principal est fondamentale, car cela impacte la trajectoire d'évolution de l'entreprise. Les actifs secondaires ou complémentaires par rapport à l'actif principal sont en effet présents le long de la chaîne de valeur et permettent à l'entreprise de bifurquer, en développant de nouvelles activités.

Si la théorie de Nelson et Winter se concentre sur l'entreprise, d'autres chercheurs, spécialisés en géographie économique, en particulier les approches institutionnalistes et évolutionnistes, l'ont appliquée à l'analyse de l'évolution des trajectoires territoriales (Boschma, 2004 ; Boschma, Frenken, 2006). Ces travaux ont mis en évidence l'existence d'une base de connaissances construite et accumulée dans un territoire grâce à l'action coordonnée des entreprises et des institutions publiques, permettant de soutenir une trajectoire d'évolution ou au contraire conduisant à des situations de blocage et de dépendance de sentier du territoire. L'un des intérêts majeurs de ces travaux est d'avoir pu mettre en évidence une dynamique de coévolution entre les entreprises, les acteurs publics et le territoire. Pour expliquer la dépendance de sentier, les auteurs recourent à des explications fondées sur le capital social et l'encastrement social dans les institutions (par exemple, Engstrand, Stam, 2002 ; Hassink, 2005) (concepts d'abord développés en sociologie, voir Coleman, 1988 ; Putman, 1993 ; Granovetter *et al.*, 1985). Ils insistent sur le fait que le capital social peut dans certains cas avoir des effets négatifs en freinant le changement et en favorisant la « conformité » (Portes, Landoldt, 1996). Un degré élevé d'encastrement peut ainsi provoquer le déclin des régions (Grabher, 1993). La question de la diversification des activités menées sur les territoires a aussi été l'un des sujets largement traités par l'économie géographique évolutionniste, en particulier dans le cas des régions à forte intensité de connaissances. Dans ces travaux, le développement territorial passe par une diversification économique dans des secteurs/technologies qui sont étroitement liés aux activités préexistantes sur leurs territoires (Frenken *et al.*, 2007). Cette diversification se traduit par le développement d'une variété reliée au niveau territorial, c'est-à-dire de nouvelles activités/secteurs/technologies qui sont liés en termes de connaissances et de compétences similaires ou complémentaires (Boschma, Iammarino, 2007 ; Ellawanger, Boschma, 2013). La variété reliée fait systématiquement référence à la proximité cognitive qui correspond ici au degré de proximité ou de superposition entre les connaissances de base de deux entreprises (Boschma, Frenken, 2011). Les dynamiques territoriales et la géographie de l'innovation seraient ainsi fondamentalement structurées par leur degré de « relatedness » technologique/sectoriel (Levy, Ferru, 2016). La variété reliée permet donc aux territoires de s'engager sur de nouvelles voies de développement en se diversifiant dans des activités nouvelles mais complémentaires fondées sur une base de connaissances préexistante. Dans des travaux plus récents croisant géographie évolutionniste et « transition studies », Boschma *et al.* (2017) remettent l'accent sur la diversification complète (c'est-à-dire le développement d'activités non reliées aux précédentes) qui peut favoriser une croissance à long terme. De nouvelles activités peuvent d'abord constituer une « niche » initiant une éventuelle bifurcation/ diversification.

Dans ces conditions, en transposant la théorie évolutionniste de l'entreprise au territoire, nous faisons l'hypothèse selon laquelle l'évolution d'un territoire, les trajectoires, les bifurcations et les blocages qui lui sont propres peuvent être expliqués par la nature des actifs spécifiques qui se sont constitués et mobilisés au cours du temps grâce à l'action combinée des entreprises et des administrations publiques (au niveau local, régional, national, voire européen) qui le caractérisent. Un territoire qui innove et qui est apte au changement est en effet d'abord un milieu qui se distingue par sa capacité à produire durablement des ressources spécifiques. Celles-ci constituent une réserve, un potentiel latent, qui peuvent se transformer en actifs (qui constituent des ressources « en activité ») si les conditions de production ou de création de technologie le permettent (Colletis, Pecqueur, 2005). Dans un contexte où l'avantage compétitif se détermine le plus souvent aujourd'hui à la faveur d'une maîtrise du processus d'innovation, seule la différenciation des ressources économiques permet en effet à un territoire de se placer favorablement dans le jeu de la concurrence internationale. Pourquoi ? Parce que ce processus est fondé d'une part, sur la création de savoirs non reproductibles qui échappent partiellement à la logique de marché (Colletis, Pecqueur, 1993) ; d'autre part, sur la construction d'irréversibilités qui engendrent des coûts prohibitifs pour les acteurs souhaitant sortir du système productif (sunk costs). L'existence de ressources spécifiques contribue ainsi à enrichir durablement le potentiel de croissance d'un territoire.

Ce processus de spécification des ressources ne peut cependant avoir lieu sans l'activation d'une logique d'apprentissage et d'interaction. Étant donné que l'innovation repose en grande partie sur la production – et par conséquent le financement – et la combinaison de nouveaux savoir-faire adaptés aux besoins d'une économie locale, le milieu ne peut avoir de vertus innovatrices que s'il met en œuvre des mécanismes de nature systémique. Il s'agit ici d'une condition nécessaire à la démarche évolutionniste empruntée qui analyse les transformations du système productif local en fonction des influences externes. L'existence d'une dynamique d'apprentissage exprime ainsi la capacité des acteurs du milieu à modifier leurs comportements selon l'évolution contextuelle. Elle traduit la manière dont les agents économiques vont parvenir à mobiliser les ressources du milieu pour trouver des solutions répondant aux nouvelles exigences productives. Cette position rejoint en fait la lignée des travaux académiques menés par Lundvall et Johnson (1994) et poursuivis par Maillat et Kebir (1998) qui consacrent une place prépondérante au processus d'apprentissage dans la création de connaissances nouvelles en tant que ressources spécifiques.

Pour qu'un territoire innove, il lui faut également une dynamique d'interactions. Si l'apprentissage désigne une certaine propension à saisir et à comprendre les mutations qui s'opèrent dans un environnement donné, la mise en place de solutions permettant l'évolution d'un état vers un autre nécessite obligatoirement une étroite interaction entre les acteurs qui se trouvent à proximité. Dans la mesure où l'innovation résulte d'une combinatoire de connaissances et de savoir-faire multiples, sa conception repose essentiellement sur l'existence de coopérations diverses. C'est en effet de la capacité des acteurs du territoire à nouer, entretenir et développer des relations d'interdépendance économique et cognitive dont dépendra la création de spécificités territoriales. En d'autres termes, la dynamique d'innovation ne pourra prendre corps que s'il y a mise en commun des ressources mobilisées. C'est pourquoi son processus s'inscrit largement dans le cadre d'une organisation en réseau, génératrice d'externalités spécifiques.

Nous reprenons par conséquent la typologie des actifs spécifiques établie par Laperche *et al.* (2011) qui distinguent les actifs spécifiques issus des économies de proximité, les actifs spécifiques infrastructurels, liés aux compétences et une spécificité dédiée (tableau 3).

Tableau 3 : Typologies des actifs spécifiques d'un territoire

Types d'actif	Description
Actifs spécifiques issus des économies de proximité	Spécificité de site liée à la réduction des coûts de transaction issue de la proximité physique entre les entreprises implantées sur un même territoire. L'exploitation d'une ressource naturelle localisée peut être prise en compte.
Actifs spécifiques infrastructurels	Spécificité relative aux équipements physiques. La présence d'infrastructures particulières (autoroutes, ports, systèmes de communication, etc.).
Actifs spécifiques liés aux compétences	Spécificité relative aux compétences humaines.
Une spécificité dédiée	Spécificité trouvant son origine dans une personnification de l'investissement pour répondre à un besoin particulier d'un client.

Source : à partir de Laperche *et al.* (2011, p. 349)

Les trajectoires de l'entreprise influent sur celles du territoire et réciproquement, puisque le territoire peut être appréhendé comme un réservoir de ressources de différentes natures (en compétences, financières, matérielles – ex. infrastructures, ressources naturelles, entreprises sous-traitantes, laboratoires de recherche, etc.). Nous avons aussi cherché à voir dans quelle mesure les nouveaux projets associés à l'économie circulaire et à la décarbonation étaient en mesure de favoriser la diversification des activités menées localement.

1.4. Le renouveau des ports industriels : économie circulaire et décarbonation

Analyser et mesurer le rôle de l'économie circulaire dans les ports

Dans les dernières années, plusieurs nouveaux programmes de recherche conduisent en effet à réfléchir sur le renouveau des ports industriels, portés par l'économie circulaire et plus récemment par l'objectif de décarboner l'économie dans son ensemble, l'industrie en particulier. Dans le programme IMPPEC (IMPact des Ports sur l'économie circulaire, mené avec le Grand Port Maritime de Dunkerque et la Communauté Urbaine de Dunkerque 2020-2023), les objectifs étaient d'étudier la place du port, en tant qu'autorité administrative et en tant que fonction économique, dans la symbiose industrielle de Dunkerque. Ce programme a aussi été l'occasion d'une réflexion sur la relation spécifique qui relie économie circulaire (et en particulier le pilier de l'écologie industrielle) et ports.

Les expériences célèbres d'écologie industrielle ont en effet souvent lieu dans les régions portuaires comme le montrent par exemple les cas de Kalundborg au Danemark et de Dunkerque, pionnière en France en la matière (Gallaud, Laperche, 2016 ; Kasmi *et al.*, 2017 ; Kasmi, 2018). De nombreux ports en Europe, en Afrique, en Asie ou en Amérique du Nord développent aussi des projets d'écologie industrielle (Cerceau *et al.*, 2014). Les espaces portuaires possèdent cette caractéristique d'être en tension permanente entre deux extrêmes « *un modèle de développement interconnecté à un 'système-monde' globalisé et un modèle de développement dans un 'système-territoire' localisé* » (Mat, Cerceau, 2015, p. 16). Il en résulte que la transition socioécologique de ces espaces portuaires pourrait passer par l'économie circulaire, elle peut faire du port le nœud stratégique de l'optimisation de la circulation des flux à l'échelle globale et une interface pour une meilleure gestion des ressources à une échelle locale.

Une revue de littérature (Veyssière *et al.*, 2022) ayant comme objectif d'analyser le lien entre économie circulaire et développement territorial a permis d'isoler une trentaine de références d'articles portant précisément sur l'économie circulaire appliquée à l'échelle portuaire. Cette revue a été effectuée sur la période 1990-2020, qui correspond à la diffusion des premières expériences d'écologie industrielle, et à la constitution de l'écologie industrielle et de l'économie circulaire comme champ scientifique.

Les travaux identifiés par les mots-clés explorent plusieurs champs d'études. Un premier champ concerne l'étude de projets d'économie circulaire intégrés aux zones et aux villes portuaires. Il intègre les travaux de Baas (Baas, 1998, 2000 ; Baas, Huisingh, 2008) sur le projet INES dans la zone industrielle du Port de Rotterdam, de Wang et Li (2009) sur le parc industriel du port de Tianjin et de Zhenfeng *et al.* (2008) et de Wang *et al.* (2010), sur la zone industrialo-portuaire d'Hebei. Ces travaux prennent pour objet le développement de synergies entre acteurs, davantage que le contexte portuaire lui-même. Cerceau *et al.* (2014) mettent en perspective différentes études de cas de projets d'écologie industrielle, en prenant en compte la localisation au sein d'un port comme critère de comparaison.

Un deuxième champ concerne l'étude des ports en termes de métabolisme territorial (Boehme *et al.*, 2009 ; Shahrokni *et al.*, 2015 ; Bahers *et al.*, 2020). Il part du principe que les ports sont des espaces où transitent un important nombre de flux entrants (matériaux, marchandises) et sortants (déchets). Les ports ont donc une position cruciale, car ils sont les plaques tournantes par lesquelles une grande partie des ressources et des matières premières, de produits sidérurgiques, d'énergie, de conteneurs etc. sont transportés vers et depuis les industries. En particulier, les villes portuaires sont également au cœur des transitions énergétiques car leur modèle économique dépend très souvent du trafic des énergies fossiles et des activités de transformation ou de stockage d'énergie (Bosman *et al.*, 2018 ; Carpenter *et al.*, 2018 ; Mat *et al.*, 2016). Les villes portuaires, comme Göteborg (Suède), Rotterdam et Amsterdam (Pays-Bas), ont fait l'objet d'études de cas pour des analyses de flux de matières (Rosado *et al.*, 2016 ; Baas, 2008 ; Voskamp *et al.*, 2017). Les résultats montrent leur dépendance aux énergies fossiles, l'importance des flux de transit, et plus généralement leur métabolisme énergétique et donc, les villes portuaires sont connues comme les nœuds de ces échanges et développement de symbioses industrielles (Bahers *et al.*, 2020). Bahers *et al.* (2020) expliquent que tous les agents économiques de la chaîne d'approvisionnement en énergie finale (y compris les importateurs, les transformateurs, les consommateurs et les distributeurs) sont présents dans le port. La proximité de ces acteurs leur permet d'exploiter les rapports de force pour planifier les futurs changements industriels, économiques et environnementaux, favorisant le développement de la symbiose industrielle. Les travaux les plus récents comme Hendriks et Gooyert (2023) montrent que les autorités portuaires sont bien placées pour lancer des discussions fondamentales sur les futurs flux de matières et le développement de stratégies et de feuilles de route indispensables à la circularité. Ils affirment également que la priorité donnée aux critères de circularité dans la sélection des entreprises installées et le renforcement de l'implication des parties prenantes dans la zone portuaire et au-delà, y compris le grand public, sont des moyens pour les autorités portuaires de faire et d'influencer directement le potentiel de circularité des zones portuaires.

Un troisième champ considère les ports comme des territoires particuliers, et analyse leurs dynamiques de développement (Lorek, 2012 ; Fusco-Girard, 2013 ; Ezzat, 2016 ; Mat *et al.*, 2016 ; Beyer, Lacoste, 2017 ; Angrisano, 2017 ; Budoc, 2017 ; Mat *et al.*, 2017 ; Bosman *et al.*, 2018 ; Carpenter *et al.*, 2018 ; Karimpour *et al.*, 2019 ; Williams, 2019 ; De Langen *et al.*, 2020). Contrairement aux travaux qui se focalisent sur le port en tant qu'infrastructure ou objet technique (Uche-Soria *et al.*, 2019), ces publications intègrent les ports dans un ensemble géographique plus large, celui de la ville portuaire ou celui des relations ports-hinterland. Les dynamiques de développement de territoires industrialo-portuaires sont étudiées dans une perspective de transition écologique et de reconversion des activités (Lorek, 2012 ; Beyer, Lacoste, 2017 ; Williams, 2019). L'économie circulaire est alors mobilisée comme levier de développement. Ces approches étudient l'ensemble des acteurs des territoires portuaires (autorités portuaires, collectivités territoriales, entreprises). Les actions déployées par ces acteurs pour mettre en œuvre l'économie circulaire font l'objet d'indicateurs (Williams, 2019 ; Gravagnuolo *et al.*, 2019). Toutefois, ceux-ci prennent davantage en compte l'échelle urbaine plutôt que portuaire. De plus, le rôle particulier de l'autorité portuaire est rarement mis en avant. Or, celle-ci possède des compétences spécifiques pour encourager le développement territorial des ports : elles coordonnent les pratiques de différents acteurs (Baas, 1998), et peuvent soutenir l'accueil de nouvelles activités et la création d'emplois au sein de la zone portuaire.

Certains résultats remarquables montrent qu'une orientation vers la récupération d'énergie basée sur des initiatives de symbiose industrielle semble dominer les premières étapes du processus de transition circulaire. Les projets de transition circulaire comprennent souvent des activités de recyclage, la réutilisation du dioxyde de carbone et l'organisation de nouveaux flux de valeur (par exemple, de nouveaux flux de trafic grâce à des projets d'énergie éolienne) (Haezendonck, Van den Berghe, 2020). La plupart des initiatives d'économie circulaire ne sont pas (encore) financièrement viables, un déficit d'informations sur les nouveaux modèles commerciaux potentiels que les ports peuvent adopter en vue d'une transition durable est souligné (Haezendonck, Van den Berghe, 2020).

En résumé, si la circularité est une condition nécessaire à la décarbonation de l'industrie, les stratégies des autorités portuaires en matière de circularité sont généralement moins développées que la stratégie de décarbonation (Hendriks, Gooyert, 2023). Cela suggère que les efforts pour évoluer vers une zone portuaire circulaire sont encore à renforcer, pour parvenir à une économie entièrement circulaire d'ici 2050.

En France, on compte plus de 120 démarches d'écologie industrielle et territoriale actives (SYNAPSE, 2019) et 103 sont inscrites dans le référentiel ELIPSE[1], 64 de ces démarches ont été analysées par ORÉE (2020) sur la période allant du 1er Janvier 2017 au 31 décembre 2019. On peut dénombrer 7 démarches d'écologie industrielle et territoriale en milieu portuaire parmi 12 ports maritimes d'État et 11 grands ports maritimes (GPM). Ces expériences sont variées tant dans leur origine (initiative publique ou privée, nationale ou locale), le type d'activités menées (flux de substitution et/ou de mutualisation) que dans leur périmètre territorial. Elles peuvent être initiées à l'échelle d'un parc

[1] http://www.referentiel-elipse-eit.org/

écoindustriel, d'une ville d'une région ou d'autres périmètres rattachés à l'activité portuaire (estuaire, fleuve) (tableau 4).

Tableau 4 : Démarches d'écologie industrielle et territoriale en France

Région	Nom	Porteur
Grand Est	Coopérations Locales et Environnementales en Synergies (CLES) : démarche d'écologie industrielle de la zone portuaire de Strasbourg	EMS – PAS – ADEME – Région Grand Est – GUP
	Florange FE2i	Entreprises de la démarche, Communauté d'agglomération du Val de Fensch, Région Grand Est
Hauts-de-France	Club de l'Écologie Industrielle - Dunkerque Énergie Créative	ECOPAL – Communauté Urbaine de Dunkerque
Nouvelle Aquitaine	MER - Matières, Energies Rochelaises	Association Matières, énergies Rochelaises
Pays de la Loire	Écologie industrielle GPMNSN/CARENE	Grand Port Maritime de Nantes Saint-Nazaire (GPMNSN) – Communauté d'agglomération de Saint-Nazaire (CARENE)
Provence Alpes Côte d'Azur	PIICTO	Industriels de la plateforme –Port de Marseille-Fos – Métropôle Aix-Marseille Provence
Île-de-France, Normandie	Etude d'écologie industrielle sur le territoire HAROPA	HAROPA (ports du HAvre, ROuen, PAris)

Source : à partir d'ORÉE (2020) et SYNAPSE (2020)

Dunkerque s'inscrit par conséquent dans une logique nationale marquée par nombre d'initiatives d'écologie industrielle et de décarbonation sur le territoire métropolitain et portuaire, montrant l'intérêt des autorités publiques et des entreprises quant à la nécessité de faire évoluer le business model des entreprises de ces territoires vers des modèles plus responsables et plus durables.

Notre travail, en particulier dans le cadre du programme IMPPEC, s'appuie sur la mise en évidence d'une double relation entre territoires industrialo-portuaires et économie circulaire. D'une part, les ports peuvent apparaître particulièrement adaptés au développement des pratiques d'économie circulaire. Quatre raisons étaient cette idée :

a - La nécessité de la transition vers le développement durable

Dans un contexte d'une transition qui s'oriente vers une société «plus verte », les territoires industrialo-portuaires, symboles forts de l'industrialisation de l'Europe basés sur une économie linéaire «extraire, utiliser, jeter » et le « tout fossile » doivent aujourd'hui trouver le moyen de s'adapter et d'innover face aux enjeux globaux (les bateaux cargos de plus en plus grands qui nécessitent des aménagements portuaires toujours plus importants, la compétition des nouveaux ports, etc.).

Les ports sont aujourd'hui d'importantes plaques tournantes pour les passagers, le transport maritime, la logistique et le commerce mondial. Plus de 80% du volume des échanges internationaux de marchandises sont transportés par voie maritime[1]. En outre, les ports consomment une quantité importante d'énergie (électricité, gaz naturel, énergie thermique/de refroidissement et combustibles traditionnels ou nouveaux tels que l'hydrogène, l'ammoniac, les biocarburants, etc.). Les besoins énergétiques spécifiques peuvent dépendre des types d'activités qui se déroulent dans le port, tels que le chargement et le déchargement des marchandises, la fourniture d'énergie aux navires à quai et le fonctionnement de diverses

[1] Review of Maritime Transport 2021-UNCTAD https://unctad.org/system/files/official-document/rmt2021_en_0.pdf

installations et infrastructures portuaires au service des opérateurs commerciaux et des passagers. Les ports sont donc des sources d'émissions de différents contaminants (Song *et al.*, 2022), ainsi que de nuisances sonores et de perte de biodiversité (Sordello *et al.*, 2020). Les émissions de gaz à effet de serre attribuées à l'industrie portuaire représentent environ 3% des émissions totales (Misra *et al.*, 2017).

Leur poids dans les rejets indésirables et la production de déchets, soumis aux nouvelles contraintes environnementales, les obligent à se tourner vers un développement intégré plus respectueux de l'environnement (Carpenter *et al.*, 2018). Par exemple, la quantité totale de déchets produits par Aluminium Dunkerque situé dans le territoire industrialo-portuaire de Dunkerque a été de 25 096 tonnes dont 16 131 de déchets classés dangereux, 137 tonnes de fluor, 281 tonnes de poussières et 3401 tonnes de S02 durant l'année 2019 (ALVANCE, 2019). En 2010, les déchets issus de l'exploitation des navires ont représenté 172 000 m^3 pour le seul Grand port maritime de Marseille (Cerceau *et al.*, 2015). Imbriqués dans un environnement local complexe composé de zones portuaires, industrielles, agricoles, urbaines mais aussi touristiques, les conflits liés à la gestion de l'énergie, de l'eau, des déchets et des surfaces foncières se superposent (Mat, 2015). Ce qui implique aussi des enjeux environnementaux multiples (comme la décarbonation, l'acceptabilité sociale et sociétale des infrastructures). L'environnement est ainsi un nouveau paramètre à prendre en compte dans les dynamiques de compétition entre les territoires portuaires, qui les amène à repenser leurs activités, dans le cadre d'une réglementation nationale et internationale de plus en plus contraignante pour la réduction des émissions de gaz à effet de serre.

b - L'existence de flux multiples favorables à la mise en place de boucles d'économie circulaire et de synergies

Les ports sont des lieux d'échange et de transformation des énergies fossiles. Ils se trouvent ainsi au cœur des enjeux de mutations industrielles visant à réduire les émissions de gaz à effet de serre et à diversifier le mix énergétique. La durabilité est devenue un axe stratégique pour le développement des ports industriels (Acciaro *et al.*, 2014). L'économie circulaire et l'écologie industrielle reposent sur des boucles de ré-emploi, recyclage, traitement de flux de matières, d'énergie et de déchets. Pour Foulquier (2012), les territoires industrialo-portuaires sont des espaces complexes, car ils se situent à la jonction des réseaux terrestres et maritimes qui contribuent à la fois à l'économie locale et globale. Disposant d'un accès à la mer, ils sont des nœuds logistiques essentiels pour la circulation des flux. Portes d'entrées et de sorties des flux du territoire vers le reste du monde, les ports connectent les sillons maritimes et les pays et ont un rôle stratégique dans le drainage des arrière-pays ou « hinterlands ». Duszyński *et al.* (2015) reviennent sur cette complexité des territoires industrialo-portuaires en insistant cette fois sur les flux entre les acteurs de ces territoires. Les auteurs mettent en avant trois grandes catégories de flux :

- Les flux de matières qui regroupent la circulation de matières premières comme le minerai de fer, les marchandises, les produits de consommation, ou encore l'énergie comme le charbon, le pétrole, etc.
- Les flux logistiques qui regroupent les services logistiques, tels que le transport, le stockage, etc.
- Les flux contractuels, moins visibles que les deux premiers, regroupent les relations entre les acteurs qui servent à déterminer l'acteur pivot et les autres acteurs qui gravitent autour de lui, les relations hiérarchiques et les relations de sous-traitance entre acteurs.

c - L'existence d'un tissu économique adapté et de réserves foncières disponibles

En raison de leurs activités diversifiées (sidérurgie, métallurgie, pétrochimie, chimie, etc.) et de leur structure industrielle où se côtoient de grandes unités et des petites et moyennes entreprises sous-traitantes, les territoires industrialo-portuaires se prêtent à la création de symbioses industrielles construites à partir de flux de substitution et de mutualisation (Kasmi, 2018). Les relations préexistantes entre ces acteurs font que de nouvelles relations spécifiques à la réutilisation, au recyclage et à la création de nouvelles filières peuvent émerger. De plus, ces territoires sont adaptés (sur un plan réglementaire, mais aussi en termes de réserves foncières) à la localisation d'unités industrielles nouvelles. Baas (2000) montre que la proximité géographique permet de faciliter la mise en commun des services, les échanges de sous-produits et de déchets et montre que cette proximité est nécessaire, que ce soit dans les symbioses industrielles planifiées ou celles qui ne le sont pas. Pour Donsimoni (2015), la proximité géographique entre acteurs est une base essentielle pour développer l'écologie industrielle. Les territoires industrialo-portuaires renferment des compétences en termes d'implantation d'unités industrielles dites « à risques » (Classées Seveso[1]) ainsi que pour la gestion de flux des matières dangereuses qui suit la réglementation des installations classées (Réglementation des Installations Classées pour la Protection de l'Environnement ou ICPE en France) et Integrated Pollution Prevention and Control (IPPC) qui s'applique aux installations classées dangereuses sur tout le territoire européen (Cikankowitz, Laforest, 2010). La réserve foncière qui caractérise les ports est aussi un atout pour le développement de nouvelles filières industrielles s'inscrivant dans l'économie circulaire. Par exemple, le port de Dunkerque possède en 2020 un territoire de 7000 hectares de superficie terrestre dont une importante réserve foncière importante (Port de Dunkerque, 2020)[2]. Le port d'Anvers (Belgique) possède un territoire de 14 000 hectares de superficie terrestre dont une réserve foncière de 4000 hectares (Antwerp port, 2019). Le port de Rotterdam (Pays-Bas) possède un territoire de 12

---

[1] Les sites classés SEVESO relèvent de la directive SEVESO. Adoptée initialement en 1982, elle a depuis été révisée deux fois, et la dernière version (SEVESO3) date du 4 juillet 2012. Par ailleurs, une réglementation nationale, la loi Risques prévoit notamment la mise en place d'un outil de maîtrise de l'urbanisation aux abords de certaines installations industrielles à haut risque : les plans de prévention des risques technologiques (PPRT). Un risque technologique majeur est un événement accidentel se produisant sur un site industriel et entraînant des conséquences immédiates graves pour le personnel, les populations avoisinantes, les biens ou l'environnement. Les conséquences d'un accident dans l'industrie sont regroupées sous trois typologies d'effets : thermiques (continus et transitoires), de surpression et toxiques. https://www.ecologie.gouv.fr/risques-technologiques-directive-seveso-et-loi-risques

[2] Concernant le port de Dunkerque, la question des réserves foncières sera détaillée dans la partie 2.

713 hectares de superficie terrestre dont une réserve foncière de 6275 hectares (Rotterdam port, 2018).

d - La nécessité de se différencier dans un contexte concurrentiel mondialisé

Enfin, pour les ports, l'économie circulaire et l'écologie industrielle s'intègrent de manière croissante aux stratégies de différenciation destinées à faire face à la concurrence (par exemple, par l'offre de services mutualisés, générateurs d'effets d'agglomération). Elles peuvent de même favoriser la circulation et la valorisation des flux de matières et d'énergie à l'échelle internationale, lorsque des déchets et sous-produits sont en excédent à un endroit et en déficit à un autre. Renforcer leur attractivité est d'autant plus important comme l'explique Ducruet (2015), puisque les mouvements de flux centrés autour des plus grands ports et sur de longs trajets (5000 km et plus) sont en train de laisser place à des corridors maritimes fonctionnant sur la base de trajets de courte distance interdépendants, ce qui signifie que de plus en plus de ports entrent dans l'équation du trafic maritime mondial. Les territoires industrialo-portuaires voient dans l'économie circulaire en général et l'écologie industrielle en particulier une stratégie de différenciation leur permettant de construire des avantages comparatifs à une échelle nationale et internationale.

Dans cette double relation, si d'une part, les territoires industrialo-portuaires peuvent être pertinents pour le déploiement de l'économie circulaire, d'autre part, l'économie circulaire et l'écologie industrielle peuvent constituer, comme nous l'avons vu plus haut, des leviers spécifiques pour le développement des régions industrialo-portuaires dans la recherche de stratégies différenciées pour gagner des avantages concurrentiels face aux autres ports (Mat, Cerceau, 2015 ; Cerceau *et al.*, 2014 ; Ezzat, 2016 ; Beyer, Lacoste, 2017 ; Strale, 2017 ; Amenta, De Martino, 2018 ; Carpenter *et al.*, 2018 ; Karimpour *et al.*, 2019). Les projets d'économie circulaire nécessitent la construction d'un collectif d'acteurs (entreprises, acteurs publics, etc.) qui pourront contribuer à créer un écosystème d'innovation « circulaire ». Ce cadre d'analyse est synthétisé par la figure 6.

Figure 6 : Économie circulaire et territoires industrialo-portuaires

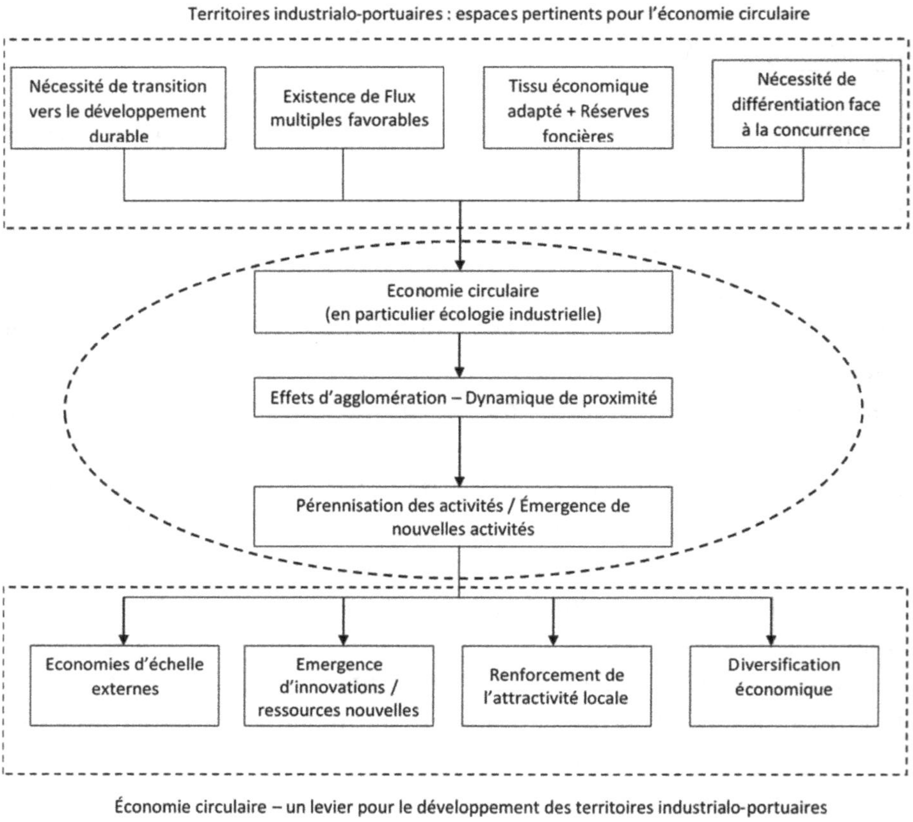

Source : IMPPEC (2020)

Le programme IMPPEC nous a également permis d'élaborer une méthodologie d'évaluation de l'état de développement d'un « écosystème d'innovation circulaire », que nous avons appliqué au cas de Dunkerque (IMPPEC, 2020, 2022, 2023). Le tableau de bord d'indicateurs se présente comme un outil permettant de diagnostiquer les efforts ayant déjà été réalisés pour l'adoption d'activités circulaires et la construction d'un écosystème d'innovation circulaire. Il permet également de confronter les moyens mis en œuvre et les résultats obtenus, et de définir des recommandations en vue d'accompagner la transition.

Encadré 2 : Quels indicateurs pour un tableau de bord de l'économie circulaire à l'échelle territoriale ?

Ce tableau de bord comprend à la fois des indicateurs traditionnels associés à l'écologie industrielle/économie circulaire (impacts économiques, sociaux et environnementaux), et des indicateurs plus spécifiques relatifs au lien entre activités portuaires et économie circulaire. Ces derniers peuvent porter sur la contribution des « ressources portuaires » : terrains, services (y compris la gouvernance), flux liés au développement de la symbiose industrielle, etc. Par conséquent, notre approche vise à compléter d'autres ensembles d'indicateurs développés pour analyser l'économie circulaire dans les villes portuaires s'appuyant sur les indicateurs d'impact traditionnels (Gravagnuolo *et al.*, 2019). Les indicateurs du tableau de bord sont construits à partir d'une revue de la littérature sur les indicateurs les plus pertinents (de l'ADEME en France, de l'Union européenne, de la Fondation Ellen MacArthur et d'une sélection de travaux universitaires), parallèlement à la cocréation d'indicateurs[1] *ad hoc* destinés à mettre en évidence la contribution de l'autorité portuaire à la création des symbioses industrielles.

La mise en œuvre de stratégies, nationales et internationales, d'économie circulaire s'est en effet accompagnée de la constitution d'indicateurs. Ces indicateurs ont pour objectif de mesurer le degré de progression d'un système vers plus de circularité (Moraga *et al.*, 2019). Ils s'appliquent à différentes échelles : produits, entreprises ou territoires. Néanmoins, les indicateurs à échelle territoriale sont encore peu présents (Kampelmann, 2016 ; Saidani *et al.*, 2019 ; De Pascale *et al.*, 2021). Les indicateurs de circularité existants ont été majoritairement développés par des organisations internationales (World Resource Institute, OCDE, Commission Européenne) et des

[1] En effet, les indicateurs ont été l'objet de présentation et de discussion régulière avec le groupe de travail constitué dans le cadre de ce programme. Ce groupe de travail est constitué de représentants du Grand Port Maritime de Dunkerque (GPMD), de la Communauté Urbaine de Dunkerque (CUD) et de l'association ECOPAL, en charge de l'économie industrielle à Dunkerque.

associations visant à promouvoir l'économie circulaire (Fondation Ellen Mac Arthur). Ils sont donc le plus souvent construits et appliqués à l'échelle d'un continent ou d'un pays. Les stratégies d'économie circulaire à échelle territoriale ont l'ambition de répondre à un double enjeu environnemental et socio-économique. Concernant l'enjeu environnemental, l'économie circulaire doit permettre de réduire les externalités négatives des activités présentes sur le territoire, et assurer le bouclage des flux (matériaux, énergie, eau) par la mise en œuvre de différentes pratiques (éco-conception, écologie industrielle, réutilisation, réemploi, recyclage). Concernant l'enjeu socio-économique, la mise en œuvre de l'économie circulaire devrait permettre le développement des territoires, en soutenant la création d'activités nouvelles et d'emplois, le partage de connaissances et de compétences, l'innovation et la mobilisation des acteurs. Par exemple, selon Smol *et al.* (2017), l'échelle méso-économique est une échelle pertinente permettant de faire le lien entre le niveau micro et macro. Les auteurs étudient les éco-innovations (innovation issue de l'économie circulaire) au niveau territorial à l'aide de 16 indicateurs comme les investissements locaux en matière d'économie circulaire, les types de déchets produits dans ces territoires ou encore le pourcentage de déchets industriels recyclés.

Par le biais d'une revue de littérature, nous avons mobilisé plusieurs sources : des bases de données d'articles scientifiques (ScienceDirect, Google Scholar), pour sélectionner les travaux développant des indicateurs à échelle territoriale ; des sites institutionnels (ADEME, collectivités territoriales) présentant des méthodes à destination des acteurs territoriaux ; enfin, les sites des organisations internationales (Commission Européenne) qui ont élaboré les premiers indicateurs de circularité. D'autre part, il s'agissait de sélectionner des indicateurs adaptables aux ports. Il existe plusieurs indicateurs élaborés à l'échelle d'une ville portuaire, notamment ceux élaborés par Circle Economy dans le cadre du rapport *Rotterdam : Toward a Circular Port* (2019). Toutefois, aucun de ces indicateurs ne prend pour objet le port comme autorité portuaire, dotée de ses propres compétences (accompagnement des entreprises, aménagement du territoire portuaire). Nous avons donc procédé à un travail d'appropriation et d'adaptation des indicateurs existants.

Cette méthodologie a été adaptée du référentiel OPTIGEDE[1] de l'ADEME, qui propose une grille de suivi des stratégies d'économie circulaire à destination des collectivités. Nous avons par la suite précisé le contenu de ces axes avec des entretiens menés avec le Grand Port Maritime de Dunkerque, la Communauté Urbaine de Dunkerque et Ecopal, les partenaires de cette étude. La liste des indicateurs retenus dans le cadre du programme IMPPEC se trouve à la fin du livre. Les axes identifiés doivent permettre de mesurer, analyser, évaluer et comparer l'implication des ports industriels dans les projets d'économie circulaire. D'une part, les ports présentent, comme nous l'avons développé, des atouts pour le développement de l'économie circulaire, c'est pourquoi nous proposons et développons les indicateurs (Axe 1 et 3a par exemple) pour évaluer la contribution des « ressources portuaires » telles que le foncier, les infrastructures, les services (y compris la gouvernance), ainsi que les investissements des entreprises pour la croissance de l'économie circulaire.

D'autre part, nous considérons que l'économie circulaire peut être un levier pour le développement des territoires industrialo-portuaires qui, grâce aux effets d'agglomération générés par les formes de proximité entrainent des retombés positives que nous évaluons sur les plans économique et environnemental (à travers les axes 2, 3b et 4, figure 7).

Il est composé de 4 axes se rapportant aux missions du port et susceptibles de représenter l'état de développement d'un écosystème d'innovation circulaire :

[1] https://optigede.ademe.fr/

Axe 1- Stratégie, gouvernance, communication : évaluer la stratégie opérationnelle du port en soutien au développement économique circulaire.

Axe 2 - Symbiose industrielle : mesure de la progression de la symbiose industrielle à l'échelledu territoire.

Axe 3 - Développement économique : mesure des moyens ou ressources investis/développés pour le développement de l'économie circulaire (3-A) et les impacts en termes économiques des pratiques liées à l'économie circulaire (3-B).

Axe 4 - Impacts environnementaux : évaluation de la réduction des externalités négatives causées par les activités des territoires industrialo-portuaires.

Figure 7 : Grille d'indicateurs du programme IMPPEC

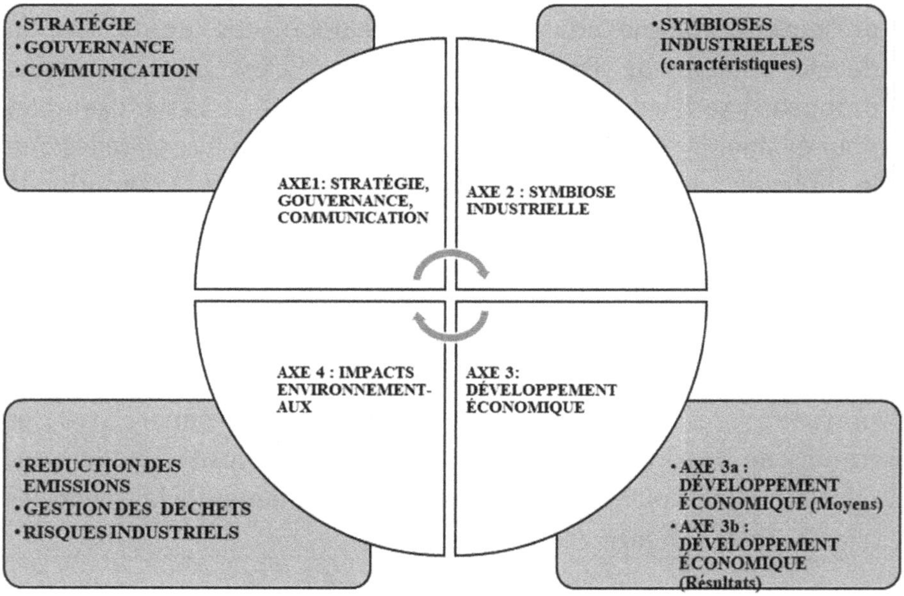

Source : IMPPEC (2020)

Les résultats complets du travail d'enquête effectué dans le cadre de l'enquête de terrain sont consultables dans le rapport n°1 du programme IMPPEC (2020). Nous reprenons les principaux résultats dans la partie 2 de cet ouvrage pour évaluer l'état de développement d'un écosystème d'innovation circulaire.

De l'économie circulaire à la réindustrialisation décarbonée

Dans le cadre du programme ANR IRETRA (2021-2025) la contribution de l'équipe se situe autour de l'analyse de stratégies de « décarbonation » des entreprises dunkerquoises et de réindustrialisation du territoire. La réindustrialisation et la décarbonation du territoire industrialo-portuaire de Dunkerque, s'inscrivent dans le cadre du Plan France 2030, sur lequel nous reviendrons dans le cadre de cet ouvrage. La réindustrialisation doit se traduire par l'implantation de nouvelles entreprises, pour répondre à la production des nouveaux intrants nécessaires à la transition énergique, comme par exemple les batteries électriques. La décarbonation peut être sommairement définie comme l'ensemble des mesures et des techniques permettant de réduire les émissions de dioxyde de carbone[1]. L'histoire de la décarbonation est déjà relativement ancienne, même si elle ne portait pas ce nom. Dès le premier choc pétrolier, les États industriels ont cherché à réduire leur consommation d'énergies fossiles, notamment le pétrole, en l'économisant, mais aussi en développant de nouvelles sources d'énergie, en premier lieu le nucléaire. Cependant, le terme même de décarbonation est très récent puisqu'il remonte aux années 2010. Cette évolution du vocabulaire n'est pas anodine puisqu'elle apparait comme la manifestation d'une réelle prise de conscience des États dans l'éminence du changement climatique en lien avec les énergies fossiles et sur ses conséquences dramatiques sur les plans environnemental, économique et social.

La décarbonation de l'industrie correspond concrètement à la baisse des émissions de CO_2, considérées comme l'une des principales responsables de l'effet de serre et qui conduisent à l'augmentation des températures et à la perturbation des écosystèmes naturels. La neutralité carbone, selon la loi relative à l'énergie et au climat du 8

[1] https://www.economie.gouv.fr/actualites/transition-ecologique-strategie-accelereration-decarbonation-sites-industriels

novembre 2019[1], correspond à la réalisation d'« un équilibre entre les émissions anthropiques par les sources et les absorptions anthropiques par les puits de gaz à effet de serre ». Elle est attendue en France pour 2050.

Selon le ministère français de l'économie[2], la décarbonation pour une entreprise ou à l'échelle d'un État consiste principalement dans la réduction progressive des énergies émettrices de gaz à effet de serre, en d'autres termes de combustibles fossiles (charbon, gaz, pétrole). Plusieurs types de pratiques sont ainsi développées par les entreprises, en premier lieu, la sobriété énergétique, consistant à réduire la consommation des énergies fossiles utilisées par les entreprises, par des mesures très variées d'économie d'énergie (comme la réduction du chauffage et de l'éclairage dans l'entreprise), mais également dans des investissements d'équipements de production plus économes en énergie, l'accent peut être mis dans ce cas sur l'investissement dans des technologies digitales permettant d'optimiser les process de production (Diop, Lolo, 2023). Au-delà de ces procédés, et selon les activités industrielles considérées, la décarbonation réside aussi dans la substitution des énergies fossiles par des énergies renouvelables (solaire, éolien, méthanisation, voire hydrogène). Les usages fossiles peuvent aussi être électrifiés grâce à la production d'hydrogène ou encore d'électricité d'origine nucléaire. On comprend dans cette hypothèse comment l'électricité sera produite, à partir de ressources fossiles ou renouvelables. La décarbonation peut aussi prendre la forme d'unités de captage du CO_2, qui peut être enfoui dans des puits de pétrole désaffectés par exemple, puis valorisé pour la production de e-fuels, soit des carburants de synthèse précisément produits à partir de l'électricité décarbonée. Mais, ces technologies ne sont pas matures à l'heure actuelle.

---

[1] https://www.legifrance.gouv.fr/loda/id/JORFTEXT000039355955

[2] https://www.economie.gouv.fr/actualites/transition-ecologique-strategie-accelereration-decarbonation-sites-industriels#

Encadré 3 : Vers un acier vert ?

Le travail du fer revêt dans une grande variété de cultures une fascination impressionnante, à l'image d'Héphaïstos, personnage hideux qui détenait un grand savoir pour forger les armes des dieux. Le travail du fer permet la production d'outils et d'objets indispensables au quotidien (vaisselle, bijoux, instruments pour l'agriculture et l'industrie, etc.), mais aussi d'armes qui peuvent autant servir à la chasse qu'à la guerre (Lehoërff, 2018). Aujourd'hui, rien n'a changé. L'acier est à l'heure actuelle la deuxième marchandise échangée dans le monde après le pétrole. Cet alliage de fer et de carbone entre dans la fabrication d'un grand nombre de produits industriels de la cannette pour les boissons et les conserves alimentaires, à l'automobile, à l'aviation, à l'armement, etc. La sidérurgie est la science et la technologie du fer, de l'acier et de la fonte. Ce sont des matériaux dits « ferreux » car le fer en est le constituant principal (Béranger, 2022). Depuis l'âge du fer, la sidérurgie a considérablement évolué, des bas-fourneaux (utilisés depuis environ 1200 ans avant notre ère jusqu'au Moyen Âge), aux hauts-fourneaux (inventés vers le 14e siècle et qui existent toujours à l'heure actuelle et produisent encore près de 70% de la production mondiale d'acier[1]). Les hauts-fourneaux ont été perfectionnés au cours du temps, notamment au 18e siècle. Mais il faut attendre le procédé de Bessemer, pour que l'acier puisse être produit en grandes quantités, impulsant la révolution industrielle au 19e siècle. Si l'acier est plus que jamais l'un des principaux intrants de la production industrielle, il en est aussi une faiblesse, puisque l'industrie sidérurgique émet 7% des émissions de CO_2 mondiales, soit plus du triple de l'aviation (*Le Figaro*, 20/05/2021). Sa décarbonation apparait forcément comme la question clé de la transition écologique, d'autant plus que l'acier entre dans la fabrication d'équipements, tels que les éoliennes, panneaux solaires, réseaux d'hydrogène, etc. (Cornot, 2023).

---

[1] https://etudes-economiques.credit-agricole.com/Publication/2021-Fevrier/La-promesse-d-une-siderurgie-verte

Comment produit-on de l'acier ? Produire de l'acier « vert », est-ce possible ? Quelles sont les technologies existantes et à venir ?

À l'heure actuelle, la sidérurgie est une industrie très concentrée avec trois principaux pays producteurs. Sur les dix premières entreprises sidérurgiques mondiales, six sont chinoises, les autres sont coréenne, indienne, japonaise et luxembourgeoise[1]. Mais, le Luxembourg ne figure pas dans la liste des principaux producteurs mondiaux d'acier. Si le pays a été pendant longtemps un important producteur d'acier, il est devenu un paradis fiscal et abrite le siège social du deuxième producteur mondial d'acier, ArcelorMittal, largement présent sur le territoire français, notamment à Dunkerque et à Fos-sur-Mer. Depuis la fin de la Seconde Guerre mondiale et la toute-puissance d'Usinor, la sidérurgie française a largement… fondue, puisqu'en 2019, il ne restait que 8 hauts-fourneaux en France contre 154 en 1954 (Letard, 2019).

Cependant la question de la décarbonation de la sidérurgie pourrait entrainer une reconfiguration de cette industrie avec la création de start-ups. C'est le cas par exemple de l'entreprise française GravitHy, créée en 2022, qui a développé une technologie pour produire de l'acier à partir de l'hydrogène vert. La première unité de production devrait voir le jour en 2024 à Fos-sur-Mer pour atteindre son échelle industrielle en 2027 (*L'Usine nouvelle*, 17/6/2023, 15/09/2023). Mais, à l'heure actuelle, l'unique unité de production d'acier 100% décarboné est en Suède, grâce à l'initiative de SSAB, LKAB et Vattenfall (*Les Échos*, 6/4/2023) : le projet Hybrit[2] produit de l'acier décarboné grâce au procédé de la réduction directe, le coke est aussi remplacé par de l'hydrogène vert (*Les Échos*, 6/04/2023). La sidérurgie est-elle en voie de transformation radicale ? L'Association européenne de l'acier (ECOFER) qui regroupe la quasi-totalité des entreprises sidérurgiques

[1] https://fr.statista.com/statistiques/570925/producteurs-d-acier-sur-la-base-du-volume-de-production-dans-le-monde/
[2] https://www.ssab.com/fr-fr/acier-sans-energie-fossile/pour-aller-plus-loin/hybrit-un-nouveau-procede-siderurgique-revolutionnaire

européennes, soutient près 60 projets pour produire de l'acier décarboné[1].

La sidérurgie doit se décarboner. Au niveau européen, depuis ces deux dernières années, une accélération sensible du processus se dessine, avec le renforcement du cadre réglementaire (augmentation inédite depuis 2005 du prix du carbone qui est passé à plus de 100 euros en 2023 la tonne, outre « l'objectif 55 » pour réduire de 55% les émissions européennes d'ici 2030), des investissements pour soutenir la décarbonation et une demande d'acier « vert » par les entreprises consommatrices (Cornot, 2023).

Comment produit-on de l'acier ? Il existe fondamentalement deux modes de fabrication[2] qui sont susceptibles l'un et l'autre d'évoluer pour réduire leurs émissions de CO_2. Concernant le premier mode, il faut distinguer d'une part la production par les hauts-fourneaux, d'autre part le mode de la réduction directe. Les hauts-fourneaux ont d'abord fonctionné avec du charbon de bois, remplacé à partir du 18e siècle par le coke (un dérivé de la houille) servant à la fois de combustible et de matière première pour la fabrication de la fonte, à partir de laquelle l'acier est fabriqué. La substitution du coke au charbon de bois a eu un impact très positif, puisqu'au 18e siècle, pour produire une tonne de fonte, trois tonnes de charbon de bois étaient nécessaires, contre une tonne de coke en 1961 et 240 Kg à l'heure actuelle[3]. Mais, les émissions de CO_2 n'ont pas diminué puisque la production d'acier a considérablement augmenté sur la période. La réduction directe est aussi une technique ancienne. Il s'agit d'un procédé de réduction du fer en dessous de sa température de fusion (comme cela était le cas avec les bas-fourneaux), permettant de diminuer la teneur en carbone de la fonte. Dans ce cas, le gaz peut se substituer au coke. Dans l'avenir, l'hydrogène vert pourra se substituer au gaz, mais la

[1] https://fr.euronews.com/green/2022/05/30/la-revolution-de-l-acier-vert-est-en-marche-l-ue-est-elle-prete-a-franchir-le-pas
[2] https://www.discoverthegreentech.com/hydrogene/utilisations/decarboner-production-acier/
[3] https://www.discoverthegreentech.com/hydrogene/utilisations/decarboner-production-acier/

production d'hydrogène vert ne semble pas suffisante à ce jour puisqu'à l'heure actuelle 99% de l'hydrogène industriel est produit à partir du gaz (*Le Monde*, 17/08/2023, Laperche-Riteau, Laperche, 2023). Le second mode de fabrication de l'acier réside dans le recyclage des ferrailles à l'aide d'un four électrique. À l'image de la technique de la réduction directe, ce procédé est aussi assez ancien, puisque le four à arc électrique pour la fabrication de l'acier a été mis au point au cours du 19e siècle, mais son usage s'est surtout développé après la Seconde Guerre mondiale, pour utiliser les ferrailles alors très abondantes. Aujourd'hui, cette technologie apparait comme un moyen intéressant pour réduire les émissions de CO_2.

L'un de son principal intérêt réside dans le fait que l'acier est recyclable à l'infini, mais l'une de ses principales limites réside dans l'organisation difficile des circuits de collecte, outre l'augmentation de la production d'électricité rendue nécessaire en tant que telle ou pour produire de l'hydrogène vert.

Source : extrait de S. Boutillier, La décarbonation de la sidérurgie : opérations énergivores et... chrimatovores, Blog RRI / Alternatives économiques, 14/01/2024.

Dans l'industrie sidérurgique plus spécifiquement en tant que principale émettrice de CO_2 sur le territoire dunkerquois, la décarbonation peut par exemple consister dans le remplacement des hauts-fourneaux par des fours électriques, alimentés principalement par de l'électricité d'origine nucléaire. L'acier n'est plus produit dans ce cas par du coke (un dérivé du charbon), mais à partir de la récupération de ferrailles. On perçoit dans ce cas, le lien étroit qui peut exister entre la décarbonation et l'économie circulaire dans la mesure où la réduction, voire l'arrêt des énergies fossiles, peut reposer sur la réutilisation de récupération de matières premières et/ou de produits intermédiaires.

Selon l'ADEME[1], l'économie circulaire peut être en effet le catalyseur de la décarbonation à horizon 2050. Ses conclusions se basent sur quatre scénarii qui combinent à la fois réduction des énergies fossiles et stratégies de recyclage, selon quatre approches distinctes : frugalité, coopération territoriale, technologies vertes, et réparation. Les deux premiers scénarii (frugalité et coopération territoriale) supposent un changement fondamental de modèle industriel, puisque l'accent est mis sur la valorisation des ressources locales et l'allongement de la durée de vie des produits, mais également sur la réduction de la demande et la production des déchets. Ce scénario va dans le sens du notre problématique relative au lien entre économie circulaire et développement territorial. Les deux autres scénarii sont beaucoup moins disruptifs sur le plan environnemental et industriel car ils supposent le maintien d'un niveau de consommation et de production soutenu, grâce à l'émergence d'innovations majeures, soit une espèce de fuite en avant du progrès technique, sans remise en cause du modèle industriel actuel qui est source des externalités négatives que l'on cherche aujourd'hui à combattre. Dans les quatre scénarii, l'économie circulaire joue à des niveaux différents un rôle important, montrant le rôle de catalyseur qu'elle peut jouer pour soutenir la décarbonation. Ainsi, l'économie circulaire pourrait jouer un rôle en aval en matière de décarbonation grâce au recyclage et en réduisant, voire à terme en éliminant en amont l'extraction minière qui est à l'heure actuelle à l'origine des émissions de gaz à effet de serre (Izoard, 2024), de l'autre côté l'économie circulaire repose aussi sur l'allongement de la durée de vie des équipements, ce qui suppose une réduction de l'utilisation des matières premières à la source pour produire les biens de consommation et les équipements productifs.

Les stratégies de décarbonation mises en œuvre par les États depuis quelques années s'inscrivent par définition dans un contexte international, les émissions de gaz à effet de serre n'ayant par définition pas de frontières. Depuis les années 1970, période à partir de laquelle la question environnementale devient une question

[1] https://institut-economie-circulaire.fr/wp-content/uploads/2021/12/Note-INEC_ADEME-Transitions2050.pdf

éminemment politique, un cadre institutionnel a été progressivement constitué, avec la création en 1988 du Groupe d'Experts Inter-Gouvernemental sur l'Evolution du Climat (GIEC)[1] ou des Conférences des Parties (COP) en 1995. Certaines dates ont marqué plus que d'autres. En effet, dans le cadre de la préparation de la COP21, un Débat National sur la Transition Energétique (DNTE) s'est déroulé en France en 2012-2013. Cette approche a été transposée au niveau international pour soutenir la lutte contre le changement climatique pour défendre l'idée selon laquelle les États ne peuvent s'engager dans des discussions internationales que s'ils sont en mesure de développer leur propre vision d'un avenir décarboné viable. C'est l'objectif du « Deep Decarbonization Pathway Project » (DDPP) mobilisant des chercheurs de 16 pays industriels et émergents. Selon leurs analyses, la décarbonation profonde passe par une action forte et simultanée sur trois sphères : efficacité et sobriété énergétique et conservation, décarbonation des vecteurs énergétiques (électricité, biocarburants et gaz décarbonés) et transfert d'usage vers ces vecteurs décarbonés. Le GIEC, dans son rapport de 2023, martèle que les solutions existent déjà grâce à une utilisation plus efficace des matériaux, au développement d'approches circulaires, à une forte diminution des déchets et dans la réduction de la demande. Ce qui s'inscrit manifestement dans les scénarii de l'ADEME précédemment évoqués.

Nombre d'États s'inscrivent dans cette voie. Les États-Unis ont mis en place en 2022 un mécanisme de soutien aux industries grâce au « Inflation Reduction Act » doté de 360 milliards de dollars d'ici 2032, pour réduire les émissions de gaz à effet de serre de 50-52% d'ici à 2030 par rapport à 2005 (*Les Échos*, 29/11/2022). En réponse, l'Union européenne a annoncé en janvier 2023 un « Green Deal Industrial Plan for the Net-Zero Age ».

Fin 2022, l'État français a lancé le Plan France 2030 doté de 54 milliards d'euros pour créer de nouvelles filières industrielles et technologiques, en privilégiant les énergies décarbonées, comme le nucléaire ou l'hydrogène vert. Dans la sidérurgie, outre le

---

[1] https://www.ipcc.ch/languages-2/francais/

remplacement des hauts-fourneaux par des fours électriques, l'hydrogène pourrait se substituer au charbon pour réduire le minerai de fer grâce au procédé Direct Reduced Iron. Mais, l'hydrogène peut être produit de diverses façons, avec de l'énergie nucléaire, des énergies fossiles ou de la biomasse, par exemple. Dans ces conditions, l'hydrogène n'est pas forcément « vert » et ne permet pas de réduire les émissions de CO_2, bien au contraire... (voir encadré 4).

En plus de la décarbonation mise en en œuvre dans les industries présentes sur les territoires portuaires, les ports sont actuellement exhortés à décarboner l'activité de transport pour les raisons suivantes: 1) la conformité aux réglementations mondiales et régionales (Psaraftis, Zis, 2022), telles que l'Accord de Paris, Le *Green Deal* de l'Union européenne et la législation sur le climat, y compris l'approvisionnement en énergie à quai, le ravitaillement en carburants alternatifs (directive 2014/94/UE) et le système d'échange de quotas d'émission (SCEQE) ; 2) la contribution à la réalisation des dimensions environnementales des objectifs de développement durable des Nations Unies (ODD des Nations Unies, agenda 2030), tels que l'objectif 7 (accès aux énergies renouvelables), l'objectif 12 (consommation et production durables) et l'objectif 13 (actions visant à atténuer le changement climatique) (Alamoush *et al.*, 2021) ; 3) le renforcement de l'engagement en faveur de la stratégie GES (gaz à effet de serre) de l'Organisation Maritime Internationale (OMI) pour la décarbonation du transport maritime (IMO, 2023). Les ports s'engagent davantage dans la stratégie de l'OMI pour participer au processus de décarbonation en réduisant les émissions de gaz à effet de serre dans les ports (alimentation électrique à quai) et en contribuant à la réduction des émissions de gaz à effet de serre en mer, par une utilisation plus large de pratiques telles que l'arrivée virtuelle. En outre, le développement du système portuaire permet de transférer le trafic de la route vers la mer et de contribuer ainsi à la réduction des émissions de gaz à effet de serre.

Encadré 4 : L'hydrogène a plusieurs... couleurs

L'hydrogène est riche d'une histoire scientifique et technique longue de plus de 500 ans : son observation par Paracelse, médecin et philosophe suisse en 1520, sa découverte en 1766 par Henry Cavendish, sa dénomination « hydrogène » en 1787 par Antoine Lavoisier comme une combinaison des racines hydro et gène, littéralement « formateur d'eau », etc. La création de la première pile à combustible par Sir William Robert Grove date de 1842, et diverses expérimentations de son usage dans les transports et l'industrie (ballon, moulin, bus et automobile) se succèdent. Mais c'est véritablement à partir du début du 21e siècle qu'institutions, chercheurs et industriels étudient les possibilités d'une transition vers une « économie hydrogène » (Rifkin, 2002).

L'hydrogène est généralement utilisé dans l'industrie lourde, chimique, pétrochimique et métallurgique, car ce gaz sert de matière de base pour la production d'ammoniac (pour les engrais) et de méthanol. Il est également fortement utilisé comme réactif dans les procédés de raffinage des produits pétroliers et il est employé en métallurgie pour le traitement thermique des pièces mécaniques. Le marché mondial de l'hydrogène industriel[1] est estimé à 60 millions de tonnes par an et le marché français à près de 1 million de tonnes.

Les usages de l'hydrogène pour une industrie décarbonée sont multiples. En plus de ses usages industriels, on peut distinguer son utilisation pour une mobilité propre. Les bus pour la mobilité urbaine, le transport de marchandises par camions sont actuellement les plus développés. L'hydrogène pour la propulsion de trains régionaux, des bateaux et pour les avions est également expérimenté. Dans ce cas, l'hydrogène est stocké et utilisé comme « comburant » via des piles à combustible de différentes puissances en fonction de leur application.

[1] https://www.ecologie.gouv.fr/sites/default/files/Plan_deploiement_hydrogene.pdf

Ainsi dans un objectif de décarbonation de l'industrie et des transports, les besoins en hydrogène sont énormes et la production doit être renforcée. Or, toutes les méthodes de production de l'hydrogène ne se valent pas : selon son mode de production, il a été associé une couleur pour en définir son impact environnemental. Par exemple, l'hydrogène produit à partir de charbon sera « noir » ou « marron », car il est très polluant. On le qualifiera de « gris » s'il est produit à partir de gaz naturel, car il est émetteur de gaz à effet de serre ou de bleu si le CO_2 émis est stocké et réutilisé. Si l'hydrogène est produit à partir d'eau et d'électricité issue du renouvelable (solaire, éolien) ce sera un hydrogène « vert » et il sera « rose » ou « jaune » si l'électricité est d'origine nucléaire ou mixte (réseau français). L'hydrogène « blanc », naturel, est celui stocké naturellement dans les profondeurs de la terre.

L'hydrogène vert, produit par l'électrolyse de l'eau à partir de ressources renouvelables, est très avantageux sur le plan environnemental. Mais il ne représente qu'une part marginale de la production mondiale (autour de 1%), largement devancé par les hydrogènes plus foncés, en particulier l'hydrogène gris (95%), pour lequel l'empreinte carbone est élevée. La France souhaite atteindre entre 20 et 40% à l'horizon 2028.

Les politiques publiques à l'échelle internationale, nationale ou plus locale font de l'hydrogène l'atout pour l'industrie d'avenir. Le plan REPowerEU (europa.eu) présenté en mai 2022 a pour objet de transformer le système énergétique européen, pour assurer une plus grande indépendance face aux énergies fossiles venant de Russie et lutter contre le changement climatique. Il place l'hydrogène au cœur de cette transition, avec l'objectif de fournir 20 millions de tonnes d'hydrogène vert (dont 10 millions produits sur le sol européen) d'ici 2030. À cette fin, les institutions européennes travaillent sur de nouveaux types d'appuis et sur l'augmentation des financements au travers d'une Banque de l'hydrogène, dont la création a été annoncée en juillet 2022 avec pour ambition d'investir 3 milliards d'euros, de manière à passer d'un marché de niche à un marché de masse.

D'après le rapport de l'Hydrogren Council et McKinsey & Company[1], l'Europe apparait comme un leader dans les investissements annoncés à l'échelle mondiale (autour de 30%, 76 milliards de dollars US), alors que la Chine est actuellement largement en avance dans le déploiement des électrolyseurs (200 MW), et que le Japon et la Corée du Sud dominent dans le domaine des piles à combustible.

Concernant la France, la Stratégie nationale pour le développement de l'hydrogène décarboné, (septembre 2020) associée au Plan France 2030 (février 2022), portent à 8,9 milliards l'investissement de l'État en faveur de l'hydrogène. L'objectif est de soutenir des projets industriels structurants, répondant à trois objectifs prioritaires : la production d'électrolyseurs d'une capacité de 6,5 GW ; le développement d'équipements clés pour la mobilité hydrogène comme les piles à combustible et les réservoirs ; la production d'hydrogène pour la décarbonation de sites industriels. Plusieurs projets de gigafactories sont en cours en France, en Territoire de Belfort, à Béziers, dans le Haut-Rhin, etc. La quête de l'hydrogène blanc, potentiellement récupéré du sous-sol de la terre, annonce aussi une « ruée vers l'or » dans les années à venir.

Source : Extrait de Laperche-Riteau Y., Laperche B., La décarbonation de l'industrie : l'effet contrasté de l'hydrogène, Blog RRI-Alternatives économiques, 05/02/2023

La littérature sur la décarbonation du transport maritime est ainsi très abondante. Elle porte notamment sur l'alimentation à quai, la réduction de la demande, l'amélioration de l'efficacité des navires, les technologies d'assistance éolienne et les vitesses plus lentes, ainsi que sur les carburants alternatifs (Bouman *et al.*, 2017 ; Cullinane, Cullinane, 2019 ; Mander *et al.*, 2012 ; Gilbert *et al.*, 2014). À partir d'une revue de la littérature, Alamoush *et al.* (2023) indiquent que la décarbonation des ports (principalement, la réduction de l'émission de GES) peut être mise en œuvre sous différents angles, notamment

[1] https://hydrogencouncil.com/wp-content/uploads/2022/09/Hydrogen-Insights-2022-2.pdf

technique (Jonathan, Kader, 2018), opérationnel (Peng *et al.*, 2016), gestion et politique (Tsai *et al.*, 2018), efficacité énergétique (Martínez-Moya *et al.*, 2019), opérations à bord des navires (Acciaro, Wilmsmeier, 2015 ; Wilmsmeier, Spengler, 2016), et transport terrestre (Bishop *et al.*, 2012). Selon de la classification des mesures de décarbonation proposée par Alamoush *et al.* (2020, 2023), les mesures de décarbonation dans les opérations portuaires comprennent : 1) les activités de changement ou de modernisation des équipements portuaires, 2) le développement des nouvelles sources d'énergie, 3) l'amélioration de l'efficacité énergétique, 4) l'amélioration des mesures opérationnelles, 5) l'intégration de la ville portuaire et l'interaction industrielle, et 6) le développement de la numérisation. La modernisation des équipements portuaires doit passer par le remplacement, la remotorisation et la réduction des sources d'émissions de carbone grâce à l'amélioration des moteurs.

L'utilisation de nouvelles sources d'énergie et l'amélioration de l'efficacité énergétique des installations existantes sont privilégiées. La transition énergétique passe par exemple, par l'utilisation des carburants alternatifs tels que le GNL (Gas, le méthanol, l'hydrogène (piles à combustible), l'ammoniac et les biocarburants, le développement d'installations de production de biocarburants pour produire du biogaz et des biocarburants, l'installation de systèmes d'alimentation électrique alternatifs et hybridation (batterie et carburants), l'utilisation des énergies renouvelables (énergie solaire, éolienne, océanique et géothermique). Entre-temps, les solutions pour augmenter l'efficacité énergétique incluent les économies d'énergie (pour les bâtiments, les entrepôts, les aires de stockage, les chantiers navals, les bateaux et les services maritimes, les bateaux frigorifiques, les équipements de manutention du fret et les déplacements des employés), l'utilisation de systèmes et de plans de gestion de l'énergie (par exemple ISO 50001, EN 16001, EN 16258), l'adoption des technologies de gestion de l'énergie (par exemple, les systèmes de stockage de l'énergie, la récupération d'énergie, les réseaux intelligents, les centrales électriques virtuelles et micro-réseaux). D'autres sources d'énergie sont également développées, telles les énergies vertes ou l'utilisation de déchets, ce qui permet d'accroitre l'intégration entre le port et la ville. Les principales solutions observées incluent l'exploitation de l'économie circulaire pour la gestion des déchets, les processus de recyclage et la réutilisation de la chaleur et de la vapeur et l'exploitation du captage du carbone, le stockage (CSC) et l'utilisation (CCU), les puits de carbone.

Pour améliorer l'efficacité des équipements portuaires, les terminaux à conteneurs, le système d'exploitation de terminal à conteneurs (TOS) et l'entretien des équipements portuaires sont automatisés. Parallèlement, la numérisation est également développée pour assurer la décarbonation des ports. Elle comprend l'utilisation de technologies de transactions numériques (par exemple : échange de données informatisées (EDI), commerce électronique, système de communauté portuaire et le guichet unique), utilisation de technologies intelligentes (par exemple : l'internet des objets (IoT), les technologies de la blockchain, les technologies 5G). Les ports deviennent ainsi « intelligents » (*smart ports*).

La décarbonation dans l'exploitation portuaire passe aussi par la décarbonation du transport terrestre et de l'interface navire-port. Selon Alamoush *et al.* (2023), les mesures actuelles relatives au transport terrestre comprennent : 1) la réduction des émissions des poids lourds par l'interdiction des vieux véhicules, l'utilisation de systèmes de transport intelligents, le développement de parcs de stockage hors quai et l'alimentation électrique à quai, 2) le développement du transfert modal/la répartition grâce au transport de marchandises par rail, par barges et par voies navigables intérieures, les autoroutes de la mer (*Motorways of the Seas*), la circulation de poids lourds en pelotons (*Truck platooning*), le développement de ports secs et l'investissement dans des installations et des superstructures intermodales pour le rail et les barges, et 3) la réduction de la congestion des camions par la mise en place d'un système de rendez-vous pour les camions (*Truck Appointement Systems*) ou d'un système de réservation des véhicules (*Vehicle Booking Systems*), l'utilisation de *smart gates*, l'extension des heures creuses des terminaux et des portes, l'imposition d'une redevance d'atténuation du trafic aux heures de pointe. Des mesures pour la décarbonation à l'interface navire-port sont privilégiées : 1) la réduction des émissions des navires à quai (tels que la fourniture d'une alimentation électrique à terre au poste d'amarrage, y compris des hyperchargeurs et la fourniture d'électricité par le biais de générateurs mobiles et/ou de barges fonctionnant au GNL ou avec des piles à combustible, collecte des émissions des barges) 2) l'avitaillement en carburants alternatifs (notamment l'avitaillement en carburants alternatifs (plus propres) pour les navires, par exemple GNL et méthanol, ammoniac et hydrogène, etc.), 3) la réduction du temps de rotation des navires (y compris l'utilisation des systèmes d'exploitation des terminaux pour l'attribution des postes d'amarrage, l'attribution et la programmation des équipements de chantier, l'utilisation de systèmes d'amarrage automatisés (AMS), l'attribution de fenêtres de postes d'amarrage par la réservation de postes d'amarrage avant l'arrivée, l'utilisation d'opérations à mi-parcours (chargement et déchargement de conteneurs de marchandises entre les navires à des emplacements autres que les postes d'amarrage), 4) la réduction de la vitesse des navires (VSR) (par exemple, les navires doivent réduire leur vitesse à l'arrivée et au départ du port, 5) la gestion de l'arrivée virtuelle et juste à temps des navires par l'utilisation de l'échange électronique de données, de procédures collectives de prises de décision et d'autres technologies numériques, et 6) la fourniture de services divers (par exemple : nettoyage de la coque des navires et service de polissage des hélices, fourniture de pompes électriques à terre pour les liquides en vrac). Nous reviendrons dans la deuxième partie de l'ouvrage sur les mesures mises en œuvre à Dunkerque et dans d'autres ports européens du Range Nord.

La décarbonation n'est pas sans conséquences sur l'organisation du travail et des procédés de production, notamment dans les industries les plus fortement émettrices de CO_2. Ces préoccupations se sont traduites dans le cadre d'une convention de recherche avec la Confédération Générale du Travail (CGT) par un projet visant à étudier d'une part comment les salariés travaillant dans les entreprises industrielles se sentent concernés par les transformations à venir, et d'autre part les conséquences possibles sur l'organisation du travail en lien avec les compétences nouvelles nécessaires à ces transformations. Les entreprises communiquent en effet beaucoup à ce sujet pour mettre l'accent sur leur capacité à réduire leur empreinte carbone en développant de nouvelles technologies décarbonées et en transformant leurs procédés de production et leurs produits, dans une démarche de responsabilité sociale. Dans ce processus, le rôle des salariés en tant que participants actifs de cette transition est souvent minoré. La question des salariés est le plus souvent traitée en relation avec la difficulté des entreprises pour recruter les salariés dont elles ont besoin[1]. Il ne s'agit pas de sous-estimer ce problème réel, qui traduit manifestement un désintérêt des salariés potentiels vis-à-vis de l'industrie, après plusieurs décennies de désindustrialisation, de délocalisation et de fermeture d'usines, en raison des conditions de travail incluant aussi le salaire. Pourtant, l'innovation, consécutive à la transformation des procédés de production et des produits, est généralement appréhendée comme une affaire de spécialistes et de Recherche & Développement (R&D), non comme celle des salariés plus ou moins qualifiés, qui pourtant mettent en œuvre les nouveaux procédés techniques issus des laboratoires. Ils détiennent cependant des savoir-faire et des connaissances techniques indispensables au bon fonctionnement des équipements industriels. Ils en mesurent aussi les effets sur leurs conditions de travail et leur santé (Naton, 2023), qui les conduisent fréquemment à s'interroger sur l'intérêt et le sens de leur travail (Dujarier, 2021 ; Hosy, Bourion, 2017). Pourtant la place centrale des salariés dans la production fait de ces derniers, et de leurs représentants syndicaux (Harvard, Sobczak, 2023), une force incontournable dans la transition énergétique, comme acteurs de la mise en œuvre des nouveaux procédés de production et force de proposition pour transformer les procédés existants, dont les dirigeants d'entreprise ne sont pas toujours conscients.

Les principales organisations syndicales, comme la CGT[2] et la

[1] Selon l'INSEE, en 2022 environ 67% des entreprises déclarent rencontrer des difficultés de recrutement (*L'Usine nouvelle*, 16/01/2023) https://www.usinenouvelle.com/article/face-a-la-penurie-de-competences-les-entreprises-doivent-bousculer-leurs-methodes.N2086576

[2] https://analyses-propositions.cgt.fr/sites/analyses-propositions.cgt.fr/files/2023-02/Transition_Ecolo_4pages.pdf

CFDT[1] soutiennent la décarbonation et la transition énergétique qu'elles relient à la prise en compte de la question sociale (santé, environnement, conditions de travail et création d'emplois décents). Mais quels sont les moyens mis en œuvre (formation, groupes de travail, communication, etc.) par les dirigeants d'entreprise pour les accompagner dans ces changements, favoriser leur acceptation et leur participation ? Comment les organisations syndicales contribuent-elles à une gestion plus responsable des ressources ? Quelles sont les conséquences des évolutions réglementaires sur les formes de participation effectives, d'autant que les nouvelles dispositions de la réglementation sociale (loi « Climat et résilience » du 22 août 2021[2]) étendent aux enjeux environnementaux, les missions du Comité Social et Economique (CSE), qui est l'instance de représentation du personnel dans l'entreprise. L'article L.2312-8 nouveau du Code du travail précise que les rôles du CSE et la nécessité de son information et consultation sur « les conséquences environnementales des mesures qui leur sont présentées dans le cadre de la procédure d'information-consultation sur les questions intéressant l'organisation, la gestion et la marche générale de l'entreprise »[3]. Les travaux en cours au sein du laboratoire ISI/Lab.RII visent précisément à répondre à ces questions.

Dunkerque est ainsi une ville vitrine pour les stratégies de décarbonation en France et en Europe. Outre les stratégies de décarbonation mises en œuvre par les entreprises existantes, de nouvelles usines, notamment dans la production de batteries électriques, vont s'y installer en s'inscrivant dans une double combinaison de réindustrialisation et de décarbonation. Mais, dans quelle mesure ce renouveau du territoire industrialo-portuaire de Dunkerque s'inscrit-il dans sa trajectoire passée reposant au contraire sur des industries très carbonées ? Ces transformations constituent-elles une bifurcation vers une industrie plus soucieuse de l'environnement, plus durable ? Ces questions sont traitées dans la partie qui suit.

---

[1] https://www.cfdt.fr/portail/actualites/transition-ecologique/pour-la-cfdt-le-plan-de-sobriete-doit-s-appuyer-sur-le-dialogue-social-srv1_1256616
[2] https://www.legifrance.gouv.fr/jorf/id/JORFTEXT000043956924
[3] https://www.legifrance.gouv.fr/codes/article_lc/LEGIARTI000043975196

Photo 6 : Mix énergétique

Source : Sophie Boutillier et Hollman Rojas

Photo 7 : L'industrie vue par le hublot

Source : bl*

Encadré 5 : Sélection des travaux du laboratoire ISI / Lab.RII portant sur l'évolution du territoire dunkerquois (classés par date)

Boutillier S., & Uzunidis D. (1998). *Ports et industries du Nord. Clichés Dunkerquois*. L'Harmattan, Paris.

Coppin, O. (1999). L'ouvriérisation de l'emploi dunkerquois, les impasses d'une marche forcée vers l'industrie lourde. *Innovations, Cahiers d'économie de l'innovation*, (10), 2.

Ziel, J. (2000). *Attractivité et reconversion industrielle. Les investissements étrangers directs à Dunkerque*, Document de travail n°18, Lab.RII, ULCO

Coppin, O., Ziel, J., & Mudard, N. (2000). *Développement portuaire et milieu innovateur. Le cas de Dunkerque*. Document de travail n°31, Lab.RII, ULCO.

Coppin, O. (2000). *Les dimensions territoriales du développement durable*. Document de travail n°34, Lab.RII, ULCO.

Mudard, N. (2001), Grandes entreprises et entrepreneurs à Dunkerque. Quand la grande entreprise asphicie l'esprit d'entreprise, Document de travail n°46, Lab.RII, ULCO.

Coppin, O. (2002). Le milieu innovateur : une approche par le système. *Innovations, 16*(2), 29-50.

Laperche, B. (2002). Le carré organique de la valorisation de la recherche : Le cas d'une jeune université dans un contexte de crise. *Politiques et gestion de l'enseignement supérieur, 14*(3), 171-198. https://www.cairn.info/revue--2002-3-page-171.htm

Mudard, N. (2004). *Approches et réalités économiques de l'entrepreneuriat : étude appliquée aux régions anciennement industrielles : le cas de Dunkerque*. Thèse de doctorat sous la direction de D. Uzunidis, Université du Littoral Côte d'Opale.

Boutiller, S. (2008). *Evolution de la création d'entreprise à Dunkerque*. Document de travail n°198, Lab.RII, ULCO.

Uzunidis, D. (2008). The logic of the innovative milieu. In Laperche, B., Uzunidis, D., & Von Tunzelmann, G. N. (eds), *The genesis of innovation: Systemic linkages between knowledge and the market* (pp.187-207). Cheltenham : Edward Elgar Publishing.

Boutillier S. (2010). Entrepreneuriat et développement territorial, évolution de la création d'entreprises dans le territoire dunkerquois (Nord-France) entre 1993 et 2005. *Canadian Journal of Regional Science*, *33*, 39-58.

Laperche, B., Lorek, M., & Uzunidis, D. (2011). Crise et reconversion des milieux industrialo-portuaires : dépendance de sentier ou renouveau économique ? Les exemples de Dunkerque (France) et de Gdansk (Pologne). *Revue d'économie Régionale et Urbaine*, (2), 341-368.

Lorek, M. (2013). *Pôles de croissance et reconversion des territoires industriels dans une nouvelle économie de marché : Étude appliquée au cas de l'économie de Gdansk (Pologne)*. Thèse de doctorat sous la direction de D. Uzunidis, Université du Littoral Côte d'Opale.

Boutillier, S., Laperche, B., & Uzunidis D. (2015). *Le territoire entrepreneurial durable. Etude du cas de Dunkerque (Nord-France)*, Institut CDC Pour la recherche, Rapport final. https://www.caissedesdepots.fr/sites/default/files/2020-05/Rapport_final_ULCO_-_Dunkerque.pdf

Gallaud, D., & Laperche, B. (2016). Économie circulaire et développement durable : écologie industrielle et circuits courts (Vol. 5). ISTE Group.

Kasmi, F., Laperche, B., Merlin-Brogniart, C., & Burmeister, A. (2017). Écologie industrielle, milieu innovateur et gouvernance territoriale : Le cas de Dunkerque (Nord-France). *Canadian Journal of Regional Science/Revue canadienne des sciences régionales*, *40*(2), 103-113.

Kasmi, F. (2018). *Écologie industrielle, milieu éco-innovateur et diversification de l'économie territoriale : le cas du complexe industrialo-portuaire de Dunkerque*, Thèse de doctorat sous la direction de B. Laperche et C. Merlin., Université du Littoral Côte d'Opale, 2018.

Boutillier S. (2018). Le coworking, l'empreinte territoriale. Essai d'analyse d'une agglomération industrielle en reconversion, *Interventions Economiques*, (60). Retrouvé sur le lien https://doi.org/10.4000/interventionseconomiques.4845

Boutillier, S. (2019). Small entrepreneurship, knowledge and social resources in a heavy industrial territory. The Case of Eco-

Innovations in Dunkirk, North of France. *Journal of the Knowledge Economy, 10*(3), 997-1018.

IMPPEC (2020, B. Laperche, sous dir). *Le Rôle des ports dans l'Economie circulaire. Construction d'un tableau de bord d'Indicateurs*. Rapport n°1, Programme IMPPEC, oct 2020. https://riifr.univ-littoral.fr/wp-content/uploads/2023/10/Rapport1_Port_Economie_circulaire_2020octobre.pdf

Kasmi, F. (2021). Industrial symbiosis and territorial development: the cross-fertilization of proximity dynamics and the role of information and knowledge flows. *Journal of the Knowledge Economy, 12*, 342-362.

Laperche, B., Fourmentin, S., Llorens, J.-M., Hardouin, P., & Abi-Aad, E. (2021). Une approche systémique de la valorisation de la recherche : le cas de l'Université du Littoral Côte d'Opale, *Technologie et Innovation*, *6*(3), 10.21494/ISTE.OP.2021.0653

Boutillier, S., & Ross, E. (2021). L'empreinte territoriale du coworking : L'exemple d'une agglomération industrielle en reconversion. *Revue d'Économie Régionale & Urbaine*, (3), 497-514.

IMPPEC (2022 B. Laperche, sous dir). Vers la création d'écosystèmes d'innovation circulaires, Rapport n°2, Programme IMPPEC, janvier 2022. https://riifr.univ-littoral.fr/wp-content/uploads/2023/10/Rapport2_Port_Economie_circulaire_Janvier-2022-1.pdf

Veyssière, S., Laperche, B., & Blanquart, C. (2022). Territorial development process based on the circular economy: a systematic literature review. *European Planning Studies, 30*(7), 1192-1211.

Andriamanantena, A. N., Laperche, B., & Boutillier, S. (2022). Building circular innovation ecosystem in industrial port territories: The case of Dunkirk, France. In Prokop, V., Stejskal, J., Horbach, J., & Gerstlberger, W. *Business Models for the Circular Economy: A European Perspective* (pp. 139-167). Cham: Springer International Publishing.

IMPPEC. (2023 B. Laperche, sous dir). *L'économie circulaire dans les ports du Range Nord Européen. Etat des lieux pour la constitution d'écosystèmes d'innovation circulaires*. Rapport n° 3, Programme IMPPEC, avril 2023. https://riifr.univ-littoral.fr/wp-content/uploads/2023/10/Rapport3-Port-Economie-circulaire_avril23.pdf

Veyssière, S. (2023). *L'économie circulaire, un levier de développement territorial ? Une étude à partir de 16 projets soutenus dans le cadre de la stratégie REV3 de la Région Hauts-de-France*. Thèse de doctorat sous la direction de B. Laperche et C. Blanquart, Université du Littoral Côte d'Opale.

Al-Haddad R. (2023). *La réindustrialisation et la décarbonation de l'industrie. Le cas du territoire industrialo-portuaire dunkerquois,* Mémoire de Master, Université du Littoral-Côte d'Opale.

Andrade Avelino J. (2023). *L'économie circulaire dans la métallurgie. Le cas du recyclage des métaux diffus en Hauts de France,* Mémoire de Master, Université du Littoral-Côte d'Opale.

Boutillier S., & Al-Haddad R. (2023). *Réindustrialisation et décarbonation, de l'utopie à la réalité. Essai d'analyse à partir du cas dunkerquois (Hauts de France),* Congrès RIODD 2023, Lille.

Partie 2 : Cas d'étude approfondie de Dunkerque : une enquête qualitative

Notre objectif est dans le cadre de cette partie d'analyser, à partir du cadre d'analyse exposé dans la première partie, les modalités d'une éventuelle bifurcation de la trajectoire d'évolution du territoire vers une économie circulaire et une industrie décarbonée. Cette partie débute par une identification des différentes phases d'évolution du territoire industrialo-portuaire de Dunkerque depuis le 17e siècle. Nous montrons dans quelle mesure cette évolution s'est appuyée sur des investissements publics considérables, dans le cadre de programmes publics déclinés au niveau national, régional puis local. Dans un deuxième temps, nous étudions de manière plus détaillée la période qui débute au lendemain de la Seconde Guerre mondiale à la fin des années 2010, au prisme des éléments théoriques présentés plus haut : évolution de la trajectoire, identification des actifs accumulés, existence et état de développement d'un écosystème d'innovation circulaire, impulsé par le projet d'économie circulaire développé dès les années 1980. Nous formulons l'hypothèse selon laquelle le développement d'un schéma d'écologie industrielle, peut être appréhendé comme une stratégie importante pouvant faciliter pour les années à venir la bifurcation du territoire vers un modèle d'industries décarbonées. Les stratégies actuelles axées vers la décarbonation constituent le troisième point de ce chapitre. Nous en étudions les opportunités et les enjeux. Enfin, le quatrième point présente les expériences d'autres grands ports du Range Nord en matière de décarbonation.

2.1. La trajectoire d'évolution du territoire industrialo-portuaire de Dunkerque : grandes périodes du 17e siècle au début du 21e siècle

L'étude approfondie sur la longue période du territoire dunkerquois nous offre l'opportunité d'étudier tous les enjeux en cours quant aux options d'évolution des territoires industrialo-portuaires en général. Les territoires portuaires sont, nous avons pu le constater, le théâtre de transformations économiques, sociales et techniques particulières, forgées par des rapports à la mer et au territoire porteurs d'activités économiques variées (transport maritime, activités manufacturières et commerciales, etc.) (Marnot, 2015). Le temps long de l'histoire (Braudel, 1979) permet de mettre en évidence différentes phases d'évolution. Certaines sont porteuses de progrès économique et d'amélioration du bien-être, alors que d'autres au contraire sont source de déclin et d'appauvrissement des populations. Le regard des historiens est particulièrement intéressant à ce sujet, montrant que la désindustrialisation est un phénomène aussi ancien que l'industrie (Daumas *et al.*, 2017 ; Kroichvili, 2023dir ; Minovez, 2019). L'histoire n'est pas linéaire. Tous les territoires ont en effet, d'une manière ou d'une autre, à des moments différents de leur histoire, subi des phases d'appauvrissement après des phases de prospérité, et inversement, en raison de l'évolution de la technologie et/ou un changement économique dû par exemple à l'apparition de nouveaux concurrents, souvent dans d'autres pays, ou encore de l'épuisement d'une source de matières premières, etc. (Letard, 2019 ; Marty, 2013 ; Daumalin, Mioche, 2013).

Sans remonter très loin dans l'histoire, différentes phases d'évolution sont manifestes, en raison du caractère intrinsèquement instable du capitalisme (Braudel, 1977 ; Dockès, 2019). Depuis le 17e siècle, c'est-à-dire à partir du moment où Dunkerque est devenue française, en 1662, son économie s'est progressivement développée autour de son port et pour renforcer l'ouverture de l'ensemble du pays sur le commerce international. Les fortifications Vauban, encore visibles aujourd'hui, témoignent à elles seules de ces transformations majeures et du contrôle étatique du territoire national.

Cette évolution économique a été fondamentalement impulsée par le pouvoir politique central (le pouvoir royal, y compris la Restauration, les deux Empires, puis avec le retour de la République à la fin du 19e siècle) en raison principalement de la position stratégique du territoire dunkerquois situé à l'extrême nord du pays, à un point de carrefour de la Mer du Nord (Cabantous, 1983dir ; Marnot, 2015 ; Oddone, 2013). Cependant, le cadre institutionnel a aussi fourni des opportunités entrepreneuriales qui ont nourri la formation d'une classe d'entrepreneurs ayant su tirer parti de l'activité portuaire au sens large du terme (construction navale, commerce international, pêche, activités de transformation, fabrication de cordage, de voile, etc.), en premier lieu au cours du 19e siècle. En revanche, à partir de la seconde moitié du 20e siècle, les grands entrepreneurs locaux disparaissent au profit de l'implantation de grandes unités nationales et étrangères de production industrielle dans le cadre d'un programme de planification.

Nous avons distingué cinq périodes pour caractériser l'histoire industrielle du territoire dunkerquois du 17e siècle à nos jours : 1) entre le 17e et le 18e siècles, la période préindustrielle, 2) le 19e siècle caractérisé en revanche par plusieurs révolutions industrielles, 3) le 20e siècle s'inscrit dans cette dynamique industrielle, notamment à partir des années 1960, que nous qualifions d'industrialisation glorieuse, rapidement confrontée à des limites. 4) La fin du 20e siècle est ainsi marquée par une période de reconversion industrielle. 5) Enfin, les premières décennies du 21e siècle sont celles d'une dynamique de réindustrialisation décarbonée qui en est encore à ses débuts. Nombre de projets ne sont pas pour l'heure sortis de terre et certaines technologies dont le développement est envisagé ne sont pas matures à l'heure actuelle. Chacune de ces périodes se distingue par quelques caractéristiques majeures, comme une espèce d'idéal type, sur lesquelles nous revenons ci-dessous.

17e-18e siècles – Pré-industrialisation

Avant le 17e siècle, Dunkerque est longtemps restée une humble bourgade de pêche, à l'écart des grandes routes commerciales, au profit des grandes villes flamandes (comme Bergues). Mais, le développement de la navigation atlantique, via la puissance commerciale croissante de l'Espagne, des Pays-Bas et de la Grande-Bretagne donne à Dunkerque progressivement un nouveau rôle sur le plan stratégique en qualité de bastion espagnol. Les industries navales et l'armement connaissent alors un premier épanouissement (Thelliez, 1957). Le 16e siècle avait déjà été marqué par une expansion remarquable du capitalisme, grâce aux « grandes découvertes ». C'est l'époque de l'immense prospérité d'Anvers qui fut le plus grand port de l'Europe et un grand centre bancaire. C'est alors le commerce maritime et colonial qui procure les plus grands profits. C'est pourquoi Colbert, dès 1664, créa les Compagnies des Indes Orientales et des Indes Occidentales (Sée, 1924).

L'économie dunkerquoise s'éveille dès la fin du 17e siècle soutenue par une combinaison d'intérêts publics et privés, qui va se maintenir à des degrés divers tout au long de son évolution. Cette période préindustrielle est marquée par le développement du capitalisme commercial et des grandes compagnies maritimes, et par une forte concurrence entre les grands États européens (Angleterre, Pays-Bas, France, Italie, notamment). Le rôle de l'État dans le développement économique du territoire dunkerquois est fondamental dès le 17e siècle à la fois en matière de défense militaire, mais également sur le plan économique. Pour soutenir le développement économique, des institutions sont créées, avec notamment l'Édit de 1700[1] pour la création d'une Chambre de commerce, qui fut la deuxième en France, après celle de Marseille (Oddone, 2013). Un arsenal royal comprenant des chantiers de construction, des cales de radoub, des ateliers de forge, des corderies est construit. Le port obtint la franchise douanière vis-à-vis de l'étranger, la ville fut exemptée d'imposition, les étrangers bénéficièrent de droit de naturalité (Thelliez, 1957). Dès cette période, défense du territoire et développement économique vont forcément de pair. L'État participe à la modernisation du port et soutient le développement du commerce, y compris le commerce triangulaire (Leyssens, 2022).

L'État organise étroitement l'économie du territoire dunkerquois dans une optique d'expansion nationale et d'ouverture internationale: travaux d'aménagement et de fortification du port, construction navale (Pfister-Langanay, 2019) avec Colbert et Vauban. En 1662, dans sa déclaration sur l'affranchissement de Dunkerque, Louis XIV confirme les privilèges des habitants, en particulier ceux des

---

[1] https://www.cci.fr/reseau-cci/notre-histoire

marchands et des négociants : « (...) *Nous voulons que tous les marchands, négociants et trafiquants de quelle que nation qu'ils soient puissent y aborder en toute sureté et décharger, vendre et débiter leurs marchandises franchement et quittement de tous droits d'entrée, puissent les charger et les transporter sur leurs vaisseaux pareillement franchissement et quittement de tous droits de sortie* » (cité par Peter, 2000, p. 212). Rappelons que la création d'une manufacture reposait sous l'Ancien régime sur l'octroi d'un privilège qui pouvait être accordé à des entités territoriales (des villes, des provinces des États et des villes) ou des communautés (hôpitaux et communautés de métiers), la monarchie en concédait à des particuliers ou à des individus groupés en associations (Conchon, Lemaigre-Gaffier, 2017). Puis Louis XV poursuit dans la même voie en établissant une manufacture de toiles, une verrerie, une fabrique de pipes, une raffinerie de sel, une distillerie, deux tanneries, par des lettres patentes il accorde le privilège de faire du commerce avec les îles d'Amérique. Par la suite, Louis XVI encourage par des primes la pêche à la morue et au hareng et la création de nouvelles fabriques de transformation. Des travaux sont entrepris pour développer le port, qui devient un entrepôt de premier ordre en réunissant tous les corps de métiers. Les premières grues mobiles, encore manuelles, apparaissent sur les quais de la Citadelle, contribuant à réduire la pénibilité du travail manuel. L'industrie se développe : 24 manufactures sont créées notamment pour le tabac grâce à la suppression des droits de douane dont bénéficie Dunkerque[1], qui est une des premières marchandises d'importation (Oddone, 2013). Cette activité de transformation reste donc fondamentalement tournée vers le port.

---

[1] Avantagée par la proximité avec l'Angleterre et son port franc, Dunkerque devient progressivement au cours du 18e siècle un entrepôt de la contrebande du tabac et de l'eau-de-vie. Il semblerait selon les historiens que 40% du tabac débarqué à Dunkerque est réintroduit en Angleterre et en Irlande. Dans les années 1750, l'industrie du tabac est très développée, on compte 200 ateliers et 4000 personnes employées dans cette activité. Au cours de cette période, la transformation du tabac est la première activité de la ville, devant la pêche (Leclercq, 2021).

Photo 8: Chambre de Commerce et d'Industrie (vue des années 1970)

Source : Les Archives de Dunkerque

19e siècle – Révolutions industrielles

Le 19e siècle est marqué par des changements industriels et techniques majeurs, avec le développement de la machine à vapeur, du chemin de fer au début du siècle, puis vers la fin du 19e siècle, d'autres industries et technologies apparaissent avec le pétrole, l'électricité, l'automobile, l'avion, etc. Dunkerque connait aussi au cours de ces décennies des transformations techniques et industrielles, en poursuivant sa trajectoire antérieure basée sur l'économie portuaire. Dans les années 1820, le commerce maritime augmente encore grâce notamment à des travaux de rénovation du port, car pendant longtemps le port ne possédait qu'un seul bassin, celui créé sous Louis XIV... Mais, le développement industriel de Dunkerque ne débute véritablement qu'au milieu du 19e siècle et se poursuivit avec le Plan Freycinet à la fin du siècle (loi de 1879 pour le développement des ports, la construction de canaux et de chemin de fer pour rattraper le retard français vis-à-vis des principaux concurrents européens). L'État entreprend donc de moderniser le pays dans son ensemble et le territoire dunkerquois en particulier par l'industrie, en modernisant son port et par la construction de voies ferrées. Auparavant, le trafic était limité aux canaux. Il fallait 8 jours pour transporter des marchandises entre Lille et Dunkerque par canaux. À partir de 1848, une première voie ferrée relie Dunkerque à Paris. Le trafic commercial s'intensifie progressivement. Cette période est aussi marquée par l'émergence de quelques grands entrepreneurs dans des activités industrielles variées.

Photo 9 : Toiles, sacs, bâches

Source : Sophie Boutillier et Hollman Rojas

Photo 10 : Vue du Port de Dunkerque

Source : Les Archives de Dunkerque

En 1861, un nouveau bassin à flot doté d'une écluse de 21 mètres de haut est creusé. La ville s'étend. Les remparts sont déplacés. En 1879, grâce au Plan Freycinet, de grands travaux d'aménagement du port sont réalisés pour faire face à l'augmentation du trafic maritime, suite à la pression de l'entrepreneur, président de la chambre de commerce et député républicain Jean-Baptiste Trystram qui parvient à convaincre Charles de Freycinet de l'intérêt commercial et stratégique du port de Dunkerque pour l'ensemble du pays (Oddone, 2013). Parmi les grands ports français, Dunkerque occupe la deuxième place après Le Havre pour le soutien aux activités portuaires. Dès le Second Empire, Dunkerque avait en effet déjà montré plus de dynamisme comparé aux ports de Calais et de Boulogne (Marnot, 2015). En 1888, la Chambre de commerce reçoit la concession de l'outillage public, entreprend l'édification d'une série de hangars et d'entrepôts et équipe les quais de grues hydrauliques. En dix ans, le trafic double. Entre 1903 et 1910, de nouveaux travaux d'aménagement et d'agrandissement du port sont réalisés entrainant la création de nouvelles entreprises. À la fin du 19e siècle, Dunkerque est le troisième port de France. Au cours de cette période, de grandes entreprises industrielles sont implantées contribuant au développement économique du territoire jusqu'à la Première Guerre mondiale, grâce à des entrepreneurs locaux et extérieurs, comme Gaspard Malo (1804-1884), armateur et industriel, Joseph Ziegler (1820-1896) entrepreneur dans le commerce du bois et sa transformation, Jean-Baptiste Trystram (1821-1906) pour la construction et la réparation navales, Joseph Pierre Vancauwenberghe-Lemaire (1829-1913), armateur et la pêche à la morue en Islande, Rémi Gantois (1864-1936) dans la brasserie, et l'Anglais David Dickson (1812- ?) qui ouvre[1] la première manufacture de jute (après avoir développé la production de textile à base de lin et de chanvre) du territoire qui emploie 500 ouvriers dès 1850 (Mudard, 2004 ; Thelliez, 1957), sans oublier l'entrepreneur parisien Georges

---

[1] La culture et l'industrie du lin se sont répandues dès le 16e siècle dans le bas pays flamand. Au 17e siècle, la politique colbertiste a encouragé la culture du lin et a favorisé le développement de l'industrie des toiles qui se développe à l'exportation. L'industrie du coton, plante issue du commerce colonial ne débute qu'au cours du 19e siècle (Kasdi, Krajewski, 2008).

Lesieur (1848-1931) qui crée son entreprise de production d'huile alimentaire en 1908[1]. Il s'implante à Dunkerque pour importer de l'arachide des colonies françaises d'Afrique de l'Ouest (Gaston-Breton, 1998). Vers les années 1875-1880, l'industrie du jute accapare la plus grande partie de la main-d'œuvre féminine. Au cours de cette période en dehors de l'industrie textile, l'activité économique du territoire dépend principalement de la pêche, de l'armement et des industries proprement navales qui en découlent (Thelliez, 1957). Le territoire dunkerquois, en cette fin de 19e siècle, est résolument tourné vers la mer que ce soit pour la pêche, la construction navale, le commerce international, ou la transformation de produits agricoles. À partir des années 1895, une nouvelle vague d'entreprises plus capitalistiques que les précédentes apparait. De nombreuses entreprises s'implantent en créant ou en rachetant des établissements industriels. En voici quelques exemples : le Comptoir linier (jute, 1898), Weill (jute, 1898), Air liquide (vers 1900, gaz, soudure) et Borax (chimie, vers 1900), etc. (Thelliez, 1957). L'entreprise Weill avait son siège à Dunkerque (rue de Soubise) et deux usines, l'une à Coudekerque Branche (voir photo) et l'autre à Petite Synthe. Elle est le témoignage du paternalisme de la période. À Coudekerque, les frères Weill ont fait construire des logements pour les ouvriers par l'intermédiaire la société d'habitation à bon marché Le Foyer Flamand. La ville de Coudekerque Branche garde les traces de ce passé industriel avec des noms de rues Rue des frères Weill et Rue du Foyer Flamand, un arrêt de bus (Weill), et le bâtiment de l'ancienne Fondation Weill, une crèche financée par la famille.

[1] Georges Lesieur n'est pas cependant un pionnier en la matière sur le territoire dunkerquois. Il existait dès le milieu du 19e siècle des huileries. Une importante huilerie a été créée en 1845. Elle traitait 6000 tonnes de graines vers 1860, jusque 34 000 tonnes en 1877, principalement en provenance des Indes (Thelliez, 1957).

Photo 11 : Usine Weill – Coudekerque Branche

Source : Collection P. Liebaert

Photo 12 : Vue des ateliers Entreprise Weill, Intérieur Tissage Plancher de la tisseuse 1973

Source : Collection P. Liebaert

Dans la même vague, en 1899, les Ateliers et Chantiers de France[1] sont créés par l'armateur Léon Herbart (1838-1915), qui fut aussi président de la Chambre de commerce. Leur création s'inscrit dans le cadre d'une grande opération de modernisation du port et d'industrialisation du territoire, grâce à l'emploi de 2000 à 2500 salariés et un très grand nombre de sous-traitants. En 1911, les Aciéries et Forges de Firminy (près de Saint Etienne), qui souhaitent s'implanter en Flandre, créent Ascométal, surnommée l'« usine des Dunes »[2], doyenne des industries dunkerquoises, qui fut associée au projet Usinor à la fin des années 1950. Avant la Première Guerre mondiale, un véritable écosystème industriel s'est constitué progressivement au cours du 19e siècle centré sur l'activité portuaire (commerce notamment) et ses activités annexes avec en premier lieu la construction navale, et un ensemble d'entreprises de fonderie et de métallurgie, de travail du bois ou de l'industrie chimique, mais également une importante industrie textile de transformation des fibres naturelles, telles que le lin et le jute. Après la Première Guerre mondiale, le port reprend son expansion. Les travaux de rénovation se poursuivent avec en 1919 la construction d'une nouvelle écluse dans le cadre d'un important programme d'extension du port, mais dont le financement ne sera acquis qu'en 1927 (Oddone, 2013).

Jusqu'à la Seconde Guerre mondiale, l'activité économique dunkerquoise est fondamentalement basée sur un capitalisme entrepreneurial grâce à une bourgeoisie locale dynamique, ce qui n'exclut pas cependant la création d'entreprises par des entrepreneurs issus d'autres parties du pays, voire étrangers, qui tirent profit de la position de carrefour géographique du territoire au centre de l'Europe septentrionale et d'une main-d'œuvre ouvrière qualifiée. La situation va radicalement changer au lendemain de la Seconde Guerre mondiale, où se combinent à la fois le développement d'un capitalisme managérial et un système de planification étatique de

---

[1] Ils sont rebaptisés en 1960 Atelier et Chantier de Dunkerque et Bordeaux, et après leur passage sous le groupe Schneider, deviennent les Ateliers et Chantiers de France en 1967 après la fermeture de Bordeaux. Ils ferment définitivement à Dunkerque en 1987.

[2] En 2018, le groupe suisse Schmolz et Bickenbach AG rachète l'entreprise (*Les Échos,* 29/01/2018).

l'industrie dans le cadre de la reconstruction du pays.

20e siècle – Industrialisation glorieuse

Les prémices d'une industrialisation intensive en capital à Dunkerque remontent à la fin du 19e siècle, en lien avec le développement du commerce maritime et la modernisation du port associé au développement d'activités de transformation, comme précédemment présenté. Pourtant, c'est manifestement au lendemain de la Seconde Guerre mondiale que l'industrialisation du territoire dunkerquois se renforce davantage avec la création d'un important site de production sidérurgique pour répondre aux nouveaux besoins de l'industrie. Mais, le capitalisme change de nature.

Au lendemain de la Seconde Guerre mondiale, l'Europe est ruinée et au bord du chaos sur les plans social et politique (Lowe, 2013 ; Vayssière, 2009), mais un processus porteur de progrès économique et social est mis en œuvre grâce à des politiques publiques appropriées, à tel point que cette dynamique pouvait sembler irréversible, et que des crises économiques et sociales se ne produiraient plus dans l'avenir. En 1945, la ville et le port sont détruits à plus de 90%. L'État prend en main la reconstruction, pour une industrialisation que nous avons qualifiée de « glorieuse » en référence avec les trente glorieuses de Fourastié (1979) pour qualifier la phase de croissance économique d'une vigueur sans précédent des années 1945-1975 (4e et 5e Plan, respectivement 1962-1965 et 1966-1970) (Bosserelle, 2008). En développant des sites sidérurgiques sur le littoral maritime (Dunkerque et Fos-sur-Mer), l'intérêt est d'importer des matières premières en grande quantité nécessaires à la production à grande échelle d'acier, indispensable à la reconstruction, car au lendemain de la Seconde Guerre mondiale, la sidérurgie française est très affaiblie (Freyssenet, 2006 ; Letard, 2019 ; Perron, 2014).

Au cours de cette période, le développement du capitalisme change de forme, d'entrepreneurial, il devient managérial. De grosses unités de production se développent. Dans la poursuite de l'économie de guerre, le modèle fordiste s'est imposé, basé sur de grandes unités de production, des économies d'échelle et le salariat ouvrier (Noiriel, 2018 ; Verret, 1982). Il a aussi redessiné les paysages urbains et industriels. Le développement économique des villes a ainsi été largement impulsé par les autorités publiques dans une optique d'aménagement du territoire (Grondeau, 2022). Le cas du territoire industrialo-portuaire de Dunkerque est particulièrement emblématique de ces évolutions industrielles et urbaines qui ont marqué la seconde moitié du 20e siècle. En effet, au lendemain de la Seconde Guerre mondiale, Dunkerque est donc choisi avec Fos-sur-Mer (Lacroix, Genet, 2021) pour devenir un site sidérurgique majeur pour porter la reconstruction du pays (Boutillier, Uzunidis, 1998 ; Marnot, 2015 ; Perret, 1978 ; Ratouis, 2005). L'implantation de ce site d'industrie lourde ne constitue pas seulement une rupture radicale par rapport à son organisation antérieure (sidérurgie sur l'eau) et écologique (destruction des milieux naturels majeurs), mais également sur le plan urbain. Sur les ruines de la guerre, des villes entières sont nées pour loger des travailleurs, souvent venus de l'autre côté de la Méditerranée, donnant naissance à un « *urbanisme fordien* » (Veltz cité par Ratouis, 2005, p. 9).

Photo 13 : Site sidérurgique en construction (1)

Photo 14 : Site sidérurgique en construction (2)

Source : Les Archives de Dunkerque

Ces évolutions s'inscrivent en matière de politique publique dans des politiques d'aménagement du territoire qui planifient au niveau national la création d'activités industrielles. Par le biais de la planification indicative et des grands projets, la politique industrielle française a associé les objectifs d'aménagement du territoire et de reconstruction économique. Il s'agissait en effet de réduire la concentration des activités économiques dans la métropole parisienne (Gravier, 1947) en créant des « pôles de croissance » autour d'unités motrices capables d'engendrer des effets d'entrainement sur les territoires et donc de réorienter les flux économiques (Perroux, 1955). L'objectif était aussi de restructurer l'industrie pour faire face à une compétition internationale de plus en plus forte et de mieux insérer l'industrie française dans la division internationale du travail, via la construction d'une Communauté européenne. C'est dans cet esprit que furent notamment construites les zones industrialo-portuaires de Dunkerque, Fos-sur-Mer (milieu industrialo-portuaire de Marseille) et Le Havre-Basse Seine (Vigarié, 1979). La DATAR (Délégation à l'Aménagement du Territoire et à l'Action Régionale) est fondée en 1963 dans cet objectif. La décision de créer un pôle sidérurgique (Usinor[1]) à Dunkerque est prise en 1956, grâce notamment à l'appui du député du Nord Paul Reynaud[2] et du maire de Gravelines Albert Denvers, avec l'argument de sortir Dunkerque de la pauvreté. Ce chantier titanesque, ou « chantier du siècle », entraîne la destruction de kilomètres carrés de dunes (*La Voix du Nord*, 6/01/2019). Le site sidérurgique est construit sur une surface totale de 450 hectares, dont 85 gagnés sur la mer, réalisé sur un espace essentiellement composé de dunes et de plages et quelques terres cultivées (Beaurain, Chembessi, 2018). La production sidérurgique commence rapidement, dès 1962. En 1966, la création du Port autonome de Dunkerque permet à l'État de prendre en main la gouvernance du port. L'État a en effet joué un rôle majeur dans la création de ce pôle d'industrie lourde grâce à des aides directes (subventions, réduction d'impôts, etc.) et indirectes (construction d'une importante infrastructure, notamment portuaire). Entre 1958 et 1962, un bassin minéralier de 2 Km est construit, prolongé entre 1967 et 1969 pour atteindre 5,5 Km. C'est la

[1] Union Sidérurgique du Nord de la France.

[2] Paul Reynaud fut aussi ministre de l'économie et des finances en 1948.

course au gigantisme pour accueillir des navires de taille de plus en plus grande. Entre 1966 et 1970, une nouvelle écluse est construite. Entre 1971 et 1975, un bassin maritime à flot de 5,5 kilomètres de long accessible pour des navires de 100 000 tonnes, auxquels s'ajoutent 13 km entre 1971 et 1975, sont construits (Oddone, 2013).

Le processus de coévolution entre l'entreprise et le territoire est manifeste entre Dunkerque et Usinor. Mais, ce processus ne repose pas forcément sur un équilibre entre les deux parties. L'entreprise en tire davantage de profit, puisque son implantation dans un territoire donné (en l'occurrence Dunkerque) s'inscrit dans une stratégie qui lui est propre. En effet, le territoire industrialo-portuaire dunkerquois n'est pas une tête de pont française ou nordiste, mais un nœud stratégique, une plaque tournante dans la politique internationale des groupes implantés à Dunkerque, tant au niveau de la commercialisation et des débouchés qu'à celui de l'organisation concrète de la production en termes notamment d'accessibilité aux ressources en matières premières, en énergie et main-d'œuvre (Castells, Godard, 1974). L'unité sidérurgique d'Usinor structure étroitement le territoire industrialo-portuaire de Dunkerque dès son entrée en fonctionnement en fonction d'abord des objectifs de croissance de l'entreprise. Usinor est par ailleurs le produit d'une histoire tumultueuse, comme la majorité des grands groupes industriels. L'entreprise est née en 1948 et est le produit du regroupement de différentes entreprises sidérurgiques françaises, suite à de multiples restructurations (Perron, 2014). Elle se transforme et réapparaît sous des noms différents au cours de son histoire en fonction de l'évolution du marché, des opérations de bourse et des politiques publiques (Godelier, 1996 ; Mioche, 2016, 2018 ; Mioche *et al.*, 2022dir) : Sollac, Sacilor, Arcelor puis ArcelorMittal au début du 21e siècle. Usinor est nationalisée en 1982, puis devenue Usinor Sacilor, l'entreprise est privatisée en 1995 (*L'Humanité*, 1/06/1995). L'unité construite à Dunkerque est dans les années 1960 la plus grande et la plus moderne du groupe, avec un investissement de plus d'un milliard de francs dans sa première phase. En 1962, le démarrage de la production d'acier est aussi marqué par la création de la première boucle d'écologie industrielle (avant le nom, voir partie 1 du présent ouvrage). Elle consiste en la réutilisation des gaz des hauts-fourneaux d'Usinor pour être transformés en électricité par la centrale EDF DK4. Tout un écosystème industriel se forme ensuite avec l'implantation d'autres entreprises qui étaient déjà présentes et de nouvelles venues, comme Air liquide, Creusot-Loire, British Petroleum-Elf, Total, Lafarge, puis la centrale nucléaire de Gravelines en 1974 et le développement d'un réseau de sous-traitants industriels. Mais, le territoire dunkerquois n'était pas alors vierge de toutes entreprises industrielles, outre les Chantiers Navals de France (créés en 1899), comme nous l'avons vu précédemment, d'autres entreprises étaient déjà implantées dès la fin du 19e siècle et vont développer leur activité à partir de cette période, telles que Creusot-Loire, Lesieur (créée en 1908) ou SRD[1] (Castells, Godard, 1974). L'usine a ainsi modelé le territoire et fabriqué des citoyens en même temps que les hauts-fourneaux s'élevaient.

---

[1] La SRD (Société de Raffinage de Dunkerque, ex-BP) est entrée en activité en 1932 (*La Voix du Nord*, 25/01/2024).

Photo 15 : Hauts-fourneaux en action

Photo 16 : Haute tension

Source : Sophie Boutillier et Hollman Rojas

Photo 17 : L'homme et l'industrie

Source : Sophie Boutillier et Hollman Rojas

Pourtant, de nouveaux logements pour accueillir la main-d'œuvre sont construits au début des années 1960. 2500 logements sont livrés en 1964 au moment de la première phase de développement de l'usine (Perret, 1978 ; Ratouis, 2005). L'industrie génère et modèle la ville ! L'État organise la production urbaine. « *Le complexe sidérurgique d'Usinor-Dunkerque ne s'est pas seulement développé de manière périphérique à la ville, il s'est également caractérisé par son statut extraterritorial. Par ailleurs, l'entreprise ne s'est pas souciée des répercussions de son implantation sur le territoire de l'agglomération urbaine, reléguée au seul rôle de réservoir de main-d'œuvre* » (Marnot, 2015, p. 154). L'ensemble forme ce que Castells et Godard (1974) ont nommé un « monopolville » qui est structuré par les grandes entreprises (en l'occurrence de l'industrie lourde) et l'État, lequel intervient de plus en plus étroitement dans l'ensemble de la vie économique et sociale, pour devenir en un véritable aménageur de la vie quotidienne des habitants du territoire. L'appellation de ville-usine est également employée pour qualifier la transformation rapide de petits sites urbains en véritables villes suite à l'implantation d'une entreprise industrielle de grande taille (Edelblutte, 2014).

Fin du 20e siècle – Reconversion industrielle

Pourtant dès les années 1970-1980, un profond processus de désindustrialisation se manifeste dans les pays dits industrialisés (Daumas *et al.*, 2017). À l'intérieur de ces pays, des territoires s'appauvrissent, alors qu'ils avaient été les moteurs d'une industrialisation précoce, puis lors de la reconstruction de 1945 à 1975, en premier lieu le nord de la France, fer de lance de l'industrialisation française sur plusieurs décennies. La crise économique dans son ensemble et plus spécifiquement de la sidérurgie pendant les années 1970 (Gachelin, 1980 ; Letard, 2019 ; Malézieux, 1980) remet fondamentalement en cause l'industrialisation glorieuse de l'après-guerre. De vastes plans de licenciement sont décrétés par les plus grandes entreprises du territoire. Les sous-traitants sont également touchés. Le chômage augmente dans de grandes proportions. Les années 1980-1990 ont été en effet marquées par une phase importante de désindustrialisation, au point que la fermeture du site sidérurgique avait été envisagée (et crainte) par les autorités publiques locales au début de la décennie 2010, suite à la crise financière de 2008, situation qui ne se limitait pas au territoire dunkerquois (Daumas *et al.*, 2017 ; Raggi, 2013).

L'euphorie de la reconstruction est en effet retombée assez rapidement. Dès la fin des années 1960, les besoins nationaux en acier baissent, puis les deux chocs pétroliers provoquent une augmentation importante du prix de l'énergie. Une nouvelle concurrence des pays d'Asie du Sud-est caractérisée par le coût attractif de la main-d'œuvre et la croissance rapide des technologies se développe. Les années 1970-1990 mettent en évidence la fragilité d'un complexe industriel basé sur la mono-industrie. Les investissements pour moderniser les installations industrielles n'ont pas suivi, mettant en évidence une forte dépendance de sentier, en raison d'actifs spécifiques antérieurement accumulés, devenus obsolètes, et dont l'entretien s'avère coûteux. Le port ne retrouve son niveau d'activité de 1980 qu'en 1990. Il souffre de grands handicaps : insuffisance des équipements pour accueillir des conteneurs, concurrence des ports belges et néerlandais plus modernes, trop faible implication des compagnies maritimes françaises et climat social tendu. 1987 est marquée par la fermeture des chantiers navals entraînant la disparition d'environ 6000 emplois, qui laissent place à d'immenses friches industrielles de près de 180 hectares (bassins, terre-pleins, bâtiments industriels, etc.) à proximité de l'espace urbain. Entre 1975 et 1984, Usinor supprime 5000 emplois… Le taux de chômage passe de 13% en 1984 à plus de 16% en 1987 (Coppin *et al.*, 2000 ; Freyssenet, 2006 ; Laperche, Uzunidis, 2011 ; Laperche *et al.*, 2011 ; Malézieux, 1980).

La crise de la sidérurgie des années 1970-1980 (Letard, 2019 ; Malézieux, 1980 ; Mioche, 2018) remet fondamentalement en cause la trajectoire industrielle et urbaine de l'après-guerre. La crise s'étire largement jusqu'à la fin des années 1980 (Mioche, 1994). Les conséquences sociales sont immenses. Dans un article du *Monde* (11/04/1979), le désarroi ouvrier est manifeste : « toute vie industrielle a pratiquement cessé à Usinor Dunkerque. C'est la quasi-totalité des 11 000 salariés qui se trouve aujourd'hui sans travail. Après la manifestation du 6 avril, la chaîne de production n'a pu être relancée. On s'est trouvé dans la situation qu'avait créée le conflit aux fours du train à bandes, à cette différence que le blocage se situe cette fois-ci en tête de chaîne, c'est-à-dire aux quatre hauts-fourneaux ». L'épreuve a été très dure pour les ouvriers sidérurgistes. Mais, l'ampleur de la récession a fait de la crise de la sidérurgie, selon Mioche (1994, p. 25), un « *laboratoire social* » en accompagnant les travailleurs licenciés. Une première convention générale de protection sociale est signée en 1977, puis cinq autres en 1991, avec la mise en cession anticipée d'activité et pré-retraite de dizaines de milliers de travailleurs entre 50 et 60 ans en France. Les organisations syndicales se sont progressivement ralliées à ces conventions.

Face à cette situation, la politique industrielle et d'aménagement du territoire change de cap dans les années 1980. En 1984 sont lancés les pôles de « conversion »[1]. Pour faire face à la crise, Dunkerque dispose de plusieurs atouts : importantes réserves foncières générées par la fermeture d'entreprises - notamment par la fermeture des chantiers navals - ; importante infrastructure portuaire ; et prémices d'un schéma d'écologie industrielle. Dans ce contexte, l'État est à la fois le liquidateur des entreprises en faillite, mais il est aussi un investisseur et un entrepreneur. Dunkerque est l'un des pôles de conversion créés (15 sont créés en France) : ce sont des « zones géographiques où la restructuration de certains secteurs industriels engendre d'importantes difficultés économiques et sociales ». C'est dorénavant l'attractivité des investissements (étrangers notamment) qui doit permettre de relancer l'activité économique et la création d'emplois salariés. Les investissements privés doivent prendre le pas sur les investissements publics comme outils principaux de la reconversion et du développement des territoires (Ziel, 1998).

[1] https://www.senat.fr/questions/base/1986/qSEQ860501112.html

Photo 18 : Friches Ateliers et Chantiers de France à la fin des années 1990

Source : bl*

A la fin des années 1990, les investissements étrangers (par l'implantation d'entreprises) ont contribué à (re)développer le complexe industrialo-portuaire de Dunkerque. De 1970 à la fin des années 1980, le nombre d'implantations est modeste (4 en 1970 et 17 en 1988), puis on compte 70 établissements étrangers installés à Dunkerque en 1997 (dont 49 unités dans l'industrie et 21 dans le tertiaire). En 2009, on dénombre 77 établissements à capitaux étrangers, qui représentent 13 000 emplois et qui positionnent Dunkerque comme le deuxième site régional en capitaux étrangers après Lille (Laperche *et al.*, 2011).

Cette politique industrielle conduit cependant à établir un bilan mitigé, notamment en termes de diversification du tissu économique. L'industrie domine de même que les grands établissements. En 2009, l'industrie, avec des unités très capitalistiques dont certaines présentent un risque industriel majeur, représente une part importante des salariés concentrés de grands établissements comme ceux d'ArcelorMittal (Dunkerque et Mardyck), la centrale nucléaire EDF, Ascométal, AstraZeneca, Aluminium Dunkerque, etc. Quant aux services, ils sont exclusivement dédiés à la maintenance et à d'autres activités de sous-traitance industrielle.

Suite à la fermeture des chantiers navals et aux craquements intensifiés de l'édifice industriel et portuaire, les grands acteurs locaux (Ville, Communauté Urbaine, Port Autonome) ont misé aussi à la fin des années 1980 sur le renforcement de l'attractivité de la ville par le développement d'un nouveau cadre urbain et l'amélioration de l'offre de services aux particuliers. Dans ce cadre, d'importants investissements ont été réalisés pour aménager les friches urbaines et industrielles (Husser, Raison, 2015). Ce grand projet nommé « Opération Neptune », financé en partie par les fonds européens, s'est appuyé sur la valorisation des friches industrielles pour reconstruire le centre de Dunkerque et pour que la ville s'ouvre à la mer, renouant ainsi avec son passé.

Une autre orientation mise en œuvre au cours de cette période vise aussi à soutenir l'entrepreneuriat local en persuadant la population qu'il s'agit d'un moyen sûr d'insertion professionnelle. Mais, on ne change pas la société par décret, et pour nombre d'ouvriers métallurgistes ou d'autres industries qui ont été licenciés pendant les années 1980, créer une entreprise, c'est « passer de l'autre côté », du côté des patrons, outre le capital indispensable à la création d'une entreprise, si petite soit-elle. Aussi pour encourager et soutenir l'entrepreneuriat des ouvriers et employés, des organisations dédiées sont créées avec le soutien des autorités publiques locales : « Entreprendre ensemble » (en 1989), « Initiative Flandre » (en 1984), et « Flandre création » (en 1991). Mais, il s'agit essentiellement d'associations créées par les pouvoirs publics, qui se concurrencent les unes les autres pour attirer des candidats entrepreneurs. Aussi la création d'entreprises se cantonne-t-elle à des activités commerciales de proximité, ou entreprises de service à la personne (Boutillier, 2010), en l'absence de start-ups de haute technologie ou éco-innovations. Un premier espace de coworking a été ouvert au début des années 2010 par deux jeunes diplômés avec le soutien des autorités publiques locales (Boutillier, 2018 ; Boutillier, Ross, 2021). À l'heure actuelle, cette tendance perdure, en dépit de l'augmentation de la création d'entreprises, sujet sur lequel nous reviendrons dans les pages suivantes.

Début du 21e siècle – Economie circulaire et Réindustrialisation décarbonée

Dans les premières décennies du 21e siècle, les stratégies des acteurs publics et privés s'orientent progressivement vers la mise en avant du développement durable comme axe de transformation à la fois industrielle et urbaine. C'est autour du projet d'écologie industrielle et de création / renforcement d'une symbiose industrielle que les initiatives, publiques et privées, vont d'abord se mettre en place.

En France, Dunkerque ou plus exactement Grande-Synthe est la première expérience d'écologie industrielle en France. Au début des années 1960, la centrale électrique dès l'année de sa mise en fonction a utilisé les gaz des hauts-fourneaux d'Usinor complété avec du fioul, ceci une douzaine d'années avant le lancement de la construction de la centrale nucléaire de Gravelines. Les objectifs étaient économiques, mais une forte demande de la population du territoire est aussi apparue, en vue de réduire les impacts environnementaux de l'industrie lourde. Des pratiques d'écologie industrielle ont émergé grâce à l'établissement des synergies entre les entreprises (échange et valorisation des déchets et des flux d'énergies sous l'impulsion de la firme sidérurgique dominante ArcelorMittal).

Des projets collaboratifs engagés par des acteurs publics et privés sur les grandes zones industrielles ont été créés. Nous citons ci-après les projets initiaux les plus importants :

– En 1985 : création d'un réseau de chauffage urbain (ville de Dunkerque, ArcelorMittal) ;

– Au début des années 1990 : la Communauté Urbaine de Dunkerque a créé le Secrétariat permanent pour la prévention des pollutions industrielles (SPPPI) et l'établissement du schéma de développement industriel ;

– Au début des années 2000 : création de l'association ECOPAL (2001) qui a pour objectif de promouvoir l'écologie industrielle auprès des entreprises de l'agglomération et plus largement de la région. Il s'agit de la première association d'écologie industrielle en France.

Les vingt premières années du 21e siècle ont donc été marquées par la création/renforcement de la symbiose industrielle de Dunkerque. Ce projet a constitué un catalyseur des énergies des acteurs publics et privés qui ont cherché de nouvelles voies pour transformer les procédés industriels et moderniser l'économie et l'image du territoire. Nous étudions plus en détail dans le chapitre suivant dans quelle mesure ce projet a initié une bifurcation de la trajectoire du territoire dunkerquois, en analysant l'état de développement d'un écosystème d'innovation circulaire.

Depuis le début de la décennie 2020, une nouvelle phase d'évolution semble se dessiner, celle de la réindustrialisation décarbonée. En effet, grâce à des ressources foncières importantes, à une position pionnière au niveau national en matière d'écologie industrielle, et par une forte volonté politique pour décarboner et de moderniser son industrie, Dunkerque s'affiche comme le territoire pionnier de la réindustrialisation décarbonée (*Les Échos*, 25/10/2021, *La Voix du Nord*, 20/01/2024), et bénéficie largement du Plan France 2030 privilégiant la production d'activités industrielles décarbonées, dont le site sidérurgique est l'un des principaux acteurs (*Les Échos*, 27/10/2021). ArcelorMittal prévoit en effet de remplacer deux de ses hauts-fourneaux par des fours électriques. C'est aussi un nouveau modèle industriel qui se dessine, qui pose la question de la production d'électricité et de l'approvisionnement des sites industriels.

Dunkerque a pour ambition de devenir la première vallée européenne de la batterie électrique pour accompagner les gros émetteurs de CO_2 à se décarboner (*Le Monde*, 20/09/2023). Ainsi, après des décennies très difficiles, l'activité industrielle semble renaître à Dunkerque avec notamment l'implantation prochaine de plusieurs gigafactories (*L'Usine nouvelle*, 13/05/2023, *La Tribune*, 14/02/2022, *La Voix du Nord*, 20/01/2024). Dans ce contexte, des bâtiments s'élèvent, la morphologie de la ville se transforme de nouveau. Les friches industrielles situées au cœur de la ville sont rasées, pour construire des logements, des commerces, des hôtels, etc. pour accueillir les futurs salariés, puisque l'on annonce la création de 16 000 emplois d'ici 2030[1], voire même de 22 000 emplois (*La Voix du Nord*, 12/05/2023).

Le tableau ci-dessous synthétise les différentes phases d'évolution du territoire industrialo-portuaire de Dunkerque depuis le 17e siècle à nos jours (tableau 5).

---

[1] https://dunkerquepromotion.org/lp-dunkerque-16000-emplois-a-pourvoir/

Tableau 5 : La trajectoire industrielle du territoire industrialo-portuaire de Dunkerque du 17e siècle à nos jours

Trajectoire industrielle	**Dates**	**Périodes**	**Caractéristiques principales**
Industrialisation	17e-18e siècle	Pré-industrialisation	Développement du capitalisme commercial Aménagement du port Fortifications Vauban Ouverture progressive au commerce international Pêche à la morue Développement d'activités de transformation en lien avec les importations (*cf.* tabac, agroalimentaire, etc.) et des activités maritimes (cordage, textile, etc.) Importance de l'encadrement étatique
	19e siècle	Révolutions industrielles	Début de l'industrialisation (sidérurgie, textile, brasserie, etc.) basée sur un capitalisme entrepreneurial largement soutenu par la bourgeoisie locale Commerce international Pêche à la morue Plan Freycinet (aménagement du port, développement du chemin de fer) Construction navale Création et développement d'entreprises à plus forte intensité capitalistique à la fin du siècle

Trajectoire industrielle	**Dates**	**Périodes**	**Caractéristiques principales**
	20e siècle	Industrialisation glorieuse	Développement d'un capitalisme managérial Reconstruction Sidérurgie sur l'eau Pétrochimie Construction navale Développement de l'énergie nucléaire Premiers pas de l'écologie industrielle (avant le nom)
Désindustrialisation	Fin 20e siècle	Reconversion industrielle	Crise du modèle industriel de l'après-guerre Désindustrialisation Fermeture des chantiers navals Baisse massive de la production industrielle, notamment de la sidérurgie Développement de l'écologie industrielle Relance de l'activité industrielle en soutenant l'investissement de grands groupes industriels, notamment étrangers
Réindustrialisation	Début 21e siècle	Economie circulaire et Réindustrialisation décarbonée	Réindustrialisation Décarbonation Économie circulaire et écologie industrielle Gigafactories pour la production et le recyclage de batteries électriques Développement de l'énergie nucléaire (deux EPR) Construction d'une ferme d'éoliennes Développement de la production d'hydrogène

Source : auteures

Photo 19 : Vers la décarbonation ? (1)

Photo 20 : Vers la décarbonation ? (2)

Source : Blandine Laperche

2.2. Evolution de la trajectoire du territoire industrialo-portuaire au 21e siècle : de la dépendance de sentier à la bifurcation vers une économie circulaire et une industrie décarbonée ?

La dépendance de sentier : un constat pessimiste au tournant du 21e siècle

Depuis les années 1960, Dunkerque est caractérisée par une forte spécialisation industrielle et par son activité portuaire, qui constituent des nœuds de flux (marchandises, capitaux). Après la période d'industrialisation glorieuse, le territoire a été marqué par la crise de l'industrie lourde européenne. Les restructurations des années 1970 et 1980 ont été d'autant plus nécessaires que les activités sur lesquelles s'est fondée leur croissance ont été remises en cause par l'évolution des rapports concurrentiels au niveau mondial : les centres névralgiques des industries lourdes et portuaires, sidérurgiques, pétrochimiques, énergétiques et de la construction navale se sont déplacés vers l'Est, essentiellement vers les pays asiatiques, Japon, Corée du Sud, Inde et plus récemment en Chine. Dans ce contexte concurrentiel mondial, la politique industrielle a été marquée par le passage d'une gestion administrée des territoires à une politique de restructuration et de diversification du tissu productif (attractivité des investissements étrangers, investissements publics dans la formation, aides à la création d'entreprises). Ces politiques n'ont pas contribué à la diversification, mais ont renforcé la spécialisation industrielle de ces territoires. À la fin de la première décennie des années 2000, nous pouvons faire le constat d'une forte dépendance de sentier. Les actifs spécifiques accumulés dans les périodes précédentes semblent freiner la possibilité d'évolution et de diversification des activités.

L'identification des actifs spécifiques, en particulier matériels (infrastructurels), immatériels (compétences, réseaux sociaux) et issus des économies de proximité, accumulés dans la phase de l'industrialisation, mais aussi au fil de la trajectoire (actifs spécifiques secondaires) nous permet de fournir une explication intéressante de l'évolution des territoires. Alors que la géographie évolutionniste focalise son attention sur les actifs spécifiques immatériels, nous avons également intégré dans l'analyse les autres types d'actifs (infrastructurels notamment) qui jouent un rôle majeur dans les caractéristiques (structurelles) de l'attractivité du territoire.

À Dunkerque, les actifs spécifiques accumulés dans la phase d'industrialisation glorieuse, comme pendant la phase plus récente de reconversion, sont majoritairement orientés vers le développement de l'industrie lourde et très capitalistique, alors que d'autres territoires diversifient leurs activités vers des technologies plus compatibles avec la « nouvelle économie » de la connaissance et de l'information au cœur de tous les débats de politiques économiques au début des années 2000. *Les actifs issus des économies de proximité* sont relatifs aux relations étroites qui se sont constituées entre les entreprises industrielles et leurs sous-traitants. Ce maillage constitué de relations commerciales entre donneurs d'ordres et sous-traitants, fournisseurs et consommateurs d'énergie, est d'ailleurs comme nous l'avons vu plus haut, un facteur clé caractéristique des territoires industrialo-portuaires, pour le développement de pratiques d'écologie industrielle. Ces relations sont tout autant un facteur de dynamisme et d'apprentissage collectif que de relations interdépendantes et potentiellement risquées en cas de fermeture ou de délocalisation de l'une ou l'autre des unités installées. Les relations fortes entre les collectivités publiques locales et les entreprises (souvent des établissements dépourvus de centres de décision) ont renforcé la situation de blocage, créant ainsi une forte dépendance de sentier.

Les actifs spécifiques matériels sont relatifs aux infrastructures portuaires, lesquelles sont restées orientées vers le développement de l'industrie. À la fin de la décennie 2000, Dunkerque est ainsi le quatrième port sur le Range de la mer du Nord et de la Manche pour le trafic de vracs solides et rouliers (57,7 millions de tonnes en 2008. Rotterdam est le premier avec un trafic de 422 millions de tonnes). Les hydrocarbures et les minerais représentent à eux seuls près de 46% du trafic portuaire (hors conteneurs, qui ne représentent que 3% du trafic). Dunkerque se situe en huitième position en termes de trafic conteneurs, loin derrière ses concurrents. En globalité, Dunkerque se positionne à la septième place parmi les ports de la Manche et de la mer du Nord, tous trafics confondus (Grand Port Maritime de Dunkerque, Dunkerque en Chiffres, 2009, CCID, 2009). Le projet stratégique du Port de Dunkerque en 2009 (élaboré dans un contexte de crise et alors que le trafic a chuté de 22% en 2009) s'inscrit dans la double volonté de diversification de l'activité et de renforcement de la spécialisation industrielle. D'un côté, il s'agit d'accroître la zone de chalandise – l'hinterland – en développant les connexions ferroviaires et fluviales, afin d'augmenter les trafics de conteneurs, de vracs solides (minerai de charbon, céréales, matériaux de construction) et liquides (esters, huiles) et de l'autre côté de mettre l'accent sur le développement des lignes maritimes régulières de courte distance. Le but est ici de devenir une plate-forme de distribution pour les fruits et légumes (provenant d'Afrique du Nord, mais aussi pour les plus longues distances des Antilles, des Caraïbes et de l'Afrique de l'Ouest).

De l'autre côté, l'ambition industrielle est réaffirmée au travers de la construction d'un terminal méthanier, entré en service en 2017. Il s'agissait du troisième plus grand chantier industriel de France, après ceux du réacteur à fusion Iter dans les Bouches du Rhône et l'EPR de Flamanville. Malgré les débats et les critiques formulées lors du débat public à l'égard de ce projet de construction de ce terminal méthanier à Dunkerque, qui mettaient en avant à la fois les impacts environnementaux, mais aussi les faibles retombées économiques pour le territoire[1], celui-ci était fortement soutenu par les collectivités publiques locales. Ces différents travaux ont contribué à renforcer l'image de ville industrielle (voire de ville-usine) pour qualifier Dunkerque, caractérisée par une conformité de point de vue (groupthink et lock-in cognitif et institutionnel) entre les collectivités locales et les entreprises. Les habitants de l'agglomération semblent également attachés à cette terre industrielle qui leur fournit un travail et un moyen de subsistance, en dépit des fluctuations de l'activité industrielle et des externalités négatives qui en découlent (pollution de l'air, de l'eau, des sols, etc.). Cet « encastrement social » de Dunkerque comme ville industrielle/ville usine limite la perception des opportunités d'innovations, ce qui renforce et accentue la

[1] https://cpdp.debatpublic.fr/cpdp-dunkerque-gaz/

dépendance de sentier que nous avons déjà évoquée. Quelques infrastructures matérielles (mais contenant une forte dimension immatérielle) sont créées pour favoriser la création d'entreprises nouvelles et pour développer les synergies en matière d'écologie industrielle, initiant la formation de ressources spécifiques permettant d'envisager pour les périodes futures un nouveau cap, plus tournées vers le développement durable. Cependant, les données statistiques relatives à la création d'entreprises ne permettent pas de mettre en évidence, la création d'entreprises de haute technologie.

La création d'entreprises nouvelles dans la première décennie des années 2000, même si elle progresse reste très inférieure à la moyenne nationale (par exemple d'après l'INSEE, sur la période 2002 à 2006, le taux moyen de créations pures d'entreprises s'élève à 6,3% à Dunkerque, contre 8,1% pour la France entière) (Laperche *et al.*, 2011). De plus, les entreprises nouvellement créées le sont surtout dans les activités relevant des services de proximité (commerce de produits alimentaires et non alimentaires, restauration, services à la personne), mais aussi dans des activités traditionnelles (artisanat) déconnectées du pôle industrialo-portuaire et peu aptes à dessiner de nouveaux sentiers de croissance. Elles constituent pour les entrepreneurs (qui proviennent essentiellement de l'agglomération dunkerquoise) un moyen d'insertion sociale. Ceux-ci disposent d'un faible « potentiel de ressources », notamment en ressources financières et en connaissances (niveau de diplôme), mais bénéficient de solides relations constituées par les réseaux sociaux locaux, via la création des multiples associations de soutien à l'entrepreneuriat (Boutillier, 2008, 2019).

Les actifs spécifiques immatériels jouent un grand rôle dans la trajectoire suivie par les territoires. Comme nous l'avons déjà souligné, à Dunkerque, l'arrivée de l'industrie lourde a conduit à une « ouvriérisation » de la population. Les compétences multiples qui existaient avant la Seconde Guerre mondiale (liées à l'industrie textile et au port : filets de pêche, voiles, bâches ou encore les activités artisanales) ont disparu avec l'arrivée de la grande industrie gourmande en main-d'œuvre peu qualifiée, mais habituée au travail difficile (Coppin, 1999). Malgré la crise de l'industrie, la population ouvrière représente encore à la fin des années 2000 un tiers de la population active de Dunkerque (contre un quart en moyenne en France). La population des cadres et professions intellectuelles supérieures a connu une hausse importante depuis la fin des années 1990 (+25%), mais ils ne représentent que 8,8% de la population active à la fin des années 2000 contre 14,2% pour l'ensemble de la France et cet écart tend d'ailleurs à s'amplifier (Laperche *et al.,* 2011).

Les actifs spécifiques immatériels secondaires restent insuffisants pour impulser ou accompagner une diversification du tissu industriel. Dans le cadre du plan Université 2000, l'Université du Littoral Côte d'Opale a été créée au début des années 1990[1], sur quatre sites différents (Dunkerque, Calais, Boulogne, Saint-Omer), pour permettre aux enfants des catégories sociales les moins favorisées d'accéder à l'enseignement supérieur et augmenter leur employabilité, face à un tissu économique en forte transformation. Son développement a été rapide (elle a atteint jusque 12 000 étudiants), mais elle a souffert d'une faible attractivité et de sa proximité avec d'autres universités anciennes de la région (Lille, Valenciennes, par exemple), ce qui s'est traduit par une baisse de ses effectifs (autour de 10 000 en 2008, depuis le nombre d'étudiants est resté stable). Les laboratoires de recherche qui se sont créés à Dunkerque sont à la fin de la décennie 2000 dans la plupart des cas des unités rattachéés aux laboratoires de recherche des universités lilloises ou le sont devenus (notamment à la faveur de la politique de regroupement régional). La création de l'Université du Littoral visait à former de futurs cadres qui pourraient s'insérer et favoriser le renouvellement du tissu économique dunkerquois. Elle avait aussi pour but, par les liens tissés entre le milieu économique et les laboratoires de recherche universitaires, d'impulser le développement d'activités à haute valeur ajoutée. Mais à cette période, sur six cadres employés à Dunkerque, cinq venaient d'ailleurs. Dans le domaine de la recherche, peu de contrats (ou uniquement des contrats de prestations) sont signés entre les laboratoires de recherche et les entreprises implantées localement

[1] https://www.legifrance.gouv.fr/jorf/id/JORFTEXT000000538668/

(Laperche, 2002). Cette situation découle en grande partie de l'absence de centres de décision parmi les entreprises installées localement. Le tissu économique est alors composé d'établissements de groupes français ou étrangers qui recrutent le personnel qualifié essentiellement à partir du siège de l'entreprise. De même, les contrats de recherche sont signés à proximité des laboratoires de recherche du groupe, qui se trouvent très rarement à Dunkerque (tableau 6).

Tableau 6 : Actifs spécifiques à la fin des années 2000

Types d'actif	Description
Actifs spécifiques issus des économies de proximité	Existence d'une zone industrielle importante créée au début des années 1960 qui regroupe un grand nombre d'entreprises industrielles lourdes et un réseau de sous-traitants – Construction de la symbiose industrielle (réseau de chaleur)
Actifs spécifiques infrastructurels	Aménagement du Port Création d'institutions dédiées à la création d'entreprises (Entreprendre ensemble, Flandre Création…) Création d'une institution dédiée à l'écologie industrielle (ECOPAL)
Actifs spécifiques liés aux compétences	Présence d'une main-d'œuvre principalement ouvrière Création de l'Université du Littoral Côte d'Opale

Source : à partir de Laperche *et al.* (2011).

Notre analyse de la trajectoire du territoire industrialo-portuaire de Dunkerque, qui s'achève à ce stade à la fin des années 2010 fait le constat d'un moment particulièrement difficile où le processus de désindustrialisation profonde semblait quasi irrémédiable, avec son lot de baisse d'activité et d'accroissement du chômage. La décennie qui suit apporte pourtant un éclairage nouveau, insufflé par le développement de l'économie circulaire, qui s'introduit peu à peu dans les choix politiques puis dans les stratégies des entreprises comme un ensemble de solutions pour contrer les effets du changement climatique et les sombres prévisions des rapports du GIEC. Ces derniers mettent en évidence l'augmentation continue des émissions de gaz à effet de serre et l'aggravation des risques climatiques qui en découlent. Les rédacteurs du dernier rapport (2023) ont mis l'accent sur les solutions techniques pour limiter le réchauffement climatique en privilégiant la transition énergétique (remplacer les énergies fossiles par des énergies dites renouvelables, sobriété énergétique, transformation des modes de vie)[1]. Compte tenu, de son expérience en matière d'écologie industrielle (l'un des piliers de l'économie circulaire), Dunkerque a ici une opportunité intéressante à valoriser.

Construction d'un écosystème d'innovation circulaire à partir de l'écologie industrielle : première étape pour la bifurcation ?

Pour étudier dans quelle mesure Dunkerque a su utiliser son expérience en matière d'écologie industrielle pour bifurquer vers une industrie décarbonée, nous revenons ici sur l'hypothèse formulée dans la première partie selon laquelle l'économie circulaire (en totalité, ou par l'un de ses piliers, ici l'écologie industrielle), peut être un outil de développement territorial. Dans le cas de Dunkerque, elle pourrait ainsi être à l'origine de la construction d'un écosystème d'innovation circulaire. Nous vous appuyons sur la thèse réalisée par Fedoua Kasmi et par une nouvelle enquête réalisée sur la période 2019-2021 (dans le cadre du programme IMPPEC) alors qu'une nouvelle crise sanitaire et économique, d'une intensité exceptionnelle paralysait l'ensemble de l'économie mondiale, celle liée à la pandémie de Covid-19.

[1] https://www.ipcc.ch/assessment-report/ar6/

Photo 21 : Dépendance de sentier

Source : Rony Al Haddad et Son Thi Kim Le

Photo 22 : Usines en pleurs

Source : bl*

Dans le cadre de cette dernière enquête, la collecte de données primaires s'est appuyée sur la réalisation d'entretiens à l'aide de questionnaires semi-directifs dédiés pour chaque type d'acteurs préalablement sélectionnés (des entreprises, mais aussi des organisations publiques et privée) à partir des données déjà disponibles sur le territoire.

Tableau 7 : Liste des entretiens réalisés

Type d'acteur	Nombre d'organisations ciblées	Réponses reçues	Taux de participation (%)	Profil des personnes interrogées
Entreprises	66	32	48,49	Chefs et Cadres d'entreprise
Organismes de formation/ recherche	16	8	50	Responsables de formations universitaires à l'ULCO (niveau master)
Organismes dédiés à la coordination/ gouvernance	16	7	43,75	Représentants de l'organisation

Source : IMPPEC (2022)

Les résultats des questionnaires ont ensuite été analysés, non seulement pour vérifier l'existence d'un écosystème d'innovation circulaire à travers les différentes caractéristiques mises en évidence (à savoir : les acteurs, les relations, les ressources mises en commun et les résultats), mais aussi pour situer la phase à laquelle se trouve l'écosystème d'innovation de Dunkerque (phase initiale, phase de développement ou phase de renouvellement, voir partie 1 du présent ouvrage), tout en mettant en évidence les limites et les difficultés qui accompagnent la mise en œuvre de l'écologie industrielle et en soulignant les opportunités qui accompagnent ces transformations.

Parmi l'ensemble des indicateurs identifiés dans le tableau de bord IMPPEC (voir en fin d'ouvrage), nous avons sélectionné les plus pertinents pour analyser l'existence et le niveau de développement d'un écosystème d'innovation circulaire. Ils sont présentés dans le tableau ci-dessous.

Tableau 8 : Indicateurs sélectionnés pour vérifier l'existence d'un écosystème d'innovation circulaire

Caractéristiques d'un écosystème d'innovation circulaire		**Axes du programme IMPPEC concernés**	**Indicateurs sélectionnés**
Acteurs	Entreprises et organismes financiers	Symbiose industrielle	Nombre d'entreprises dans la symbiose industrielle Acteur clé/Pivot
	Organismes de coordination/gouvernance	Stratégie, gouvernance et communication	Initiatives créées pour l'économie circulaire Formes de gouvernance Communication autour de l'économie circulaire et du développement durable
	Organisations de formation/recherche publiques/privées	Symbiose industrielle	Nombre de formations liées à l'économie circulaire Nombre de laboratoires
Relations	Entreprises	Symbiose industrielle	Nombre de synergies entre les entreprises
	Organismes de coordination/ gouvernance		Participation à des synergies entre entreprises
	Organisations de recherche publiques/privées		
Ressources		Développement économique (moyens)	Terrains disponibles Infrastructures mises à disposition Dépenses de R&D
Résultats au niveau micro et méso		Développement économique (Résultats)	Éco-innovations Emplois circulaires créés Nombre d'entreprises en démarrage
		Incidences sur l'environnement	Économie de ressources Réduction des émissions

Source : IMPPEC (2022)

Nous reprenons ci-dessous chacune des catégories identifiées pour analyser les résultats.

Acteurs et Relations

Identification des acteurs et des principaux flux

Comme nous l'avons vu précédemment, l'écologie industrielle à Dunkerque a débuté, après la première synergie des années 1960 dans les années 1980, avec en 1982 le projet de chauffage urbain alimenté par la chaleur fatale d'ArcelorMittal[1] (voir encadré). Pierre angulaire de l'écologie industrielle sur le territoire, ce projet a ouvert les portes à des échanges de flux entre entreprises qui se sont ensuite densifiés.

ArcelorMittal occupe une place clé dans les flux de substitution existants à Dunkerque. Elle a en une position stratégique comme plus grand fournisseur de coproduits tels que les scories ou la chaleur fatale (réseau de chaleur) (par exemple, plus d'une dizaine d'entreprises réutilisent ses coproduits comme matière première ou source d'énergie). Ses gaz sidérurgiques sont récupérés par la centrale électrique thermique à cycle combiné DK6, qui utilise aussi le gaz naturel du Terminal méthanier de Loon-Plage situé à une dizaine de kilomètres. L'énergie produite est réutilisée par ArcelorMittal et réinjectée sur le réseau national.

1 Précisons cependant qu'ArcelorMittal portait un autre nom en 1982. Usinor et Sacilor sont nationalisées en 1982 et fusionnent cinq ans plus tard pour former un nouveau groupe Usinor-Sacilor (*Le Figaro*, 04/08/2009).

Encadré 6 : Du réseau aux autoroutes de la chaleur à Dunkerque

Avec pour ambition de diviser par quatre ses émissions de gaz à effet de serre à l'horizon 2050, la Communauté Urbaine de Dunkerque, ArcelorMittal et Dalkia, développent dans les années 1980 un réseau de Chaleur, fondé sur la récupération de la chaleur produite par le processus de production d'acier, jusqu'alors non récupérée (chaleur fatale) afin de chauffer de l'eau et de l'injecter dans le réseau de chauffage urbain. Il s'agit de l'un des plus grands réseaux de chauffage urbain de France.

1986 : Mise en service du réseau muni d'une hotte de captation de 23 MW pour un investissement net de subventions de 32 millions d'euros.

Début des années 2000 : mise en service de trois unités de cogénération pour faire face à l'augmentation de la demande.

2008 : Installation d'une seconde hotte de captation de 8 MW

2019 : Interconnexion des installations du Centre de Valorisation Energétique de Dunkerque et du site industriel Daudruy-Van Cauwenberghe. La chaufferie de l'Île Jeanty est passée au gaz.

En 2020, le réseau a été interconnecté avec celui de Grande Synthe. Le tracé des réseaux de chaleur de Dunkerque (+ de 50 km), et de Grande Synthe (+ de15 Km) est consultable sur le site de Dunkerque Promotion.

16 000 équipements ou logement collectifs (dont mairie, piscine, hôpital, bâtiments universitaires) sont chauffés par le réseau de chaleur (12 000 supplémentaires avec l'extension du réseau). En 2015, c'est plus de 22 814 tonnes de CO_2/an évités, selon Dalkia.

Horizon 2025/2027 : Projet d'autoroute de la chaleur. Du gaz va être collecté au niveau du sidérurgiste Ferroglobe, converti en vapeur essentiellement, et être acheminé dans une canalisation de 14 km jusqu'au producteur de cellules de batteries Verkor. Le gisement est estimé à 20 MW. D'ici 2027, la même quantité d'énergie sera récupérée sur les sites de Befesa et Comilog. Cette autoroute, réseau d'échanges entre industriels, sera alors étendue de 6 km. En tout, ce projet devrait permettre d'éviter le rejet de 120 000 tonnes d'équivalent CO_2.

Sources : CUD, Cerema, Dalkia (Compte rendu exercice 2015), Dunkerque Promotion[1]

Les laitiers[2] d'ArcelorMittal sont réutilisés par plusieurs entreprises dont ECOCEM, SGA, Flandre Laitiers, et Ciment EQIOM, par exemple (voir plus bas). Outre la chaleur fatale et la valorisation des gaz sidérurgiques, les flux de substitution concernent aussi la valorisation des mâchefers qui est un résidu de l'incinération du charbon (ArcelorMittal, Befesa Valera), ou encore des sédiments, eaux et boues industrielles (Suez Eau France, EDF, Daudruy, Port de Dunkerque, DK6). Plus récemment, en 2023, Daudruy a lancé sa première unité de méthanisation Nord-Métha, pour valoriser les déchets et autres résidus issus du raffinage des huiles en les transformant en gaz vert. Nord-Métha est à ce jour la plus importante unité de méthanisation industrielle des Hauts-de-France, avec une production annuelle de gaz de 70 GW, soit la consommation de 8000 foyers[3].

---

1 https://www.communaute-urbaine-dunkerque.fr/actualite/toutes-les-actualites/vue-detaillee/le-reseau-de-chaleur-alimentera-grande-synthe-en-2020-1 ; https://reseaux-chaleur.cerema.fr/espace-documentaire/reseau-chaleur-recuperation-industrielle-dunkerque-59 ; https://dunkerquepromotion.org/energies/chaleur-fatale/

2 Les laitiers de convertisseurs (ou de conversion) sont des laitiers d'aciérie obtenus lors de l'affinage de la fonte en acier dans un convertisseur à oxygène. Une coulée de 300 tonnes d'acier génère environ 30 tonnes de laitier. Ils sont recyclés principalement comme granulats dans les travaux publics et ouvrages routiers, mais aussi pour la construction de buttes paysagères (SGA).
https://france.arcelormittal.com/actualites/economie-circulaire-nos-laitiers-protegent-la-ville

3 https://daudruy.fr/nord-metha-lenergie-de-nos-coproduits-dechets.html

Photo 23 : Réseau de chaleur

Source : Rony Al Haddad et Son Thi Kim Le

Actuellement, la symbiose industrielle de Dunkerque compte plus de 40 entreprises de tailles diverses, qui sont principalement regroupées autour des activités de métallurgie, sidérurgie, chimie, matériaux de construction et aquaculture. Nombre de ces entreprises qui développent des synergies éco-industrielles sont parmi les principaux employeurs du territoire. Parmi ceux-ci, ArcelorMittal (3641 salariés), EDF (1830 salariés), Aluminium Dunkerque (570 salariés), Dillinger France (550 salariés), Harsco Metals & Minerals (471 salariés), Ascométal (170 salariés[1]), et Minakem (230 salariés). Les autres entreprises sont principalement des sous-traitants dont l'effectif est inférieur à 80 salariés (AGUR, 2019). En adoptant des activités d'écologie industrielle, ces grandes entreprises font évoluer leur modèle économique afin de pouvoir accueillir des activités circulaires. Cette évolution vers un modèle d'affaires innovant basé sur des pratiques d'économie circulaire comprend la valorisation d'un coproduit dans son processus de production, le partage des ressources, mais aussi du savoir-faire.

La figure 8 est une représentation des synergies eco-industrielles principales dans le territoire industrialo-portuaire de Dunkerque basée sur les travaux de Kasmi (2018, 2021) et actualisés par les auteures. En gris clair sont présentées les entreprises intégrées depuis la fin des années 2010 dans la symbiose industrielle.

[1] Ascométal employait plus de 300 salariés dans la décennie 2010. Son aciérie a été fermée en 2017, et l'entreprise Swiss Steel qui la détient depuis 2018 a procédé à un plan de licenciement de 69 salariés en 2020. En mars 2024, elle annonce vouloir se désengager de 5 sites, dont celui de l'usine des dunes, induisant la recherche d'un nouveau repreneur (*France Bleu*, 22 mars 2024).

Figure 8 : La symbiose industrielle de Dunkerque

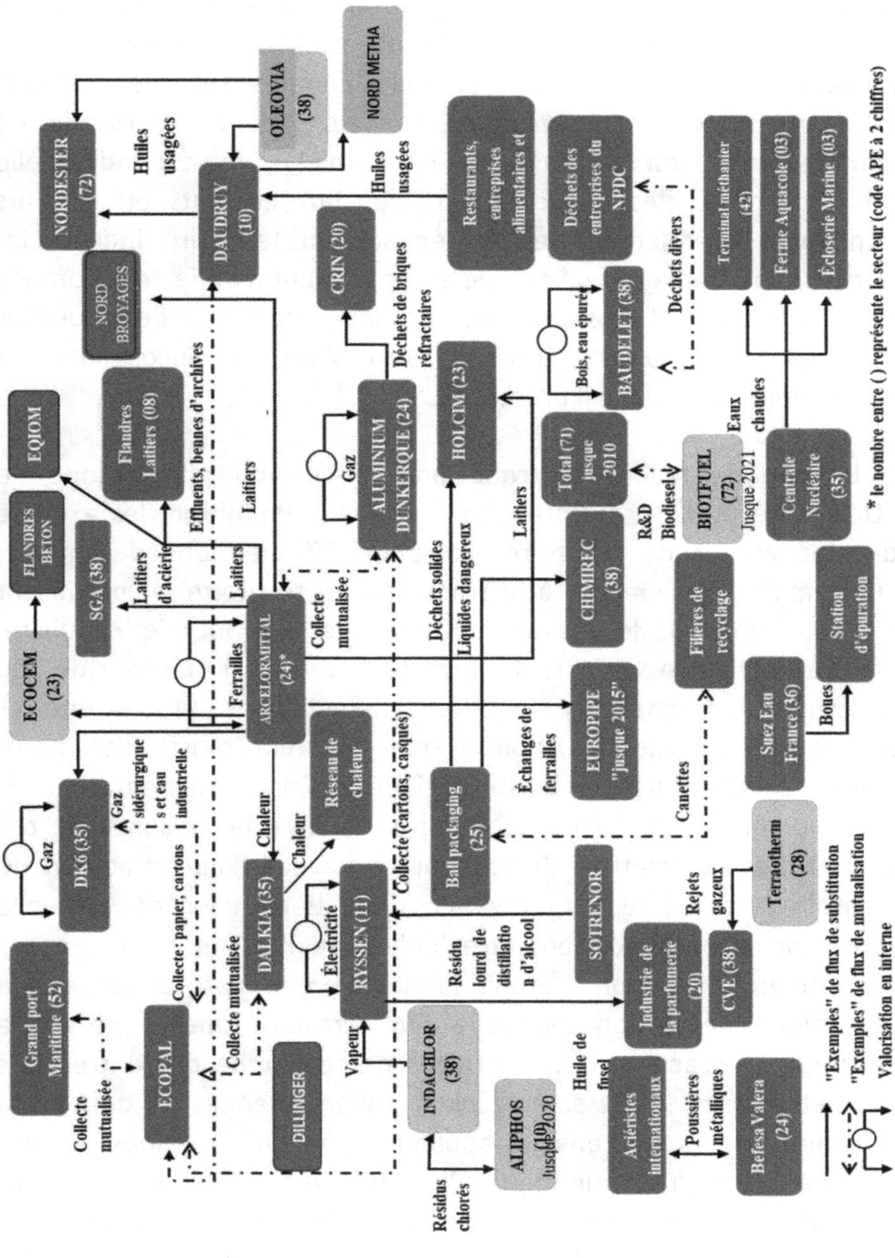

Source : Kasmi (2018, 2021, actualisé).

Les compétences des grands ports maritimes lui donnent en effet un rôle clé dans l'intégration des enjeux du développement durable. Si le trafic portuaire est largement orienté vers les vracs destinés aux implantations industrielles, la dernière enquête réalisée (IMPPEC, 2022) ne nous a pas permis de connaître, pour des raisons de confidentialité, son implication précise dans la symbiose industrielle de Dunkerque, c'est-à-dire la part des flux entrants ou sortants impliquant précisément les entreprises du territoire industrialo-portuaire de Dunkerque. Son rôle est cependant manifeste, y compris dans la mise à disposition des terrains destinés à de nouvelles industries qui pourront enrichir la symbiose, ou encore dans la gouvernance à laquelle il prend part.

La période récente marque une implication plus grande de l'Université du Littoral Côte d'Opale dans la définition des axes de développement du territoire. Forte de 27 mentions de master, l'université s'est adaptée à la transition du territoire en proposant quatre mentions de master en lien avec l'économie circulaire. L'université, outre son rôle de formateur, est aussi un vivier de 300 enseignants-chercheurs qui se répartissent dans 14 laboratoires autour de trois axes : 1) Pôle Mer et Littoral, Transformations et Enjeux, 2) Pôle Mutations Technologiques et Environnementales et 3) Pôle Humanités et Territoires Intégrés. Malgré la présence de ces laboratoires, les relations de collaboration avec les autres acteurs du territoire restent à ce jour marginales en matière de valorisation de la recherche, alors que ce lien entre l'université, l'État et les entreprises est fondamental pour soutenir l'innovation et par conséquent la dynamique d'évolution endogène d'un territoire, quelle que soit la nature de ses activités. Les activités de recherche des entreprises implantées localement sont le plus souvent menées en dehors du territoire pour y être ensuite appliquées, ce qui s'explique comme nous l'avons déjà mentionné par la présence d'unités de production de multinationales dont les centres de décision sont situés dans d'autres villes ou pays (Laperche *et al.*, 2021). Dans le domaine de l'écologie industrielle par exemple, la démarche EPIFLEX a été développée par EDF R&D et Mines ParisTech et permet de concevoir de nouveaux échanges de matières et d'énergie entre sites industriels sur un territoire. Elle a été appliquée pour la première fois sur le dunkerquois. L'analyse a conduit à des résultats intégrant trois problématiques majeures pour le territoire et clés pour les industriels : la chaleur, l'eau et l'hydrogène. L'Université du Littoral Côte d'Opale a certes participé activement au montage du projet TIGA[1] (sur lequel nous revenons ci-dessous) et aux différents groupes de travail mais la greffe entre les unités de recherche et les entreprises locales peine encore à se réaliser.

Coordination des acteurs et gouvernance territoriale

L'écologie industrielle, plus largement, l'économie circulaire, est soutenue par les pouvoirs publics à l'échelon européen, national ou régional. En France, avec la loi Anti-Gaspillage pour une Économie Circulaire (loi AGEC)[2] du 10 février 2020, les régions ont acquis un rôle de chef de file dans la mise en œuvre de l'économie circulaire. Cela s'inscrit plus globalement dans le mouvement de décentralisation et la prise en charge du développement économique à l'échelle des régions, mais aussi des départements. En région Hauts-de-France (Veyssière, 2023), la feuille de route régionale économie circulaire a été votée en novembre 2020, mais elle est inscrite dans le cadre d'une stratégie plus globale et plus ancienne, la dynamique Troisième Révolution Industrielle, qui remonte à 2012. La région Nord/Pas-de-Calais (aujourd'hui incluse dans les Hauts-de-France suite au redécoupage administratif) fait appel à Jérémy Rifkin, auteur de l'ouvrage *La troisième révolution industrielle. Comment le pouvoir latéral va transformer l'énergie, l'économie et le monde*, paru en 2011, comme conseiller pour l'élaboration de sa stratégie régionale. Un *Master plan* est élaboré par Rifkin, la Région et la Chambre de Commerce et d'Industrie avec la participation d'acteurs du territoire (décideurs économiques, chefs d'entreprise, responsables politiques, scientifiques, représentants d'organisations professionnelles et syndicales, sociales et environnementales). L'application du *master Plan* constitue le point de départ de la transformation de la Troisième

[1] Territoire d'Innovation de Grande Ambition. https://www.banquedesterritoires.fr/territoires-dinnovation/programme-tiga-faq

[2] https://www.legifrance.gouv.fr/jorf/id/JORFTEXT000041553759/

Révolution Industrielle en stratégie, dénommée par les acteurs régionaux sous la marque « REV3 ». Cette stratégie n'est pas prescriptive et ne fixe pas d'objectifs réglementaires. Elle vise à coordonner un ensemble d'initiatives publiques et privées menées par ceux-ci. Elle s'assimile à une stratégie de spécialisation intelligente (Boschma, 2014 ; Foray, 2014 ; Elouaer-Mrizak, Picard, 2016), alors en vogue à cette période, qui repose sur l'identification « d'opportunités entrepreneuriales » dans des domaines techno-économiques dans lesquels une région pourrait se spécialiser, en prenant appui sur des initiatives (projets) portées par les acteurs publics et privés. La Communauté Urbaine de Dunkerque fait partie des sept premiers territoires démonstrateurs retenus lors du premier appel à projets de la REV3 (16 en 2019), en particulier pour sa symbiose industrielle. « *La Communauté Urbaine de Dunkerque, au travers de la plateforme industrialo-portuaire ambitionne d'être un laboratoire de transformation écologique, économique et sociale. Elle s'appuie sur son expertise dans les domaines de l'énergie, le stockage, l'hydrogène, la mobilité et l'écologie industrielle* » (Rev3, 2019, cité par Veyssière, 2023, p. 173).

À Dunkerque, différentes formes de gouvernance territoriale (mixte, privée et publique) ont pu être observées dans la gestion de la symbiose industrielle (Kasmi *et al.*, 2017).

Une gouvernance territoriale mixte associant simultanément acteurs privés et publics s'est mise en place de longue date et s'est concrétisée par la naissance d'Ecopal, association issue de la volonté des industriels et appuyée par les institutions publiques locales. Son activité a d'abord été centrée sur la construction des dynamiques de proximité entre acteurs (échanges d'informations, mise en œuvre de flux de mutualisation et de substitution). Cependant cette structure de petite taille n'a, pendant longtemps, pas eu les moyens financiers et humains nécessaires à la multiplication et à l'accompagnement des synergies entre entreprises. Dans l'enquête menée en 2014 et 2015 (Kasmi *et al.*, 2017), ses actions étaient considérées comme incomplètes. L'inventaire des flux réalisé par l'association à partir de

2007 restait insuffisamment utilisé pour des raisons de confidentialité mais aussi par manque de moyens financiers et humains.

La gouvernance territoriale privée, pilotée par les clubs de zone d'activité rattachés à la Chambre de Commerce et d'Industrie, avait pour but de mettre en réseau les entreprises, afin de promouvoir les synergies éco-industrielles. La majorité des (grandes) entreprises considérait que leurs relations étaient positives pour la mise en œuvre de projets collectifs, facilitées par des évènements sociaux (comme le carnaval) alors que les plus petites entreprises soulignaient une communication et des interactions insuffisantes avec les plus grandes. La réticence au partage des données associées au secret industriel freinait également les initiatives. La proximité géographique était aussi fragilisée par la nature du territoire dunkerquois (de nombreuses filiales et peu de centres de décisions), qui n'incitait pas les projets de mise en œuvre de flux de substitution notamment. Plusieurs entreprises ont été confrontées à des difficultés économiques et financières (notamment, Ajinomoto[1], Europipe[2], Valdunes[3], Aliphos[4]) ou réglementaires (Aluminium Dunkerque, Ball Packaging), qui

[1] Ajinomoto, entreprise japonaise, leader mondial de l'aspartame, son unité située à Gravelines a été mise en vente en 2014. Elle a été rachetée en 2015 par le groupe néerlandais Hyet Sweet, puis reprise en 2018 par le groupe d'investisseurs Standard Invest (*L'Usine nouvelle*, 2/05/2014 ; *La Voix du Nord*, 17/12/2020).

[2] Europipe est un groupe allemand fondé en 1991. Il est le premier producteur mondial de gros tubes soudés longitudinalement pour le transport du gaz et des hydrocarbures. En 2014, le groupe décide de fermer le site de Dunkerque (*L'Usine nouvelle*, 1/10/2014).

[3] Valdunes est le seul fabricant en France de roues de train. L'entreprise est confrontée à des difficultés financières, elle est en redressement judiciaire depuis novembre 2023. Début 2024, l'entreprise était toujours en quête d'un repreneur (*L'Humanité*, 11/01/2024 ; *Le Monde*, 22/01/2024). Début février 2024, le groupe Europlasma, spécialiste de la destruction des déchets dangereux, s'est engagé à racheter l'entreprise, mais au prix d'une réduction drastique de ses effectifs (*Le Phare Dunkerquois*, 2/02/2024).

[4] Aliphos a été inaugurée en 2018 à Dunkerque et faisait donc partie des nouvelles venues dans la symbiose industrielle de Dunkerque. Filiale du groupe belge Ecophos, elle produisait des phosphates pour l'alimentation animale, utilisant l'acide chloridrique fournie par Indachlor, entreprise de traitement de résidus de production et de flux résiduels chlorés, elle-même installée en 2019. Face à un marché très concurrentiel et des objectifs trop ambitieux, elle a été placée en liquidation en 2020 (*Les Échos*, 01/09/2020). Elle est reprise par le Groupe Silox qui implante l'entreprise Hydrometal France, qui va valoriser des métaux critiques (notamment l'oxyde de Zinc) en utilisant elle aussi l'acide chloridrique fournie par Indachlor. https://www.nordfranceinvest.fr/blog/jgi-hydrometal-choisit-dunkerque-pour-son-developpement/

limitaient les velléités d'investissement nécessitant un climat confiance à moyen et long terme. Le manque d'adéquation entre les flux (caractéristiques, volumes...) et leur quantité insuffisante pesait également sur la création de filières de traitement et de valorisation des déchets.

Concernant la gouvernance territoriale publique, nos interlocuteurs considéraient lors de l'enquête menée au milieu des années 2010 (Kasmi *et al.*, 2017) que la réglementation environnementale constituait autant un cadre incitatif d'actions qu'une difficulté importante. Au niveau local, l'écologie industrielle s'appuyait également sur les mesures et actions développées par les collectivités locales (par exemple le schéma d'environnement industriel mis en place en 1993 et comprenant des recommandations à destination des industriels). Mais ces actions apparaissaient alors peu coordonnées entre les différentes institutions et peu intégrées dans des démarches proactives par les entreprises. Ecopal était principalement en charge de l'écologie industrielle et les différentes institutions avaient tendance à orienter les acteurs intéressés vers cette association, sans intégrer l'écologie industrielle dans leur propre stratégie de développement. L'écologie industrielle était mise en avant lorsque le besoin était exprimé par un industriel et moins dans une démarche d'attractivité ou d'appui à la création d'entreprise. De plus, si les grandes entreprises interrogées soulignaient les interactions faciles avec les collectivités locales, les petites regrettaient leur faible implication dans les décisions locales.

Ces caractéristiques nous avaient permis de considérer que la gouvernance territoriale à Dunkerque était essentiellement orientée vers la génération et la pérennisation des flux d'écologie industrielle. Cette gouvernance territoriale « statique » a permis d'organiser les interactions entre les acteurs et de pérenniser certaines synergies éco-industrielles. Le caractère « statique » s'entend en référence à la problématique de construction d'un milieu innovateur ou d'un écosystème d'innovation, dans la mesure où elle se focalise sur la construction des dynamiques de proximité. Ce type de gouvernance est un prérequis dans l'utilisation de l'écologie industrielle dans un projet de développement du territoire, puisque la symbiose industrielle repose sur les interactions entre acteurs. Pour aller plus loin dans la construction d'un écosystème d'innovation, d'autres formes de gouvernance plus « dynamiques » sont alors nécessaires. Une forme de gouvernance « dynamique » de l'écologie industrielle ne serait pas limitée à la création et au développement des synergies, mais aurait pour objectifs d'engendrer de nouvelles activités et une attractivité favorisant la diversification du tissu économique. Elle répondrait aux limites de la gouvernance statique et supposerait l'émergence de nouvelles formes de proximité entre acteurs.

La fin des années 2010 marque un tournant dans la coordination des acteurs de la symbiose industrielle. Les États généraux de l'emploi lancés en 2015, puis la réponse aux appels à projets nationaux « Territoires d'innovation » et « Territoire d'industrie » donnent lieu à une vaste concertation à l'échelle locale associant toutes les collectivités, mais aussi l'université et les industriels. En 2018, Dunkerque est parmi les 24 lauréats de l'appel à projets national TIGA (Territoires d'Innovation de Grande Ambition). Les objectifs du projet consistent à renforcer l'écologie industrielle et l'économie circulaire, soutenir la dynamique portuaire ; accompagner des industriels dans la mise en place de stratégies bas carbone, développer les circuits locaux pour valoriser cette ressource (captage, stockage, transformation) ; innover dans le domaine énergétique. La réponse à cet appel à projets a réellement été un moyen de fédérer les acteurs publics et privés du territoire autour d'une dynamique commune. Il a selon nous joué un rôle clé pour les nouvelles ambitions du territoire de Dunkerque. Le 13 septembre 2019, le territoire dunkerquois a été reconnu « Territoire d'innovation » avec le projet intitulé « Dunkerque l'Energie créative »[1]. L'enveloppe d'aides annoncées est alors de 37 millions d'euros. Une communauté d'acteurs se forme alors autour de ce projet, intervenant sur différentes thématiques (Transition énergétique, Écologie industrielle, Décarbonation, Emploi et compétences, Qualité de l'air, Dialogue territorial innovant, Mobilité et logistique, Numérique, Implantations industrielles). Une

[1] https://www.dk-energie-creative.fr/

nouvelle structure sous forme de Groupement d'intérêt public est créée « Euraénergie » à l'initiative de la Communauté Urbaine de Dunkerque pour piloter, accompagner, anticiper et animer la dynamique de transformation de l'écosystème industrialo-portuaire[1]. Euraénergie est organisée autour de cinq administrateurs : la Communauté Urbaine de Dunkerque, l'Agence d'Urbanisme Flandre Dunkerque, Dunkerque Promotion, Pôlénergie, et Ecopal. Cet outil fédère les acteurs publics et privés autour d'objectifs communs et offre une gamme de services ayant pour but de favoriser l'implantation d'entreprises innovantes, d'attirer et d'accompagner les porteurs de projets tout en soutenant la recherche et l'innovation pour favoriser les transitions sur le territoire industrialo-portuaire de Dunkerque.

L'ensemble de ces initiatives permet de mieux coordonner les actions mises en œuvre par les collectivités. L'écologie industrielle (et plus largement l'économie circulaire) cesse d'être le fait d'une seule organisation (Ecopal) mais se diffuse en tant qu'axe stratégique pour l'ensemble des acteurs. De nombreuses réunions, conférences à l'intention de différents types de publics (professionnel, académique, scolaire, habitants), visites d'entreprises sont organisées sur les thèmes de l'écologie industrielle. Des outils, comme les « Toiles industrielles », sont utilisés pour analyser les opportunités de développement. Rappelons en effet qu'en 2009, l'Agence d'urbanisme Flandre Dunkerque[2] crée la « toile industrielle », outil permettant de visualiser les interactions entre acteurs du territoire (réseaux, flux, marchés), et donc outil de connaissance de l'écosystème territorial. L'outil naît à un moment critique de l'histoire du territoire, soit au lendemain de la crise de 2008. Il permet d'étudier les conséquences désastreuses qu'elle a eues sur l'industrie et l'emploi du territoire. L'objectif était d'anticiper l'effet domino consécutif à la fermeture d'une grande entreprise. On redoutait alors la fermeture

[1] https://www.dk-energie-creative.fr/qui-sommes-nous

[2] https://www.agur-dunkerque.org/excellence-territoriale-994/etudes-et-projets-1000/la-toile-industrielle-un-outil-au-service-des-synergies-et-du-developpement-territorial-billet-1571.html ; Cahier de l'Agur 2021, n°23 « Des toiles qui s'exposent dans le monde entier », Décembre 2021.

d'ArcelorMittal (qui était alors Sollac), mais c'est la raffinerie Total qui a fermé (*Challenges*, 25/01/2010 ; *Les Échos*, 9/03/2010)[1]. La SRD[2], que l'on nommait « la reine du Dunkerquois » ferme définitivement en 2017, alors qu'en 2010, l'entreprise avait été vendue à l'entreprise française de bâtiment et travaux publics Colas pour entreprendre sa déconstruction (*La Voix du Nord*, 25/01/2024 ; Thomas, 2021). D'autres projets se développent sur ce site, nous y reviendrons. La toile industrielle rééditée en 2016 et 2020 est suivie par le lancement d'une toile énergétique (flux énergétique, 2018), d'une toile de la transition agricole et agro-alimentaire (2019), toile de l'eau (2020), des savoir-faire et de l'innovation (2020) et d'autres toiles destinées à des usages ou domaines plus spécifiques (par exemple toile du lin, de la plaisance, de l'action sanitaire et sociale).

Ressources et Résultats

Ressources créées pour le projet d'économie circulaire

Les acteurs qui établissent des relations entre eux utilisent les ressources héritées du passé industriel et/ou construites par le projet d'écologie industrielle en vue d'accueillir de nouvelles synergies ou de nouvelles entreprises. Les réserves foncières font partie de ces ressources. Le territoire de Dunkerque dispose d'une réserve foncière importante pour le développement d'activités. Avec 3000 hectares de terrains disponibles, le territoire dispose de 500 hectares de terrains immédiatement disponibles et de 125 hectares de terrains « plug-and-play », soit « prêt à l'emploi », dans la grande zone industrielle, dont 45 hectares sont en 2021, déjà réservés (Dunkerque Promotion, 2021).

---

[1] Le projet BioTfuel, démonstrateur de production de biocarburant de seconde génération inaugurée en 2016 sur le site de Total et a pris fin en 2021. Il consistait à développer et mettre sur le marché une chaîne de procédés de production de biodiesel et de biokérosène de 2[ème]génération à partir de biomasse lignocellulosique (résidus agricoles ou forestiers). Alors que la technologie est délaissée par les partenaires initiaux (dont TotalEnergies), c'est la start-up Elyse Energy qui a trouvé un moyen de passer à l'échelle industrielle et construit une usine à Lacq (Pyrénées-Atlantiques). (*L'Usine nouvelle*, 21 juin 2023).

[2] Société de Raffinerie de Dunkerque

En plus du foncier, des infrastructures sont disponibles : un parc d'innovation de cinq hectares, opérationnel depuis fin 2022, dédié à la transition énergétique et à l'économie circulaire. Ce parc doit permettre aux porteurs de projets de tester leurs innovations avec des prototypes à l'échelle 1, mais aussi d'être en contact avec les laboratoires de recherche de l'ULCO et deux nouvelles écoles d'ingénieurs (École d'ingénieurs du Littoral Côte d'Opale (EILCO) et l'Institut Mines Telecom (IMT Nord Europe)). L'Hôtel des technologies, récemment construit dans le centre de Dunkerque, accueille le Digital Lab d'ArcelorMittal[1]. Il est composé de cellules pré-équipées mises à la disposition d'éventuelles start-ups de l'innovation industrielle et énergétique. Par ailleurs, comme nous l'avons vu précédemment, le Grand Port Maritime de Dunkerque met à disposition ses installations pour accueillir tous types de marchandises et les plus grands navires. Doté d'un réseau ferroviaire, d'un réseau permettant l'accès au réseau autoroutier européen et d'un canal à grand gabarit, Dunkerque est à ce jour le premier pôle français de fret ferroviaire et le premier port fluvial de la région Hauts-de-France (Dunkerque Promotion, 2021).

Cependant, si les ressources matérielles, infrastructurelles, en ressources humaines sont abondantes, les entreprises installées localement n'investissent que très peu dans la R&D. Ce constat réalisé de longue date perdure dans les résultats de la dernière enquête (dans le cadre du programme IMPPEC, 2022), où seules huit entreprises déclarent investir et le plus souvent très faiblement (1% de leur chiffre d'affaires). On constate que Dunkerque est un territoire de mise en œuvre d'innovations développées ailleurs et que les entreprises n'investissent que peu ou pas du tout en R&D, ce qui impacte les résultats en termes d'innovations réalisées.

Résultats : Innovation ou application de l'innovation ?

Les résultats de ces relations de collaboration doivent, selon la logique que nous avons évoquée, déboucher sur des éco-innovations

[1] https://france.arcelormittal.com/innovation/digitalisation/digital-labs

aux niveaux micro et méso-économiques, c'est-à-dire dans les entreprises, et à l'échelle du territoire.

Au niveau micro économique, les éco-innovations peuvent prendre la forme de biens nouveaux ou améliorés, ayant une visée environnementale. Parmi les entreprises interrogées lors de l'enquête IMPPEC, seules 10 ont introduit des produits nouveaux ou améliorés.

Les laitiers d'ArcelorMittal, par exemple, permettent à des entreprises comme Nord Broyage, les ciments Eqiom, la SGA ou ECOCEM de fabriquer du ciment à faible teneur en carbone. ECOCEM[1] produit du ciment dit « vert » à partir de ce laitier, qui libère 45 fois moins de CO_2 que le ciment traditionnel pendant la production.

D'autres éco-innovations peuvent se manifester par une modification des procédés de production. Seules 10 entreprises ont réalisé ce type d'éco-innovation. Ces dernières ont adapté et transformé leurs processus de production pour pouvoir réutiliser les coproduits. Indachlor[2], par exemple, a revu ses processus en créant une unité de recyclage des déchets en circuit court afin de transformer les déchets liquides à l'aide d'un incinérateur pour produire une vapeur de haute qualité qui sera ensuite réutilisée par les entreprises de la symbiose industrielle. Une autre forme d'éco-innovation possible est celle des services nouveaux ou améliorés et des nouvelles formes d'organisation du travail. Seules cinq entreprises ont répondu positivement, ce qui représente 15% des réponses obtenues. Bien que nos attentes concernant les formes d'éco-innovation incluent également de nouvelles méthodes commerciales, seule une entreprise (3%) est en train de traiter les changements pour proposer de nouvelles méthodes commerciales.

---

[1] https://www.ecocemglobal.com/fr/notre-entreprise/notre-presence-en-france-page/

[2] https://indaver.com/fr/services/recycling-valuable-materials-from-waste/recycling-of-hydrochloric-acids/indachlor

Inadachlor est une entreprise qui récupère les déchets chlorés provenant principalement de l'industrie des PVC. Elle récupère le chlore sous forme d'acide chlorhydrique et recycle également l'énergie. L'acide chlorhydrique est un produit principalement utilisé par les industries chimiques, pétrochimiques et agroalimentaires, très présentes sur le territoire dunkerquois.

Encadré 7 : Le ciment bas carbone d'ECOCEM, la technologie ACT

ECOCEM est une entreprise pionnière qui a mis au point une technologie de pointe pour réduire dans des proportions considérables les émissions de CO_2 dans les industries du ciment et de la construction. Sa technique se nomme ACT (Advanced Cement Technology)[1] et a été annoncée en novembre 2022[2], après dix ans de recherche. Elle permet à la fois de réduire l'utilisation des ressources naturelles et une dépense moins importante d'énergie. ACT permet ainsi de réduire de 70% les émissions de CO_2 par rapport au ciment conventionnel produit en Europe pour l'ensemble de l'industrie du ciment mondiale d'ici 2035 selon l'entreprise. ACT est composé de volumes de clinker (soit un constituant du ciment qui résulte de la cuisson à très haute température d'un mélange composé d'environ 80% de calcaire) considérablement réduits, mélangés avec des charges inertes et à une gamme d'additions minérales à faible teneur en carbone. La technique ACT permet d'augmenter davantage la quantité de filler calcaire (qui apporte une correction granulaire pour garantir la fluidité des bétons) non réactif et ultra-bas carbone dans le ciment. ACT utilise des matières premières qui sont largement disponibles dans l'industrie du ciment, en particulier le calcaire. Cette technologie ne nécessite qu'un quart de l'énergie thermique pour produire les ciments à forte teneur en clinker et moins d'eau[3] selon l'entreprise.

Au niveau mésoéconomique, certaines éco-innovations sont également à noter. L'éco-innovation prend ici la forme d'outils collaboratifs. Par exemple, la Recycle solution[4] créée par ECOPAL est un outil numérique de gestion des déchets et des produits valorisables adapté à toutes les tailles d'entreprises. Nous avons également évoqué les Toiles créées par l'Agence d'urbanisme et qui visent à identifier les synergies possibles sur le territoire. S'y ajoutent les

1 https://www.ecocemglobal.com/fr-be/produits-et-projets/act/

2 https://www.cemex.fr/-/cemex-et-ecocem-sassocient-pour-la-recherche-de-solutions-faible-teneur-en-carbone

3 https://www.ecocemglobal.com/fr/innovation/une-revolution-a-faible-empreinte-carbone-et-aux-nombreux-avantages/

4 https://recycle-solution.fr/

nouveaux projets collaboratifs sur le territoire, qui ont pour but de compléter la symbiose industrielle, avec par exemple la production de nouvelles énergies. Le projet SHYMED issu de la collaboration entre deux entreprises (Hynamics et EDF) prévoit la création d'une station de production et de distribution d'hydrogène vert pour alimenter les bus et bennes de Dunkerque. La mise en service du projet est prévue pour début 2025[1]. Le projet Little Cithy[2] piloté par ENGIE en partenariat avec la Communauté Urbaine de Dunkerque est un projet qui prévoit l'utilisation de gaz urbains verts avec une réduction significative des émissions de gaz de 6% pour le CO_2 (20 tonnes de CO_2 eq. évitées par an) et jusqu'à 63% pour le CO.

Le développement d'activités circulaires est également porteur de changements autres que techniques, entraînant la création d'emplois au sein de la symbiose industrielle qui créent également de la valeur à l'échelle du territoire. Parmi les entreprises interrogées, 14 déclarent avoir créé des emplois au cours des cinq dernières années (890 emplois créés). Néanmoins, sur ces 890 emplois créés, seuls 44 emplois sont directement liés à l'économie circulaire, ce qui représente à peine 5% des nouveaux emplois dans la symbiose industrielle. Cette création d'emplois n'est pas le fait de start-ups, qui restent encore inexistantes, mais des grandes entreprises déjà présentes sur le territoire.

Les résultats obtenus par les activités d'économie circulaire se reflètent également dans les impacts environnementaux. En ne prenant en compte que les synergies suivantes, de multiples exemples peuvent être cités : réseau de chaleur, récupération du laitier issu de la sidérurgie pour la production de ciment, collectes partagées, terminal pour la gaz liquéfié (GNL)[3]... Au regard de nos résultats et des déclarations de nos interlocuteurs, la symbiose industrielle aurait permis de récupérer, en moyenne, 5 milliards de m^3 de gaz

[1] https://www.h2-mobile.fr/actus/shymed-dunkerque-associer-production-distribution-hydrogene/

[2] https://dunkerquepromotion.org/investissements/8-vers-le-deploiement-dune-filiere-hydrogene-a-dunkerque/

[3] https://www.fluxys.com/fr/about-us/dunkerque-lng

sidérurgique, 994 900 tonnes de CO_2 par an évitées, 150,4 GWhs de chaleur perdue récupérée (16 000 logements équivalents), et 750 232 tonnes de matériaux récupérés.

Tableau 9 : Ecosystème d'innovation circulaire à Dunkerque - Synthèse

Caractéristiques d'un écosystème d'innovation circulaire		**Indicateurs sélectionnés**	**Constatations**
Acteurs	Entreprises et organismes financiers	Nombre d'entreprises dans la symbiose industrielle Acteur clé /Pivot	Plus de 40 entreprises ArcelorMittal
	Organismes de gouvernance	Initiatives pour l'économie circulaire Forme de gouvernance Communication autour de l'EC et du développement durable	Développement progressive d'une gouvernance mixte Passage d'une gouvernance « statique » à une gouvernance « dynamique » Création d'outils dédiés à la gouvernance : exemples : Toiles industrielles Des canaux multiples comme les journaux, les conférences
	Organisations de recherche publiques/privées	Nombre de formations Nombre de laboratoires	4 mentions de master en lien avec l'économie circulaire et l'écologie industrielle 14 laboratoires au sein de l'ULCO mais peu de relations avec les entreprises locales
Ressources		Terrain disponible Infrastructures mises à disposition Dépenses de R&D	3000 hectares Parc d'innovation, « Digital lab » d'ArcelorMittal, Laboratoire et équipements numériques

Caractéristiques d'un écosystème d'innovation circulaire	Indicateurs sélectionnés	Constatations
		Nouvelles écoles d’ingénieurs Faible (autour de 1% du CA)
Résultats au niveau micro économiques	Eco-innovations : produits, processus de production,	10 entreprises déclarent innover
	Services nouveaux ou améliorés et de nouvelles formes d'organisation du travail	5 entreprises déclarent innover
	Nouvelles méthodes commerciales et outils de collaboration	Une entreprise déclare innover
	Création d'emplois en économie circulaire	14 entreprises déclarent avoir créé des emplois au cours des cinq dernières années (890 emplois créés dont 5% directement liés à l’économie circulaire)
	Nombre d’entreprises innovantes en démarrage	0 start-ups
Résultats au niveau environnemental	Réduction des émissions	Énergie et matières premières
	Economie de ressources	

Un écosystème d’innovation circulaire, quel bilan ?

Les caractéristiques d'un écosystème d'innovation circulaire telles que mises en évidence par la littérature scientifique, à savoir les acteurs, les relations, les ressources, se retrouvent sur le territoire industrialo-portuaire de Dunkerque. Le projet d'économie circulaire sur le territoire a d’abord pris forme avec ArcelorMittal (ex-Usinor) et la première synergie développée, la réutilisation de la chaleur fatale pour le réseau de chauffage urbain. Cette symbiose industrielle s'est structurée avec l'intégration de nouvelles entreprises mais aussi avec une implication de plus en plus active des organisations de gouvernance pour faciliter le développement de nouvelles synergies et créer un climat favorable pour attirer de nouvelles entreprises, tandis que les organismes de recherche apportent leur savoir-faire, leur expertise et leurs formations. Tous ces acteurs travaillent et co-évoluent avec l'écosystème. L'adoption d'activités circulaires a également changé la façon dont les entreprises de la symbiose industrielle créent de la valeur. En ayant accès à des flux de mutualisation et de substitution et en intégrant des sous-produits dans leur chaîne de création de valeur, les entreprises accueillent de nouvelles possibilités, ce qui a pour effet de réorienter leurs business models vers un modèle économique plus durable.

Dans le cas du territoire industrialo-portuaire de Dunkerque, tous les éléments semblent être réunis pour faire émerger des éco-innovations, grâce à des acteurs dont les relations s’intensifient et qui partagent et créent différents types de ressources. Mais les résultats en termes d’innovation sont un peu décevants au regard du potentiel technique de ces entreprises et des aides publiques dont elles bénéficient. Les innovations sont appliquées et testées sur le territoire de Dunkerque, mais pour la plupart n’y naissent pas. Certains projets d'économie circulaire ont été développés en partenariat avec des universités extérieures au territoire, ce qui montre une intégration difficile de la capacité de recherche de l'ULCO. L'absence de start-ups dans l'écosystème freine la dynamique d'innovation. En termes de création d'emplois, bien que les entreprises de la symbiose industrielle déclarent avoir créé des emplois au cours des cinq dernières années, la part des emplois créés dans les activités liées à l’économie circulaire reste faible (5% des emplois créés au sein de la symbiose industrielle). La fermeture de certaines entreprises introduit de surcroît des incertitudes susceptibles de freiner son développement. Ces entreprises étant de grandes tailles, l’effet domino provoqué par la fermeture d’un site fragilise l’ensemble. Depuis l’enquête réalisée au milieu des années 2010, plusieurs d’entre elles ont fermé et plusieurs projets ont été arrêtés, montrant le caractère instable de tout réseau d'acteurs.

Cependant, le schéma de ces interactions représentées par la « toile industrielle » a permis de négocier de nouveaux investissements sur le territoire. Les relations de sous-traitance industrielles mais également les échanges de déchets dans le cadre de la symbiose industrielle ont donné la possibilité de sortir d'une logique d'attractivité essentiellement basée sur les terrains disponibles. L'objectif est ainsi d'attirer de nouvelles entreprises en fonction des flux manquants de chaleur, d'électricité, de gaz ou de matières premières secondaires ou au contraire qui ne trouvent pas de débouchés (*La Tribune*, 4/04/2018). Les nouvelles entreprises qui se sont installées dans la seconde partie des années 2010 reconnaissent l'importance de facteurs traditionnels d'attactivité (terrains disponibles, présence du port en particulier) mais aussi l'existence de flux d'énergie ou de co-produits exploitables qui apparaissent ainsi comme de nouveaux facteurs d'attractivité. Elles ont contribué à appronfondir les filières de production en place, en apportant une variété « reliée » aux entreprises existantes (Kasmi, 2021). Dunkerque reste donc le territoire français de la grande industrie (lourde). Pendant les années 1980-1990, l'État a participé à la liquidation des vieilles industries, tout en cherchant à atténuer les maux sociaux en soutenant l'initiative individuelle et en attirant de nouvelles entreprises, généralement des multinationales, pour créer des emplois salariés, principalement ouvriers.

Notre travail d'investigation nous conduit à montrer que l'écosystème d'innovation circulaire de Dunkerque, sur la base des actions mises en œuvre et des limites avancées, est au moment de l'enquête ménee, dans la phase de développement[1] avec des organisations de gouvernance et des institutions de recherche qui prennent un rôle plus actif dans son fonctionnement. L'identité de l'écosystème et les relations entre les entreprises sont bien établies (notamment autour des sous-produits des activités sidérurgiques et

[1] Sur ce point, le lecteur peut se reporter à la partie 1 du présent ouvrage qui présente les fondements d'un écosystème d'innovation circulaire, et ses phases d'évolution.

métallurgiques qui forment l'identité industrielle du territoire). Le projet d'écologie industrielle à Dunkerque a permis d'assembler patiemment les pièces qui constituent un écosystème d'innovation. Il a ainsi contribué à changer l'image du territoire, d'une ville industrielle lourde en difficulté, à une industrie modernisée et expérimentant des voies nouvelles pour une transition vers un développement industriel plus durable. Nul doute qu'il s'est donc agi là d'une étape essentielle permettant d'expliquer le renouveau actuel de Dunkerque, que nous étudions dans le point suivant.

2.3 Gigafactories et décarbonation, nouvelle bifurcation dans la trajectoire du territoire de Dunkerque ?

« Réindustrialisation » et « décarbonation » vont bien ensemble

Dunkerque accueille aujourd'hui de nouvelles entreprises, notamment deux gigafactories (sur les quatre qui sont programmées d'ici 2030 pour l'ensemble du pays) (*Les Échos*, 23/05/2023). La presse s'en est fait très largement l'écho en raison de l'ampleur des changements annoncés et des sommes considérables qui sont en jeu, et qui semblent annoncer une bifurcation majeure de la trajectoire d'évolution du territoire dunkerquois.

Grâce à des réserves foncières importantes, à une position pionnière au niveau national en matière d'écologie industrielle, et à une forte volonté politique pour tirer le meilleur parti des objectifs gouvernementaux en matière de réindustrialisation et de décarbonation, Dunkerque se réindustrialise, avec en premier lieu l'implantation de deux gigafactories (les deux autres sont dans le Nord et le Pas-de-Calais) pour la production de batteries électriques pour l'industrie automobile[1], le français Verkor et le taïwanais ProLogium. Verkor est une licorne française co-créée en 2020 à Grenoble par Benoit Lemaignan, diplômé de l'École nationale supérieure de l'aéronautique et de l'espace, afin de relever les défis technologiques et faire face à la transition énergétique (*Les Échos*, 26/02/2024). Un an

---

[1] https://verkor.com/gigafactory-a-dunkerque-une-localisation-ideale-pour-lambition-de-verkor/

après sa création, la startup réalise une première levée de fonds qui fait entrer notamment Renault dans son capital (*Le Monde*, 30/06/2023 ; *L'Usine nouvelle*, 26/02/2024). ProLogium a été créée en 2007 par Vincent Yang, ancien chef d'usine de Foxconn le plus important fabricant mondial de matériel informatique. C'est à partir de 2020 que l'entreprise commence à prendre de l'ampleur, grâce à une levée de fonds financée principalement par SoftBank et Mercedes-Benz, date à partir de laquelle l'entreprise taïwanaise est repérée par Business France (*L'Usine nouvelle*, 7/03/2024).

Parmi les raisons qui ont conduit ProLogium à s'implanter à Dunkerque selon Gilles Normand, le président Europe de l'entreprise taïwanaise (*L'Opinion*, 29/02/2024) : une électricité décarbonée (c'est-à-dire fournie par la centrale nucléaire de Gravelines) à un coût compétitif, la proximité des sites d'assemblage d'Europe du Nord et de Mercedes-Benz qui est l'un de ses principaux actionnaires, un pool de main-d'œuvre plus disponible que dans le reste de l'Europe (le taux de chômage à Dunkerque est relativement plus élevé que dans le reste de l'Europe du Nord), l'engagement de l'État français et des responsables politiques locaux pour soutenir le projet. Le dirigeant de l'entreprise souligne également que l'entreprise peut diviser au moins par deux ses émissions de carbone en fabriquant ses batteries à Dunkerque plutôt qu'en Asie, notamment grâce à l'accès à l'électricité décarbonée. Quant à Benoit Lemaignan, l'un des six co-fondateurs de Verkor, il met l'accent sur le fait que Dunkerque est une terre d'industrie disposant d'une main-d'œuvre qualifiée et sur une sécurité en matière d'approvisionnement en électricité. Outre leur intérêt pour Dunkerque, Verkor et ProLogium ont en commun d'être des start-ups récemment créées qui ne sont pas nées sur le territoire dunkerquois, qui ont développé une expertise dans la fabrication des batteries électriques et dont le centre de R&D ne se situe pas à Dunkerque. Pour Verkor, il reste à Grenoble[1]. Pour ProLogium, le site d'implantation en

[1] Projet d'usine de batteries lithium-ion Verkor à Bourbourg (59), Concertation du 8 juin au 22 juillet 2022, Commission Nationale du débat Public.
https://www.debatpublic.fr/sites/default/files/2022-08/Bilan%20final%20CP%20VERKOR%20.pdf

ce début 2024 n'est pas encore fixé. Il sera probablement entre Arras et Paris.

Dans les deux cas, l'investissement financier est conséquent et largement soutenu par l'Etat. L'implantation de Verkor à Dunkerque a été rendue possible grâce à une levée de fonds de deux milliards d'euros en 2023, pour une entrée en service en 2025, ProLogium devrait entrer en service en 2026 (*Terres et Territoires*, 25/01/2024). Selon *Le Monde* (25/01/2024), Prologium a bénéficié d'une aide publique de 1,5 milliard d'euros pour s'implanter à Dunkerque sur un investissement total de 5,2 milliards d'euros. Les projets de gigafactories s'accompagnent en effet de giga-financements, en grande partie sur des fonds publics.

À ces deux gigafactories s'ajoute l'accord entre l'entreprise chinoise XTC New Energie et l'entreprise française Orano[1] pour la production de matériaux de cathodes pour batteries électriques (*Les Échos*, 12/05/2023 ; *La Voix du Nord*, 15/01/2024). Deux unités de recyclage de batteries par le groupement Eramet et Suez complètent cet écosystème construit autour de la batterie.

Les annonces d'implantation de ces entreprises ont coïncidé et également entrainé dans leur sillage d'autres décisions d'implantations. À ces gigafactories, s'ajoutent l'arrivée d'autres entreprises comme le groupe familial belge Clarebout Potatoes[2], spécialiste de produits surgelés à base de pommes de terre (troisième mondial pour la production de frites surgelées), avec un soutien de deux millions d'euros de la Communauté Urbaine de Dunkerque (*La Voix du Nord*, 28/09/2022). L'entreprise française de chimie SNF Floerger[3], spécialiste dans les polycrylamides, polymères hydrosolubles utilisés notablement pour le traitement de l'eau,

---

[1] https://www.orano.group/fr/actus/actualites-du-groupe/2023/mai/orano-et-xtc-new-energy-s-associent-pour-fabriquer-des-composants-de-batteries-de-vehicules-electriques-en-france

[2] https://www.gazettenpdc.fr/article/clarebout-potatoes-lance-sa-production-de-frites-surgelees

[3] https://www.prefectures-regions.gouv.fr/hauts-de-france/Actualites/L-entreprise-SNF-Floerger-s-implante-sur-le-territoire-du-Grand-Port-maritime-de-Dunkerque

l'optimisation des ressources naturelles, la production papetière, va s'implanter à proximité d'Aluminium Dunkerque (*La Voix du Nord*, 5/01/2023). L'entreprise Ameli Lime Green Solutions créée par ArcelorMittal et le groupe spécialisé dans les matériaux de carrière Sigmaroc va également s'implanter entre Aluminium Dunkerque et le quai Pondéreux ouest pour produire 800 000 tonnes par an de chaux vive à destination de l'industrie sidérurgique[1].

Des friches industrielles sont aussi rendues à d'autres activités industrielles, comme le site de la friche de la SRD, déjà mentionné plus haut, dont le terrain a été en partie restitué au Port de Dunkerque. Trois projets industriels doivent voir le jour, celui de ENGIE Thermique France pour le projet Reuze pour la conversion de CO_2 en carburant de synthèse (nous y reviendrons) ; celui de Ceva Logistic, filiale de la compagnie de transport maritime CMA CGM[2], pour la construction d'un terminal de logistique de voitures neuves et celui d'ArcelorMittal qui souhaite récupérer une partie du terrain pour y installer une base de vie dans le cadre de son projet de décarbonation (*La Voix du Nord*, 25/01/2024)[3].

Il semble bien se dessiner une bifurcation du territoire industrialo-portuaire dunkerquois vers une réindustrialisation décarbonée. À la différence des périodes précédentes, la variété apportée au territoire dunkerquois par ces nouvelles entreprises, en particulier celles liées à la « vallée de la batterie » en construction, n'est pas directement reliée aux filières existantes. Il s'agit donc dans la terminologie de l'économie géographique d'une « variété non reliée », ou si l'on préfère, une diversification plus nette des activités (voir partie 1). De plus, ces objectifs en matière de réindustrialisation de l'économie française, via

[1] La production de chaux vive s'effectuera à partir de chaux calcique provenant des proches Carrières du Boulonnais, à Ferques, et de chaux dolomitique en provenance notamment des pays nordiques. « La chaux produite sera destinée à 60 % pour ArcelorMittal qui est consommateur de gros morceaux de chaux pour éliminer les impuretés de son acier. Les morceaux plus fins iront vers les pays du nord » selon Sébastien Corvez, chef du projet chez ArcelorMittal (*Le Marin*, 06/04/2024).

[2] Compagnie Maritime d'Affretement-Compagnie Générale Maritime est un armateur de protéconteneurs français dont le siège mondial est situé à Marseille.

[3] https://www.deltafm.fr/dunkerque-de-nouvelles-entreprises-devraient-bientot-s-installer-sur-le-site-de-srd

l'implantation de gigafactories, ne doivent pas s'inscrire dans le modèle de l'industrialisation glorieuse des années 1950-1960, mais s'appuyer sur une énergie décarbonée. Toutes ces entreprises s'inscrivent alors à la fois dans une profonde transformation industrielle qui cherche à privilégier la mobilité électrique et dans une stratégie de décarbonation, d'autant plus que la loi les y contraint depuis peu. Le 22 novembre 2023, l'État a validé les plans de décarbonation de 50 sites industriels les plus émetteurs de CO_2, dont ArcelorMittal (*Le Monde*, 21/11/2023). De 50 à 70 milliards d'euros d'investissement devront être réalisés pour réduire de 45% leurs émissions de CO_2 d'ici 2030 (*L'Usine nouvelle*, 22/11/2023). Au total, 1,8 milliard d'euros seront investis par ArcelorMittal sur le site de Dunkerque, grâce à une aide publique de 860 millions d'euros (*L'Usine nouvelle*, 22/01/2024).

Le terme de décarbonation, nous l'avons vu dans la première partie de cet ouvrage, est polysémique. Il recouvre des réalités très différentes. Par exemple, selon le ministère français de l'économie[1], la décarbonation est définie comme l'ensemble des mesures et des techniques pour limiter l'empreinte carbone d'une entreprise ou d'un territoire. Ce qui implique une redéfinition des procédés industriels et l'adoption de nouveaux modèles industriels plus respectueux de l'environnement appuyés par les technologies digitales. Toujours selon le ministère de l'économie[2], quatre technologies majeures de rupture peuvent être identifiées : l'hydrogène bas carbone, la biomasse, l'électrification des procédés via la production d'électricité décarbonée (issue des énergies renouvelables) et la capture, le stockage et la réutilisation du carbone. À ces technologies de rupture consistant à substituer une source d'énergie par une autre, d'autres procédés sont également mis en œuvre pour améliorer l'efficacité et la sobriété énergétiques des équipements industriels existants, permettant d'économiser l'énergie pour une grande variété d'activités qui ne sont pas directement productives (dispositif d'éclairage, de

---

[1] https://www.economie.gouv.fr/actualites/transition-ecologique-strategie-accelereration-decarbonation-sites-industriels

[2] https://www.economie.gouv.fr/actualites/transition-ecologique-strategie-accelereration-decarbonation-sites-industriels#technologies

chauffage, modèles opératoires, etc.) (Diop, Lolo, 2023). L'ensemble de ces procédés vont donc nécessiter des investissements considérables. Au total, pour l'ensemble du pays, l'impact estimé serait de l'ordre de 1 à 2 points de PIB par an d'ici à 2030 (Pisani-Ferry, Mahfouz, 2023).

Le processus de la décarbonation et de la transition énergétique dont il est question à l'heure actuelle tire son origine d'un long processus qui s'appuie très largement sur des financements publics. Dunkerque, avec Fos-sur-Mer, est lauréat de l'appel à projets « Zones industrielles bas carbone »[1], mis en place dans le cadre du Plan France 2030, lancé en 2021 pour rattraper le retard français sur le plan industriel, en investissant dans les technologies innovantes et en soutenant la transition écologique, sur cinq ans. 54 milliards d'euros ont été budgétés[2] dans ce cadre. Le projet dunkerquois, DKARBONATION[3], doit bénéficier d'une aide globale de l'État de 13,6 millions d'euros pour réaliser des études d'ingénierie et de faisabilité qui se concentrent principalement sur l'activité phare du territoire dunkerquois, la sidérurgie. Trois types d'activité seront en effet développés : augmentation du recyclage de l'acier ; production d'acier « vert » grâce à l'hydrogène ; captation et stockage du CO_2. À Dunkerque, la fermeture de deux hauts-fourneaux (sur les trois que comptait le site) est prévue, qui seront remplacés par des fours électriques (pour produire de l'acier à partir de ferrailles) et par une unité de réduction directe du minerai de fer, permettant de le débarrasser de son oxygène avec de l'hydrogène pour remplacer le charbon. Ces procédés permettent de ne plus utiliser de charbon pour produire de l'acier[4]. Mais, les problèmes environnementaux ne seront pas réglés pour autant, en raison d'une part de la nécessaire collecte

---

[1] https://www.entreprises.gouv.fr/fr/actualites/france-2030/nouveau-laureat-pour-l-appel-projets-zones-industrielles-bas-carbone
[2] https://www.economie.gouv.fr/france-2030
[3] 2 lauréats pour l'appel à projets "zones industrielles bas carbone" (ZIBAC) | entreprises.gouv.fr
[4] https://fonderie-piwi.fr/dunkerque-2-des-3-hauts-fourneaux-auront-ete-remplaces-par-une-tour-de-150-metres-de-haut-une-unite-de-reduction-directe-du-minerai-de-fer-permettant-de-le-debarrasser-d/

des ferrailles[1] et de leur transport sur le lieu de transformation, d'autre part de la production d'énergie électrique accrue et de sa distribution (câbles à haute tension) pour réaliser la production d'acier dans des fours électriques et non plus des hauts-fourneaux.

DKARBONATION s'inscrit dans un vaste programme de transformation du territoire qui remonte à 2015, par conséquent bien avant qu'il ne soit question officiellement de réindustrialisation et encore moins de décarbonation, du moins en termes de politique publique, suite à l'organisation des États généraux de l'emploi local[2] dans le cadre des programmes nationaux Territoires d'innovation et Territoires d'industrie[3], ainsi que dans le cadre du Contrat de Transition écologique[4] et du Contrat d'Objectifs pour la Territorialisation de la Troisième Révolution industrielle[5]. Les États généraux de l'emploi local remontent à 2015 pour soutenir l'emploi local pour améliorer l'accompagnement des PME, affirmer une vision d'avenir pour l'économie locale, développer l'activité économique liée à la consommation et l'économie résidentielle et placer l'humain au cœur de l'économie. Dans ce cadre, le Fonds Innovation Croissance, doté de 2,5 millions d'euros, aide les entreprises à financer leurs projets. Ce fonds aurait permis la création de 136 emplois. Par ailleurs, les programmes nationaux Territoires d'innovation et territoires d'industrie évoqués plus haut, lancés en 2018, s'inscrivent dans une démarche nationale dans le cadre du projet de loi « Industrie verte » pour soutenir l'ingénierie locale, les investissements industriels productifs. Ils sont une extension du dispositif « rebond industriel » pour soutenir les territoires qui ont subi un choc industriel et sont destinés à soutenir la création d'emplois à court terme, développer les

---

[1] La collecte des ferrailles semble encore mal organisée en France et largement dépendante d'activités informelles (Florin, Garret, 2020). C'est un secteur d'activité qui semble avoir des difficultés à se développer en lien notamment avec l'augmentation du prix de l'énergie et du transport (Rapport de la Fédération des entreprises du recyclage publié le 1 janvier 2023, Le Marché du recyclage).

[2] https://www.communaute-urbaine-dunkerque.fr/fileadmin/Cud/pdf_user_uploads/Plaquette_EGEL-160x280_web.pdf

[3] https://www.banquedesterritoires.fr/territoires-dinnovation

[4] https://www.ecologie.gouv.fr/sites/default/files/2019.07.09_fdr_ew_dp_contratsdetransitionecologiqueVF.pdf

[5] https://rev3.hautsdefrance.fr/

compétences demandées par les industriels et accompagner les projets identifiés dans le cadre du Plan France 2030. Dunkerque a été labellisé « territoire d'industrie » en 2019[1]. Le Contrat de Transition écologique a été lancé en 2020[2]. Il vise comme son nom l'indique à soutenir les nouvelles énergies à la fois dans le cadre urbain et industriel. Le port de Dunkerque doit développer des activités décarbonées (*L'Usine nouvelle*, 18/09/2023). Dans ce cadre, ArcelorMittal s'est engagé dans une stratégie de décarbonation grâce à des financements publics, comme nous l'avons vu précédemment, et participe à l'implantation d'un pôle d'éco-matériaux dans le cadre d'Euraénergie. Dans le cadre du Contrat d'Objectifs pour la Territorialisation de la Troisième Révolution industrielle, signé en 2016 entre l'État, l'ADEME et la région Hauts-de-France pour soutenir la transition énergétique et écologique vers la troisième révolution industrielle. Enfin, en novembre 2023, DKARBONATION a été retenu parmi les 20 premiers membres du premier groupement mondial « Zéro émissions de CO_2 »[3]. Cette initiative est portée par le World Economic Forum dont le but est d'accélérer à l'échelle mondiale la réduction des émissions de CO_2. Elle a été lancée en 2021 dans le cadre de la COP26 à l'initiative d'industriels pour créer des emplois et de nouvelles technologies[4].

Le projet de transformation du territoire dunkerquois repose sur une étroite relation entre intérêts publics et privés. DKARBONATION est porté par le groupement d'intérêt public Euraénergie regroupant une trentaine d'institutions publiques (dont la Communauté Urbaine de Dunkerque) et les principales entreprises du territoire (ArcelorMittal, Aluminium Dunkerque, etc.). Euraénergie se présente, selon ses propres termes, comme un écosystème d'innovation et un outil pour accompagner la dynamique de

---

[1] https://dunkerquepromotion.org/choisir-dunkerque/entreprendre-et-innover-a-dunkerque/territoire-dinnovation/

[2] https://agence-cohesion-territoires.gouv.fr/sites/default/files/2022-08/Hauts-de-France_Nord_CRTE%20Flandre%20Dunkerque_sign%C3%A9.pdf

[3] https://www.gazettenpdc.fr/article/dunkerque-integre-le-premier-groupement-industriel-mondial-zero-emission

[4] https://collectiviteslocales.fr/territoires/decarbonation-dunkerque-entre-dans-la-cour-des-grands/

transformation du territoire industrialo-portuaire de Dunkerque pour la transition énergétique, l'économie circulaire et les industries du futur[1]. Les aides publiques sont indispensables pour les industriels, car comme l'explique Thierry Flament, directeur d'ArcelorMittal Dunkerque et vice-président de la CCI Hauts-de-France : « La décarbonation aura un coût, il faudra une réponse prompte de l'Europe et des États pour réaliser des infrastructures à plus grande échelle, en y associant d'autres territoires des Hauts-de-France, afin de partager toutes les expériences en matière d'émissions de CO_2 » (*La Tribune*, 29/11/2022).

En 2018, un « collectif CO_2 », composé de Dunkerque-Port, de la Communauté Urbaine de Dunkerqueet de la CCI Hauts-de-France s'était déjà fédéré autour d'industriels émetteurs de CO_2 (ArcelorMittal, Aluminium Dunkerque, le groupe minier espagnol Ferroglobe et Comilog qui fait partie du groupe français sidérurgique français Eramet) pour définir une feuille de route CO_2 à l'échelle du territoire dunkerquois. Les projets qui en découlent reposent tous sur des technologies de pointe, notamment le captage et le stockage du CO_2, qui doivent à terme transformer de façon radicale de l'industrie dunkerquoise : autoroute de la chaleur (voir encadré 6, plus haut), D'Artagnan[2] (transport et stockage de CO_2), le projet 3D/DMX et DRI[3] (développer l'efficacité du procédé de capture du CO_2 à l'échelle industrielle), le projet REUZE[4] (développer un hub d'énergie circulaire de CO_2), et le Projet K6 (transformation de la cimenterie EQIOM[5] en une des premières cimenteries neutres en carbone)[6] (voir tableau ci-dessous).

---

[1] https://www.dk-energie-creative.fr/

[2] https://www.debatpublic.fr/projets-dartagnan-programme-k6-phase-2-et-calcc-3919

[3] https://france.arcelormittal.com/actualites/projet-3d

[4] https://dunkerquepromotion.org/investissements/reuze-un-projet-de-carburant-bas-carbone/

[5] https://www.eqiom.com/trouver-un-site/centrale-betons-de-dunkerque

[6] https://www.airliquide.com/fr/groupe/communiques-presse-actualites/01-04-2022/le-projet-dair-liquide-et-eqiom-dans-le-nord-de-la-france-selectionne-par-le-fonds-europeen

Tableau 10 : Les grands projets de la décarbonation sur le territoire dunkerquois

Nom du projet	Description
D'Artagan	Projet mené par Air liquide et Dunkerque LNG pour la construction d'un réseau de canalisation pour transporter le CO_2 capté dans les usines de Limbres et de Réty près de Dunkerque et d'un terminal CO_2 sur le port de Dunkerque pour réceptionner et préparer le CO_2 pour l'expédier dans des sites de séquestration en Mer du Nord pour un investissement total de 220 millions d'euros.
3D (pour DMXTM Demonstration in Dunkirk) et DRI	Un consortium composé de 11 entreprises européennes, dont ArcelorMittal, Axens, IFP Energies nouvelles (IFPEN) et Total a lancé ce projet de démonstration d'un procédé innovant de captage de CO_2 d'origine industrielle, DMX. Ce projet s'inscrit dans une étude plus globale consacrée au développement du futur pôle européen de captage et stockage du CO_2 de Dunkerque – Mer du Nord. Ce projet dispose d'un budget de 19,3 millions d'euros sur 4 ans dont 14,8 millions d'euros de subventions de l'Union européenne.
REUZE	ENGIE et Infinium (entreprise spécialisée dans les technologies de carburants ultra-bas carbone) ont signé un partenariat pour la production de carburants synthétiques issus de la valorisation du CO_2 émis par ArcelorMittal à Dunkerque. Il s'agit de capter environ 300 000 tonnes de CO_2. Associés à de l'hydrogène vert produit par un électrolyseur de 400 MW installé par ENGIE, l'entreprise pourra produire son carburant destiné à des secteurs difficiles à décarboner (ex. Transport aérien et maritime). L'investissement s'élève à plus de 500 millions d'euros. Il bénéficie du soutien de la Région Hauts-de-France, de la Communauté Urbaine de Dunkerque et du Grand Port Maritime de Dunkerque.
K6	Air Liquide et EQIOM se sont associés dans le cadre du projet K6 pour transformer l'usine EQIOM de Lumbres qui sera l'une des premières cimenteries

Nom du projet	Description
	neutres en carbone en Europe. 8 millions de tonnes de CO_2 seront ainsi captées au cours de 10 premières années d'exploitation. Ce projet a été sélectionné pour un financement par la Commission européenne dans le cadre de l'édition 2021 de son Fonds consacré à l'innovation (150 millions d'euros), outre des fonds publics additionnels.

Les besoins d'énergie, et notamment d'électricité, seront très importants pour les nouveaux industriels et pour ceux qui revoient leur processus de production. D'ici 2040, la consommation d'électricité devrait ainsi passer de 2,2 à 3,5 ou 4,5 gigawatts[1]. Les besoins d'ArcelorMittal pour la décarbonation sont estimés à 2 gigawatts, en comparaison avec la consommation actuelle d'Aluminium Dunkerque de 0,5 gigawatt, alors qu'elle est le plus gros consommateur français (*Le Point*, 14/03/2024). Pour pallier ces besoins, différents projets sont prévus : en particulier la Centrale nucléaire de Gravelines doit voir la construction de deux EPR (ou Réacteur Préssurisé Européen ou European Pressurized Reactor) nouvelle génération, qui sont des réacteurs nucléaires de grande puissance (la concertation pour leur construction de tiendra de septembre à décembre 2024[2]) qui ajouteront 3900 mégawatts aux 5400 actuels. D'autres sources d'énergie s'y ajouteront. H2V, entreprise pionnière de l'hydrogène vert, développe un projet de 700

[1] D'ici 2040, un volume de 1000 MW de consommations supplémentaires d'électricité est à prévoir en raison des objectifs de décarbonation sur le territoire dunkerquois. L'énergie d'origine fossile sera remplacée par de l'énergie électrique, d'origine nucléaire. La question ne se limite pas à la production d'électricité, mais également à son transport, ce qui passe par la construction de nouvelles lignes à haute tension. Ce qui ne sera pas sans impact sur la qualité de vie pour les populations concernées (voir le rapport de Réseau de Transport d'Électricité, Dossier de concertation, Projet de développement du Réseau électrique pour la décarbonation et l'attractivité du Dunkerquois, 23 juin 2023). Selon d'autres sources, mais qui vont dans le même sens, d'ici 2035, les besoins en électricité sur le territoire dunkerquois devraient être multipliés par 4 ou 5.
https://fonderie-piwi.fr/dunkerque-2-des-3-hauts-fourneaux-auront-ete-remplaces-par-une-tour-de-150-metres-de-haut-une-unite-de-reduction-directe-du-minerai-de-fer-permettant-de-le-debarrasser-d/

[2] https://www.debatpublic.fr/nouveaux-reacteurs-nucleaires-epr2-avis-et-decisions-de-la-cndp-du-10-janvier-2024-5102

millions d'euros et va installer la première usine de production massive d'hydrogène vert en France en deux phases (première phase de 200 mégawatts en 2027 et deuxième phase en 2029)[1]. Un projet de parc éolien en mer est aussi en discussion depuis 2019. Il entre dans une nouvelle phase d'enquête publique sur la période avril-mai 2024[2]. Il vise à construire à environ 10 Km des côtes, un parc comprenant au maximum 46 éoliennes pour une puissance totale de 600 mégawatts. Il produira environ 2,3 TWh (térawatt-heure) d'électricité par an, soit l'équivalent de la consommation électrique annuelle de près d'un million de personnes. Le projet suscite depuis 2019 une forte contestation sociale, depuis la Belgique (la requête d'annulation du projet par l'État belge a néanmoins été rejetée par le Conseil d'État en juillet 2023) et à Dunkerque, menée notamment par l'association *Vent Debout 59* qui dénonce les conséquences environnementales du projet. L'entreprise française Photosol Développement envisage aussi de construire deux centrales photovoltaïques au sol à Dunkerque permettant une production annuelle d'électricité de 24 561 MWh/an, ce qui correspond à la consommation d'environ 6000 foyers. Le projet doit se développer sur un ancien site ferroviaire du Port de Dunkerque. La production d'électricité sera effective dès 2025 (*La Voix du Nord*, 13/01/2024).

[1] https://h2v.net/projet/projet-h2v-59/

[2] https://participer.eolien-en-mer-dunkerque.fr/

Figure 9 : Dunkerque, territoire d'industrie et de mobilité décarbonées

Source : Dunkerque promotion (2021)

S'il existe indéniablement un cadre institutionnel qui semble très solide pour soutenir la dynamique de décarbonation du territoire, reposant très largement sur une combinaison entre intérêts publics et privés, quelles sont les stratégies mises en œuvre par les entreprises implantées sur le territoire ? Un travail d'investigation mené en 2023 auprès de six entreprises implantées sur le territoire dunkerquois nous permet de mettre l'accent sur la volonté des entreprises pour décarboner leurs installations. Leur stratégie obéit principalement à des raisons de respect de la réglementation visant à réduire les émissions de CO_2 et à des objectifs économiques de réduction de leur coût de production. La protection de l'environnement est rarement évoquée, sauf lorsque nos interlocuteurs ont mis l'accent sur les avantages qu'ils pouvaient retirer des échanges de flux et de matières organisés dans le cadre de la symbiose industrielle. Des informations complémentaires sont présentées dans l'encadré ci-dessous.

Encadré 8 : Enquête sur la décarbonation auprès de six entreprises dunkerquoises

Dans le cadre du programme IRETRA, nous avons réalisé entre avril et septembre 2023 une enquête auprès de six entreprises (ArcelorMittal Dunkerque, Aluminum Dunkerque, Dillinger France, Daudruy et Lesieur) implantées sur le territoire de Dunkerque qui figurent parmi les plus fortes émettrices de CO_2 du territoire, pour identifier leur stratégie en matière de décarbonation, les technologies mises en œuvre, les ressources mobilisées et les résultats obtenus. Tous les responsables d'entreprises interrogés et responsables de la décarbonation ont mis l'accent sur la réglementation définie au niveau européen et national, la nécessité de réduire leurs coûts de production en raison de l'augmentation du coût des matières premières et de l'énergie, mais également la nécessité de répondre à la demande des entreprises clientes. Les techniques mobilisées sont assez basiques pour le moment. L'accent est mis sur la sobriété énergétique, et sur la mise en œuvre de techniques de production permettant de réduire l'utilisation des énergies carbonées au profit de l'électrification de leurs procédés industriels. C'est tout particulièrement le cas d'ArcelorMittal qui va progressivement remplacer ses hauts-fourneaux par des fours électriques et développer des techniques de captage du CO_2 qui sont encore au stade expérimental. Aluminium Dunkerque, qui est la plus importante fonderie d'aluminium d'Europe, suit depuis 2023, une feuille de route, *Lowcal*, qui comprend d'abord la mise en service en 2025 d'un huitième four à fusion qui devrait produire de l'aluminium à partir de l'aluminium recyclé, puis la capture et le stockage du carbone et le remplacement des anodes de carbone par des anodes inertes qui ne produiront pas de CO_2 lors du processus d'électrolyse. Ceci alors que l'aluminium au même titre que l'acier vert est considéré comme un matériau stratégique de la transition écologique, en raison de sa malléabilité, sa résistance naturelle à la corrosion et son rapport légèreté/solidité. Le problème majeur est que ces technologies ne sont pas pour l'heure matures et nécessitent des travaux de recherche pour être développées sur un plan industriel. Toutes ces entreprises déclarent avoir mobilisé des budgets importants pour atteindre ces objectifs, même si les montants ne nous ont pas toujours été communiqués. Pour toutes les entreprises, les aides publiques sont présentées comme indispensables, sauf Daudruy (la seule entreprise familiale interrogée) qui déclare s'autofinancer et souligne les lourdeurs administratives consécutives à la demande de subventions publiques. La majorité des entreprises interrogées (sauf Daudruy et Lesieur) ont déclaré avoir noué des partenariats pour atteindre leurs objectifs en matière de décarbonation, en grande partie avec d'autres entreprises implantées sur le territoire dunkerquois dans le cadre des échanges de matières et de flux organisés de la symbiose industrielle, mais également avec des partenaires publics locaux via le programme DKCARBONATION, mais aussi avec l'ADEME. Aucune entreprise n'a déclaré travailler avec des laboratoires de l'université du Littoral-Côte d'Opale.

D'une manière générale, trois types d'avantages attendus peuvent être mis en évidence quant à leur stratégie de décarbonation : 1) garantir leur présence sur le territoire afin de préserver les emplois directs et indirects et le développement économique du territoire ; 2) améliorer la qualité de l'air et minimiser l'impact de leur activité sur l'environnement naturel et les populations ; 3) renforcer la cohésion sociale en maintenant des emplois et en engageant des initiatives en matière de responsabilité sociétale. Cependant, tous les responsables interrogés se questionnent sur le recrutement de la main-d'œuvre qui semble bouder le travail industriel.

Source : S. Boutillier, R. Al-Haddad, 2023, Réindustrialisation et décarbonation, de l'utopie à la réalité ? Essai d'analyse à partir du cas dunkerquois (Hauts-de-France), 18e Congrès RIODD, Lille, 18 octobre.

Le port est à l'heure actuelle en train de procéder à de nombreux aménagements pour accueillir l'implantation prochaine de ces entreprises (*La Voix du Nord*, 24/01/2024). En 2024, 160 millions d'euros seront investis par le Port de Dunkerque (soit le double de

2023). La tâche est difficile. Les transformations rendues nécessaires par ces projets sont aussi importantes que les travaux titanesques qu'avait générée l'implantation d'Usinor dans les années 1960. Il s'agit de concilier différents types d'infrastructures à la fois ferroviaires, routières et fluviales. Pour connecter les gigafactories entre elles, une desserte routière doit être construite. Un nouveau terminal de ferroutage doit être construit dans la partie ouest du port. Ces travaux doivent aussi préparer l'arrivée de Cap 2020, pour prolonger le bassin de l'Atlantique pour accueillir les super-conteneurs (*Le Moniteur*, 17/02/2024). Le projet Cap 2020[1] présenté en 2017 consiste en la réalisation de travaux d'aménagement du port : construction d'un nouveau bassin dans la partie ouest de port, de 2000 mètres de quais et de terre-plein supplémentaires et de 350 hectares de zones logistiques complémentaires, dont 170 hectares d'entrepôts aménagés à proximité du bassin. Après que l'autorité environnementale a émis plusieurs avis négatifs en raison des lacunes identifiées sur l'étude d'impact environnemental, le projet a finalement reçu un avis favorable en octobre 2023 permettant la mise en œuvre des travaux en 2024. L'enjeu est important, car les perspectives de la décarbonation de l'industrie (par exemple l'électrification de la production d'acier) sont susceptibles de réduire le tonnage de minerai importé. Certes, d'autres activités pourront se développer comme l'exportation du CO_2 capté dans le cadre des stratégies de décarbonation industrielle. Mais Dunkerque, rappelons-le, a pour ambition de capter 2,3% du trafic par conteneur d'ici 2035. Cependant, seuls les travaux du port ne suffiront pas dans cette perspective, qui dépend aussi des décisions d'escales des grands armateurs. L'annonce récente de l'abandon de l'escale de Dunkerque dans la ligne maritime Asie-Europe du Nord FAL1 (French Asia Line 1) de l'armateur CMA CGM pourrait, du fait de l'allongement des durées de transit par la ligne maritime FAL3, conduire à détourner certains trafics vers d'autres ports[2].

---

[1] https://cpdp.debatpublic.fr/cpdp-portdedunkerque/images/pdf/dmo-synthese.pdf

[2] https://www.actu-transport-logistique.fr/journal-de-la-marine-marchande/port/ocean-alliance-le-havre-et-marseille-fos-voient-leurs-escales-preserves-mais-pas-dunkerque-896208.php ; entretiens réalisés par les auteures.

Photo 24 : Terminal Conteneurs

Photo 25 : Marchandises diverses import-export (Port Center)

Source : Son Thi Kim Le

Toutes ces transformations devraient créer 22 000 emplois nouveaux à l'horizon 2035, alors que l'agglomération était celle qui perdait le plus d'habitants dans la décennie 2010. Parmi ceux-ci, on estime que 40%, soit 8000 viendront de l'extérieur du territoire (*Le Point*, 14/03/2024). Dans la perspective d'accueillir une nouvelle population, comme dans les années 1960, le territoire doit engager un programme très important de construction de logements. Dans ce contexte, la morphologie de la ville se transforme de nouveau. Les friches industrielles situées au cœur de la ville - en raison de la croissance de celle-ci – disparaissent progressivement, pour laisser place à la construction de logements, de commerces, d'hôtels, etc. Les logements inoccupés sont recensés par la municipalité. À Dunkerque, le taux de logements vacants en 2020 est estimé à 6,40%, soit un taux inférieur à la moyenne du département du Nord (7,7%) et à la moyenne nationale (8,1%), or la taille des logements se réduit au niveau national en raison du vieillissement de la population et de changement de modes de vie (unions plus tardives, ruptures plus fréquentes, etc.)[1]. Ce qui signifie que la municipalité a peu de marge d'action en la matière et qu'il faut construire pour les nouveaux arrivants. Pour les dix années à venir, la construction de 12 000 logements est ainsi prévue. La municipalité compte également récupérer 3000 logements vacants[2].

---

[1] Barkovic, C., & Grandperrin, N. (2024). Davantage de logements vacants dans les zones les plus rurales des Hauts-de-France, INSEE Analyses Hauts-de-France, N°166, 16 janvier.

[2] https://france3-regions.francetvinfo.fr/hauts-de-france/nord-0/dunkerque/toujours-dans-l-attente-de-son-sort-au-ministere-du-logement-patrice-vergriete-affirme-que-le-dunkerquois-est-a-un-moment-charniere-2909045.html

Photo 26 : Destruction créatrice – Nouveaux logements à venir

Source : Blandine Laperche

Des défis importants restent à relever pour une véritable bifurcation

Ces projets donnent un aperçu de la bifurcation possible dans la trajectoire industrielle du territoire dunkerquois, mais il convient de souligner que ce sont des projets, et qu'ils n'ont pas pour l'heure atteint le stade d'une production industrielle sur une grande échelle. Il est encore prématuré d'en pronostiquer tous les effets.

Nous avons pu constater que ce processus n'est pas spontané, dans la mesure où il n'émane pas des seules décisions des entreprises. Le soutien de l'État au niveau national, régional et local a été déterminant, et les entreprises y sont très attentives. « Macron nous a gâtés », déclarait en mars 2024 Patrice Vergriete, Président de la Communauté Urbaine de Dunkerque et ministre délégué aux transports du gouvernement Attal. Les décisions d'implantation des nouvelles gigafactories sont en effet largement prises à Paris : « Débloquer plus d'un milliard et demi pour l'installation de la gigafactory de ProLogium, c'est énorme. Sans cet argent, ProLogium serait parti aux Etats-Unis » poursuivait-il.

Notre hypothèse selon laquelle le projet d'écologie industrielle était susceptible de promouvoir la création d'un écosystème d'innovation circulaire, et donc un développement territorial endogène par l'ajout successif d'une variété reliée aux filières déjà en place semble en partie remise en cause. Le nouveau développement économique est en effet exogène, au sens où il vient d'ailleurs. Les facteurs d'attractivité des entreprises évoluent peu (présence de foncier, aides publiques, main-d'œuvre ayant une habitude du travail industriel). Il s'agit toujours d'entreprises présentant un risque industriel élevé (Seveso seuil haut). Verkor[1] et ProLogium[2] seront par exemple classées Seveso seuil haut. Dans ces conditions, il n'y a pas de changement fondamental de la nature industrielle du territoire de

---

[1] Projet d'usine de batteries lithium-ion Verkor à Bourbourg (59), Concertation du 8 juin au 22 juillet 2022, Commission Nationale du débat Public. https://www.debatpublic.fr/sites/default/files/2022-08/Bilan%20final%20CP%20VERKOR%20.pdf

[2] Concertation préalable du 22 septembre au 13 novembre 2023, projet d'une gigafactory de batteries solides dans le Dunkerquois. Réponse des maitres d'ouvrages au bilan des garants.

Dunkerque, qui compte à l'heure actuelle 14 établissements classés Seveso seuil haut[1], ceci sur les 88 établissements de ce type recensés dans les Hauts-de-France. Les Hauts-de-France sont à l'heure actuelle la deuxième région française qui concentre le plus grand nombre d'établissements Seveso classés haut, après la région Auvergne-Rhône Alpes (110)[2].

Certes, les responsables politiques locaux cherchent toujours à soutenir la création d'entreprises. À l'heure actuelle, les associations de soutien à la création d'entreprises et la Chambre de commerce, ont été réunies en un même bâtiment, sous un nom emblématique « La turbine », qui met aussi à disposition un espace de coworking pour les porteurs de projet. Le DigitalLab d'ArcelorMittal installé à Dunkerque a pour vocation à repérer les start-ups qui seraient susceptibles d'appuyer la stratégie de décarbonation de l'entreprise, mais n'a pas vocation à appuyer localement la création de start-ups.

La création d'entreprises est cependant en hausse depuis 2017 selon l'INSEE[3] date à laquelle 424 entreprises ont été créées (dont 281 entreprises individuelles), et en 2021, 1148 dont 993 entreprises individuelles, majoritairement dans le tertiaire (notamment dans le commerce de gros et de détail, la restauration et l'immobilier). Cependant, entre 2021 et 2022, la création d'entreprises a régressé. En 2022, 1027 entreprises ont été créées (dont 838 entreprises individuelles). Les caractéristiques de l'entrepreneuriat local ne changent pas fondamentalement et restent des activités tertiaires, faiblement reliées à la dynamique industrielle locale. On peut de plus se demander quel peut être l'avenir de cet entrepreneuriat local, alors que d'ici 2030, la création de 22 000 emplois est annoncée, sachant qu'à l'heure actuelle, toujours selon l'INSEE, 90,7% de la population active est salariée.

Cependant, pour faire des projections sur l'avenir industriel du

---

[1] https://www.ville-dunkerque.fr/vie-quotidienne/prevention-securite/prevention-des-risques-naturels-et-technologiques/risques-technologiques
[2] https://www.ecologie.gouv.fr/risques-technologiques-directive-seveso-et-loi-risques
[3] https://www.insee.fr/fr/statistiques/2011101?geo=COM-59183#chiffre-cle-11

territoire dunkerquois, un regard sur le passé est indispensable afin de bien connaître d'où l'on part en termes d'actifs spécifiques accumulés. Entre 2009 et 2020, on constate une certaine stabilité dans la répartition des salariés selon les secteurs d'activité. On constate une très légère baisse pour l'agriculture, également pour l'industrie, une stagnation pour le BTP. En revanche, le secteur tertiaire augmente légèrement, ainsi que l'administration publique (Tableau 11). L'emploi semble se concentrer dans les activités de service public et privé. Cette évolution de l'emploi salarié est en partie le résultat du processus de désindustrialisation qui a marqué l'histoire économique du pays, et plus encore de territoires comme Dunkerque, qui ont été depuis les années 1960, voire même depuis le 19e siècle, le fer de lance de l'industrialisation du pays. Dans quelle mesure, les projets de nouvelles implantations industrielles peuvent-ils contribuer à modifier cette évolution, car derrière ces données statistiques, il existe des individus et des familles dont les existences ont été profondément heurtées par des fermetures d'entreprises et des vagues de licenciements des décennies précédentes.

Tableau 11 : Évolution de la répartition des salariés selon les secteurs d'activité entre 2009 et 2021

	2009	**2020**
Agriculture	0,8	0,6
Industrie	22,9	19,7
BTP	6,5	6,1
Commerce, transport, services	36,5	38,6
Administration publique	33,3	35
Total	100	100

Source : https://www.insee.fr/fr/statistiques/2011101?geo=EPCI-245900428#chiffre-cle-5

Ceci, à moins de considérer qu'un effet d'entraînement est possible, la création de petits commerces par exemple répondant aux besoins des nouveaux arrivants. Mais, cette hypothèse doit être étudiée au regard du poids de plus en plus important du commerce en ligne dont la part dans le commerce de détail augmente régulièrement par rapport au commerce traditionnel, que ce soit dans les territoires urbains ou ruraux[1]. Les médias locaux relatent régulièrement la fermeture de commerces de proximité (prêt-à-porter, jouets, accessoires de mode, etc.), qui ont un impact important sur l'activité du centre ville.

Le tableau flatteur d'une bifurcation vers une industrialisation décarbonée relatée par les médias ne nous interdit pas de surcroît de poser un certain nombre de questions quant à son effectivité. Elles concernent les aspects techniques, sociaux et environnementaux.

Des doutes peuvent en effet être formulés quant à l'objectif effectif des entreprises. Le rapport de la Commission nationale du débat public[2], rendu public le 12 mars 2023, rapporte en effet qu'ArcelorMittal lors de son audition a présenté quatre alternatives possibles en matière de décarbonation dont l'une d'entre elles se démarque fortement de toute ambition, la deuxième, puisqu'il s'agirait d'arrêter ou de réduire la production d'acier sur le territoire de Dunkerque, au profit de l'importation :

- miser uniquement sur le captage et le stockage du CO_2, dans ce cas, l'entreprise continuerait à utiliser les hauts-fourneaux ;
- arrêter les hauts-fourneaux et importer de l'acier, en arrêtant toute la phase à chaud et en important des brames produites sur des sites de production à bas carbone, ce qui conduirait à une modification profonde de la chaîne logistique et à une perte de savoir-faire du site de Dunkerque qui est en capacité actuellement de produire 1800 nuances d'acier ;
- modifier les hauts-fourneaux existants en améliorant leur fonctionnement ;
- créer une aciérie électrique à base d'acier recyclé, permettant de remplacer le charbon par de l'électricité, mais cela suppose un approvisionnement et une gestion des aciers recyclés de qualité. Or, seule une partie des produits sortant de l'usine de Dunkerque peut être produite sur la base de 100% d'acier recyclé.

---

[1] https://www.francenum.gouv.fr/magazine-du-numerique/comment-les-petits-commerces-sadaptent-ils-au-e-commerce

[2] https://www.debatpublic.fr/sites/default/files/2023-03/bilan%20des%20garant.e.s%201203.pdf

Photo 27 : Bobines d'acier

Source : Rony Al Haddad et Son Thi Kim Le

Les dirigeants d'ArcelorMittal ont souligné lors des entretiens menés dans le cadre du programme IRETRA qu'aucune de ces quatre alternatives n'est viable sur le long terme pour maintenir la même capacité de production sur le site. Ce qui traduit de la part des dirigeants de l'entreprise une forte incertitude quant à l'évolution de l'entreprise et des procédés industriels qui peuvent être développés. Il s'agit en effet d'investissements très importants, nécessitant une mise en œuvre progressive sur une grande échelle pour s'assurer que la qualité de l'acier correspond aux besoins des entreprises clientes.

Ce même rapport met aussi en évidence quatre enjeux principaux pour le territoire dunkerquois qui pourraient impacter le projet d'ArcelorMittal :

- les ressources en énergie, notamment en électricité et gaz, à propos de leur disponibilité et leur coût ;
- la crainte des réductions d'emplois en raison de la modernisation des installations et pour le recrutement des salariés (surtout pour le travail posté) ;
- la disponibilité des ressources naturelles, notamment en eau. ArcelorMittal est le premier consommateur d'eau industrielle sur le territoire dunkerquois en possédant une autorisation de 14 millions de mètres cubes pour une capacité totale de la zone de 22 millions, bien qu'ArcelorMittal se soit engagé à réduire de 10% sa consommation d'eau industrielle ;
- la qualité de l'air et l'état des pollutions créent une forte inquiétude et conduisent la population, qui constate les rejets (poussières, fumées, odeurs), à s'interroger des conséquences sur la santé. L'association régionale agréée pour la surveillance de la qualité de l'air (ATMO) constate régulièrement des dépassements de la norme pour les particules PM 10 et Nox, qui sont des entités solides de très petite taille, nocives pour la santé respiratoire et cardiovasculaire.

Par ailleurs, la production d'acier décarboné est encore à ses débuts. Les technologies en matière de production d'acier décarboné ne sont pas encore matures, nécessitant encore du temps pour leur mise au point et des investissements importants. La première unité de production d'acier décarboné en Europe (et peut-être au monde) ne devrait commencer que 2025 en Suède grâce à la start-up H2 Green Steel, qui doit produire de l'acier, à partir de l'hydrogène qui doit se substituer au charbon (*L'Usine nouvelle*, 7/09/2023).

Certes, depuis la réunion de la Commission Nationale des Débats Publics, l'État a pris des engagements importants en matière de financement, qui participent à la réduction de l'incertitude générée par ces changements techniques à venir. Mais, celle-ci reste profonde dans ce contexte de changement technique et industriel. Il est encore difficile de se projeter dans l'avenir.

Les incertitudes concernent aussi largement les ressources humaines nécessaires à cette transformation du territoire dunkerquois. En dépit des espoirs des dirigeants de Verkor et ProLogium, les entreprises industrielles peinent à recruter et organisent pour ce faire des manifestations grand public pour attirer des jeunes (*La Voix du Nord*, 20/03/2023). Par ailleurs, nombre d'entreprises présentes depuis plusieurs années, voire plusieurs décennies, pourraient se voir confrontées à une fuite de leurs effectifs vers les nouveaux arrivants susceptibles d'offrir de meilleures conditions de travail. Certaines entreprises, notamment celles qui se situent à proximité des nouvelles implantations, sont inquiètes, alors que d'autres mettent au contraire l'accent sur le développement de relations de sous-traitance grâce à l'implantation de ces nouvelles entreprises (*Le Journal des entreprises*, 11/01/2024). Par ailleurs, en décembre 2023, les salariés d'ArcelorMittal ont lancé un mouvement de grève pour obtenir une augmentation salariale, qui n'a finalement pas été obtenue. Selon la CGT, la dégradation des conditions de travail, qui a été à l'origine de la grève, conduit nombre de salariés à démissionner et ceux-ci n'ont pas de difficultés à être recrutés ailleurs, selon un délégué syndical (*Le Monde*, 29/12/2023). Ce climat social tendu illustre manifestement les difficultés de recrutement auxquelles les entreprises vont être confrontées à l'avenir.

Pour y faire face, des moyens sont mis en œuvre au niveau du territoire pour former la main-d'œuvre dont les entreprises ont besoin. En 2023, l'Université du Littoral Côte d'Opale a ainsi été lauréate de l'Appel à Manifestation d'Intérêt « Compétences et métiers d'avenir » (AMI CMA) pour la priorité France 2030 « Décarbonation de l'industrie » avec le projet C-Décidé, pour développer des micro-certifications sur la décarbonation pour les étudiants en formation initiale et en formation continue. L'Ecole d'ingénieur de l'ULCO (EILCO) a créé à Dunkerque un cycle génie énergétique et environnemental et un programme sur la décarbonation, l'IUT a créé un bachelor génie industriel et maintenance et l'IMT Nord s'apprête à lancer un cycle de formation sur le nucléaire. Les acteurs institutionnels ou industriels ne sont pas en reste : la Chambre de Commerce et d'Industrie va créer un centre de formation aux métiers du BTP et Verkor crée une école de la batterie qui vise à former 1600 personnes du CAP au doctorat, qui sera située en région Rhône-Alpes (le siège de l'entreprise se situant à Grenoble).

Enfin la question du foncier, considéré comme largement disponible à Dunkerque, est toutefois une question épineuse pour l'avenir. Selon le rapport de la « Stratégie nationale de mobilisation pour le foncier industriel »[1], l'augmentation de deux points de la part de l'industrie dans le PIB d'ici 2030 nécessite de mettre en valeur 22 000 hectares de foncier. Or, l'industrie occupe déjà 4,5% des terres artificialisées, soit 227 561 hectares. Cette concurrence pour l'accès au foncier va aller en s'accroissant comme le montrent les manifestations d'agriculteurs dunkerquois inquiets face aux conséquences des objectifs industriels. En effet, l'application de la loi de compensation sur l'artificialisation des sols[2] impose de trouver 1500 hectares de terres à rendre à la nature pour entretenir la biodiversité. Les espaces où vont s'implanter les gigafactories étaient des terres agricoles. Les agriculteurs en ont été expropriés au début des années 1970 au profit du port, qui les a mis en location temporairement pour les agriculteurs, afin de préserver ces terres pour de futurs développements

---

[1] https://www.economie.gouv.fr/foncier-industriel-rapport-accelerer-lidentification-50-nouveaux-sites-industriels#

[2] https://www.vie-publique.fr/eclairage/287326-zero-artificialisation-nette-zan-comment-proteger-les-sols

industriels. Les agriculteurs redoutent d'être sacrifiés au profit d'objectifs industriels nationaux (*La Voix du Nord*, 28/02/2024).

De nombreuses incertitudes sont manifestes. Si la réindustrialisation est en marche, en termes d'effets d'annonce d'entreprises venant s'implanter sur le territoire et d'entreprises actuelles qui travaillent à réduire leurs émissions de CO_2, la mise en œuvre de ces décisions soulève un grand nombre de difficultés en matière de ressources naturelles (notamment en eau), d'énergie (notamment pour la production d'électricité), de main-d'œuvre (suppression de postes d'un côté et désintérêt pour les carrières industrielles de l'autre), sans parler de la mise en œuvre des nouveaux procédés industriels. Certains ne sont pas encore matures, notamment celui du captage du CO_2. De plus s'ils le devenaient, ils permettraient de continuer à extraire des énergies fossiles étant donné que les émissions de CO_2 seraient potentiellement captées et valorisées. En somme, une économie circulaire peu durable... et remettant en question les objectifs de neutralité carbone (*Le Monde*, 26/01/2022).

Le rôle déterminant des actifs spécifiques pour comprendre la trajectoire d'évolution du territoire industrialo-portuaire de Dunkerque

Nous avons dans le cadre de cette partie cherché à décrire l'histoire industrielle du territoire industrialo-portuaire dunkerquois sur le temps long en prenant appui sur la théorie évolutionniste. Dans ces conditions, nous avons été amenés à considérer qu'un territoire évolue en fonction des actifs spécifiques qu'il a accumulés au cours du passé. Ceux-ci permettent de dessiner une trajectoire. L'accumulation de ces actifs spécifiques peut aussi bloquer les changements rendus nécessaires et aboutir à une dépendance de sentier comme c'était le cas dans les premières années du 21e siècle à Dunkerque, victime d'une désindustrialisation. Pour sortir de cette situation de blocage, de nouveaux actifs spécifiques doivent être développés le long de la trajectoire (en termes de relations interindustrielles, d'infrastructures, de compétences). Appelés actifs secondaires, ils permettent de faire face à l'apparition de nouveaux éléments tels que l'augmentation du prix de l'énergie et des matières premières, l'apparition d'une nouvelle technologie, la promulgation d'une nouvelle réglementation ou encore l'évolution du contexte géopolitique international.

Si le territoire industrialo-portuaire de Dunkerque fait l'objet de toutes les attentions par les responsables politiques et les dirigeants d'entreprise, c'est essentiellement parce que ce territoire émet environ 21% des émissions de CO_2 industrielles du pays, situation dont l'origine remonte aux choix industriels des années 1960. La crise de la sidérurgie et la fermeture des chantiers navals pendant les années 1970-1980 ont entraîné une reconfiguration progressive du territoire industrialo-portuaire dunkerquois. Si dans les premières décennies des années 2000 la dépendance de sentier autour de l'industrie lourde du 20e siècle a profondément et négativement impacté le territoire, le déploiement du modèle d'écologie industrielle, permettant de développer des relations d'échanges de flux et matières de déchets a permis l'apparition de nouvelles ressources spécifiques qui peuvent jouer le rôle d'actifs dans une nouvelle phase de développement. Les trois types d'actifs spécifiques que nous avons identifiés, liés aux économies de proximité, aux infrastructures, aux compétences, sont en train de se recombiner pour reconfigurer le territoire. Le projet d'écologie industrielle a en effet conduit au développement d'un écosystème d'innovation circulaire, en tout cas de toutes ses composantes. À la fin de la décennie 2010, il a abouti à l'installation de quelques nouvelles entreprises, reliées aux filières déjà existantes (variété reliée). Pourtant les innovations, technologiques en particulier, restaient peu nombreuses et lorsqu'elles étaient mises en œuvre sur le territoire de Dunkerque, venaient d'ailleurs. Le territoire était considéré à cette date comme un territoire d'expérimentation industrielle et non un territoire générant l'innovation. Ces différents points sont résumés dans le tableau 12.

Tableau 12 : Actifs spécifiques et bifurcation

Types d'actif	Description
Actifs spécifiques issus des économies de proximité	Renforcement de la symbiose industrielle depuis le début des années 2010. Projets collectifs d'entreprises et d'acteurs publics : Programme « Territoire d'Innovation », programme « DKARBONATION » ; projet « Reuze », « collectif CO_2 »...
Actifs spécifiques infrastructurels	Développement d'institutions et de programmes dédiés à l'orientation du territoire vers l'économie circulaire et la décarbonation (Euraénergie, Digital Lab, etc.) Développement du mix énergétique : accueil à venir d'EPR, parc éolien en mer, hydrogène, etc.
Actifs spécifiques liés aux compétences	Main-d'œuvre industrielle qualifiée Création de deux écoles d'ingénieurs (EILCO, IMT Nord Europe ...) Programme C-Décidé à l'Université du Littoral-Côte d'Opale Un taux de chômage plus élevé que la moyenne nationale

Sources :
https://www.lagazettedescommunes.com/886546/dunkerque-regenere-son-tissu-industriel-a-laune-du-bas-carbone/
https://www.usinenouvelle.com/article/territoires-et-industrie-les-efforts-pour-decarboner-dunkerque-commencent-a-porter-leurs-fruits.N2169882

La réindustrialisation décarbonée qui se fait jour depuis le début de la décennie 2020 se présente toutefois comme une bifurcation historique dans la trajectoire de Dunkerque, puisque les activités développées, en particulier autour des batteries, rompent avec les filières en place. Dans quelle mesure l'histoire industrielle de Dunkerque et l'accumulation des actifs spécifiques ont-elle joué un rôle dans cette nouvelle orientation ? D'un côté, on peut considérer qu'il s'agit de décisions extérieures à Dunkerque qui ont conduit à ces implantations, et donc que les actifs accumulés dans la période précédente n'ont pas joué un rôle dans les transitions actuelles. Mais il est également possible de considérer que l'écosystème d'innovation qui s'est développé sous l'impulsion du projet d'économie circulaire a contribué à moderniser l'image du territoire industrialo-portuaire le rendant apte à adopter de nouvelles activités radicalement différentes.

Cette modernisation se lit aussi dans les stratégies de décarbonation mises en œuvre dans les entreprises installées de plus longue date. Ces entreprises doivent par conséquent s'adapter. Cette adaptation est d'autant plus nécessaire à Dunkerque, puisque le territoire réunit un nombre très important d'entreprises fortement émettrices de CO_2. L'enjeu de leur transformation s'avère néanmoins d'autant plus difficile que leurs routines organisationnelles (leur manière de travailler) se sont construites sur plusieurs décennies. Des investissements très importants s'avèrent indispensables. Comme nous avons pu le constater.

Pour autant, la bifurcation vers une réindustrialisation décarbonée que nous avons étudiée se heurte à de nombreux problèmes. Des problèmes techniques majeurs se posent encore puisque les technologies n'ont pas été développées à ce jour à une échelle industrielle importante, mais en sont au stade expérimental. Mais nous avons aussi évoqué des enjeux en termes de ressources humaines et bien entendu financières.

De plus, et c'est un élément de fragilité de cette bifurcation, face à la relation dialectique entre l'entreprise et le territoire, n'oublions pas que nous avons affaire à des entreprises multinationales qui sont en capacité de délocaliser leurs activités en fonction des avantages dont elles peuvent bénéficier en s'implantant sur un territoire plutôt que sur un autre. ArcelorMittal est une entreprise multinationale, implantée en Europe, aux États-Unis, au Brésil, en Inde, et au Kazakhstan. L'entreprise peut assez facilement quitter un territoire pour s'implanter ailleurs, d'autant qu'elle est le produit d'une longue série de fusions, d'acquisitions et d'offres publiques d'achat, au gré de l'évolution du capitalisme mondial, parfois au détriment des territoires et des populations qui y vivent. Il en est de même des autres entreprises qui prévoient de s'installer dans les années qui viennent. L'absence de sièges sociaux et de pouvoir de décision, l'absence de centre de R&D et d'entrepreneuriat innovant renforcent encore et toujours cette caractéristique de territoire d'expérimentation.

La réindustrialisation décarbonée du territoire dunkerquois s'inscrit dans une logique nationale (Loi du 22 août 2021 contre le dérèglement climatique et le renforcement de la résilience face à ses effets[1] et plus récemment le Plan France 2030) et européenne (Loi européenne sur le climat visant à atteindre la neutralité carbone d'ici à 2050). Si le rôle des responsables publics locaux est manifeste, l'avenir du territoire semble toujours largement déterminé par des décisions prises à l'extérieur de ses frontières. Ce n'est pas un fait nouveau, mais structurant de l'histoire de ce territoire, comme peuvent aussi l'illustrer ces propos de Charles de Freycinet à la fin du 19e siècle : « *Nous ne pouvons oublier que Dunkerque est la sentinelle avancée de la France au-delà du détroit et le port peut-être le mieux situé pour disputer à Anvers le sceptre de la mer du Nord. La question du port de Dunkerque dépasse les limites de cette ville et est pour nous une question française* » (Oddone, 2013, p. 24). Au cours des siècles, cette logique perdure. L'activité industrielle se développe grâce à de nouvelles implantations qui sont attirées par les aides publiques et par les disponibilités foncières. Cette question est cruciale dans l'optique de la réindustrialisation.

2.4. Expériences d'autres ports de la Mer du Nord

L'analyse de la mise en œuvre des mesures visant à développer l'économie circulaire et la décarbonation dans les plus grands ports du Range Nord Européen en termes de trafic maritime (Rotterdam, Anvers, Hambourg, Le Havre, Amsterdam), nous permet de comparer au moins partiellement les changements que nous avons repérés sur le territoire industrialo-portuaire de Dunkerque[2]. Comme nous l'avons

---

[1] https://www.legifrance.gouv.fr/jorf/id/JORFTEXT000043956924

[2] Cette partie s'appuie sur le rapport n°3 du programme IMPPEC (2023) et sur une recherche bibliographique sur les stratégies de décarbonation des ports du Range Nord.

vu, les stratégies de décarbonation à Dunkerque concernent surtout l'industrie. Mais la décarbonation du transport maritime est aussi un thème de préoccupation, en particulier pour les transporteurs qui doivent respecter des réglementations plus strictes et se doivent également de présenter le bilan carbone de leurs activités. Depuis 2019, le port de Dunkerque propose un service d'alimentation électrique à quai sur le terminal à conteneurs, permettant aux navires de se raccorder au réseau électrique terrestre et ainsi de supprimer les émissions de gaz à effet de serre générées par les moteurs (*cold ironing*)[1]. La loi « Low Sulphur » (IMO, 2020) mise en place par l'Organisation Maritime Internationale oblige depuis 2020 les navires à réduire leurs émissions de soufre de 85% et donc à exploiter des énergies alternatives comme le GNL. Dunkerque fait aussi partie des ports certifiés PERS (Port Environmental Review System), qui reconnaît les actions environnementales menées par le port. Les solutions visant à développer ou à améliorer l'efficacité des sources d'énergie sont mises en œuvre individuellement par chaque port ou collectivement par un groupe de ports. Par exemple, en 2021, les ports d'Anvers, Rotterdam, Brême et HAROPA[2] ont conclu un protocole d'accord concernant l'installation d'une alimentation électrique à terre pour les porte-conteneurs de très grande taille, qui devrait être opérationnelle au plus tard le 1er janvier 2028, alimenté de préférence par de l'électricité renouvelable. En 2023, les ports de la Manche et de la Mer du Nord (Douvres, Boulogne Calais mais aussi Dunkerque) et l'opérateur de ferry DFDS[3] ont signé un protocole d'accord pour une plus grande collaboration en vue de décarboner le trafic maritime dans le détroit de Douvres (utilisation de ferries électriques alimentés par batterie zéro émission et installations de recharge dans les ports, d'ici 2030)[4].

---

[1] http://www.dunkerque-port.fr

[2] Soit les ports du Havre, Rouen et Paris qui forment le Grand port fluvio-maritime de l'axe Seine. https://www.haropaport.com/fr

[3] European Cruises and Ferry Crossings est une compagnie maritime danoise opérant pour le transport du fret et des passagers.

[4] http://www.dunkerque-port.fr

Pour le cas des ports étudiés de manière individuelle, le port de Rotterdam (Pays-Bas) regroupe le plus grand nombre de projets de transition énergétique[1].

Le port de Rotterdam est le 1er port européen et le 9e port mondial en termes de trafic maritime. C'est un port de commerce polyvalent spécialisé dans les vracs liquides (hydrocarbures) et les conteneurs de marchandises. Il regroupe plus de 120 entreprises industrielles réparties dans la bioénergie (production, stockage et distribution), la chimie (produits chimiques utilisés dans l'alimentation, la construction, etc.), le raffinage du pétrole et de l'huile d'origine végétale représente 85% de la production. Les autres 15% sont constitués de naphta, d'huiles de base et de bitume. Le naphta est transformé en aromatiques ou en alcènes (pi carbure éthylénique) et sert ensuite de matière première à l'industrie chimique présente sur le port. L'économie circulaire y est développée depuis le milieu des années 1990 (Boons, Baas, 1997 ; Baas, 2008 ; Steenmans, 2021) avec des projets autour de l'eau, l'énergie, le partage des services publics, la gestion des produits et des déchets.

Sa stratégie actuelle d'économie circulaire et de décarbonation s'oriente vers la création d'un port circulaire et neutre en CO_2, reposant sur quatre piliers :

- Pilier 1 : accroître l'efficacité de l'industrie existante et construire des infrastructures (supplémentaires) pour la chaleur, le CO_2, l'électricité et l'hydrogène.
- Pilier 2 : renouveler le système énergétique en passant des combustibles fossiles à l'électricité verte et à l'hydrogène.
- Pilier 3 : passer à un nouveau système de matériaux et de carburants.
- Pilier 4 : rendre les transports plus durables.

Ces projets visent principalement à capter et à stocker le CO_2 sous la Mer du Nord. La chaleur produite par l'industrie dans le port est

[1] Le port de Rotterdam - Stratégie et recherche (https://www.portofrotterdam.com/en/port-future/energy-transition/strategy-and-research)

utilisée pour chauffer les habitations et sera bientôt étendue aux bureaux et aux serres. L'énergie éolienne doit être développée, tandis que l'industrie se prépare à rendre les processus industriels plus durables, notamment grâce à l'utilisation de l'hydrogène[1].

Parmi les quatre piliers ci-dessus mentionnés, le premier vise à améliorer l'efficacité énergétique tandis que le deuxième se concentre sur l'installation d'un nouveau système énergétique (en passant des combustibles fossiles à l'électricité verte et à l'hydrogène). Le développement de l'infrastructure pour le système énergétique du futur est illustré dans huit projets clés du port de Rotterdam[2]. Ils correspondent aux principales mesures opérationnelles et techniques de décarbonation des ports, présentées par Alamoush *et al.* (2023) (voir aussi la partie 1).

[1] Le port de Rotterdam - Efficacité et infrastructure (https://www.portofrotterdam.com/en/port-future/energy-transition/efficiency-and-infrastructure)

[2] Le port de Rotterdam - Projet en cours (https://www.portofrotterdam.com/en/port-future/energy-transition/ongoing-projects#pillar1)

Encadré 9 : Principales mesures destinées à la décarbonation du port de Rotterdam

- Importation d'hydrogène et infrastructure de transport : Gasunie[1], HES International[2] et Vopak[3] unissent leurs forces et leurs connaissances dans le port de Rotterdam pour développer un terminal d'importation d'ammoniac comme vecteur d'hydrogène vert. Le terminal sera exploité sur la Maasvlakte[4] sous le nom d'ACE Terminal et sera opérationnel à partir de 2026. Ce projet correspond à la mesure de *changement ou de modernisation des équipements portuaires*.
- L'infrastructure du pipeline Delta Corridor vers Chemelot et l'Allemagne. Dans le cadre d'Hynetwork Services, l'autorité portuaire de Rotterdam et divers partenaires industriels soutiennent le développement du projet Delta Corridor, qui consiste en un faisceau de quatre pipelines. Ce pipeline d'hydrogène constituera bientôt l'épine dorsale de l'infrastructure d'hydrogène de Rotterdam. À l'avenir, le pipeline sera connecté au réseau national et international de l'hydrogène. Il sera ainsi relié à Chemelot dans le Limbourg, à la Rhénanie-du-Nord-Westphalie en Allemagne et à d'autres régions d'Europe. Ce projet devrait être opérationnel en 2026. Il correspond aux mesures de *changement ou de modernisation des équipements portuaires* et de *développement des nouvelles sources d'énergie*).
- Renforcement du réseau électrique et nouveaux câbles pour les parcs éoliens off-shore : l'énergie verte générée par les éoliennes offshore arrive à terre dans la sous-station de haute tension de TenneT. De là, l'énergie verte est acheminée vers Rotterdam. Une nouvelle sous-station Amaliahaven de haute tension de 380 kV sera construite dans Maasvlakte. Cela facilitera le débarquement de l'énergie verte provenant des parcs éoliens prévus en mer du Nord. Ce projet correspond aux mesures de décarbonation de

[1] Gasunie est une société anonyme detenue à 100% par l'Etat néerlandais. Sa principale tâche est de gérer, d'entretenir et d'adapter (rénovation et construction neuve) le système de transport de gaz.
[2] Compagnie néerlandaise de manutention de produits en vrac et liquides.
[3] Compagnie pétrolière et gazière néerlandaise.
[4] Le parc industriel de Rotterdam.

l'exploitation portuaire (le développement des nouvelles sources d'énergie et l'augmentation de l'efficacité énergétique) ainsi que de l'interface navire-port (*réduction des émissions à quai des navires*).

- Infrastructure pour le transport et le stockage sous-marin du CO_2 : le captage du CO_2 provenant de l'industrie et son stockage sous la mer du Nord est une option importante pour réduire les émissions de CO_2 à court terme. Ce projet devrait être opérationnel en 2025. À l'heure actuelle, Gasunie et Vopak étudient le développement de CO2next, un terminal indépendant pour le CO_2 liquide à Maasvlakte dans le port de Rotterdam. Ce terminal pourra recevoir et livrer du CO_2 liquide par bateau (ou par camion ou par wagon) et sera relié aux gisements de gaz épuisés de la mer du Nord, ce qui permettra d'acheminer des volumes importants de CO_2 dans un avenir proche. Ce système d'accès ouvert mettra les infrastructures nécessaires à la disposition de tous les acteurs du marché, y compris ceux qui ne disposent pas d'une connexion directe à un pipeline de CO_2. En outre, ce projet de terminal peut être un catalyseur important dans la création d'un marché pour la réutilisation du CO_2 en tant que matière première. Ce projet permettra à terme d'intégrer la ville portuaire et le pôle industriel.
- Canalisations de chaleur provenant de l'industrie : WarmtelinQ est la canalisation souterraine utilisée pour transporter la chaleur résiduelle du port de Rotterdam à La Haye afin de chauffer les habitations et les entreprises.
- Infrastructure pour le projet H-vision, pour la production d'hydrogène à faible teneur en carbone : H-vision est un projet commun à plusieurs entreprises (Deltalinqs[1], Air Liquide, BP, ONYX-Power Rotterdam[2], Energie Beheer Nederland (EBN)[3], Equinor[4], Shell, Uniper[5], Vopak et ExxonMobil), axé sur la production d'hydrogène à faible teneur en carbone à partir de gaz de raffinerie, y compris le piégeage et le stockage du carbone. À Maasvlakte, 24

[1] Deltalinqs est une organisation qui regroupe environ 600 entreprises du port de Rotterdam. Elle est responsable du programme « Energy Forum » pour soutenir le développement durable.

[2] La centrale électrique de Rotterdam

[3] Entreprise gazière néerlandaise.

[4] Energéticien norvégien.

[5] Energéticien allemand.

hectares ont été réservés pour le parc de conversion qui transformera l'électricité verte des parcs éoliens offshore en hydrogène vert par électrolyse. Plusieurs parcelles du parc ont déjà été réservées, notamment par Shell. Le chimiste néerlandais Nobian, BP et l'autorité portuaire de Rotterdam collaborent au projet H2-Fifty, qui vise à développer un électrolyseur de 250 MW d'ici à 2025. L'objectif est de fournir à terme entre 100 et 180 000 tonnes d'hydrogène vert par an à l'industrie et/ou au secteur des transports. Le vent fournit de l'énergie verte et est important pour la production d'hydrogène vert.

- Systèmes d'alimentation à quai pour les navires de mer : au cours des prochaines décennies, le secteur industriel de Rotterdam connaîtra une augmentation substantielle de la demande d'énergie verte et d'autres types d'énergie électrique. Les entreprises auront besoin de cette énergie supplémentaire pour l'électrification des processus industriels, la production d'hydrogène vert et le transport électrique. La demande d'électricité devrait être multipliée par deux, voire par quatre. Rotterdam doit donc renforcer son réseau électrique.
- Infrastructure de transport d'hydrogène entre les Pays-Bas, la Belgique et l'Allemagne : un groupe d'entreprises du complexe industriel portuaire de Rotterdam, dont l'Autorité du port de Rotterdam, Orascom Construction Industries (OCI)[1], Koole[2], Air Products[3], Shell, Vopak, VTTI[4] et Votob[5], ont publié une déclaration commune appelant les décideurs politiques européens à un cadre réglementaire neutre sur le plan technologique qui empêche les premiers arrivants d'investir dans les infrastructures d'importation dans les ports. Cela facilite le déploiement d'infrastructures de pipelines nouvelles et existantes et le soutien pour la création de nouveaux corridors maritimes d'importation.

[1] Entreprise égyptienne de construction.
[2] Entreprise de distillation industrielle pétrochimique.
[3] Entreprise de gaz industriels, médicaux et de laboratoire.
[4] Energéticien néerlandais.
[5] The Dutch Association of Tank Storage Companies

Sur le plan de la digitalisation, le port de Rotterdam monte de nombreux de projets pour pouvoir maximiser son efficacité. Ils reposent sur trois piliers[1] : sans faille, durable et connecté. Un port sans faille est défini comme un port avec des temps de rotation et d'accostage courts pour les navires, des procédures fluides et un niveau élevé de satisfaction de la clientèle (avec l'outil Routescanner). Il s'agit aussi d'optimiser les activités à l'interface navire-port en réduisant les délais de rotation des navires. L'autorité portuaire de Rotterdam gère les réseaux de surveillance dans le port de Rotterdam afin de fournir à la navigation des informations correctes et actuelles sur les profondeurs et les niveaux d'eau et sur les conditions météorologiques. Le port de Rotterdam développe également les outils numériques nécessaires à cet effet (5G). Ce nouveau réseau de communication mobile contribue à rendre les processus commerciaux existants plus efficaces, plus durables, plus sûrs et plus rentables. Routescanner[2] et 5G, accompagnent donc également la gestion de l'arrivée virtuelle et juste à temps des navires.

Le port d'Anvers-Bruges a l'ambition de devenir le premier port mondial pour réconcilier le climat, les êtres humains et l'économie. La transition énergétique jouera un rôle majeur à cet égard. Les industries qui consomment beaucoup d'énergie ont besoin d'une infrastructure et de partenaires adéquats pour devenir neutres sur le plan climatique. L'industrie chimique, qui est fortement représentée dans le port d'Anvers-Bruges, en est un très bon exemple. C'est pourquoi le Port d'Anvers-Bruges collabore avec des entreprises du secteur sur un large éventail de solutions et de projets de grande envergure. Par exemple, en ce qui concerne le captage, l'utilisation et le stockage du carbone (CCUS), ou la capture du CO_2 en vue de son stockage ou de sa réutilisation ultérieurs, l'entreprise commune Fluxys

[1] Le port de Rotterdam – Digitalisation (https://www.portofrotterdam.com/en/port-future/digitisation)

[2] Routescanner est une plateforme de recherche permettant de découvrir l'intinéraire de transport massifié de conteneurs le plus adapté à un transporteur. Cela permet de trouver et de choisir le meilleur trajet afin doptimiser les itinéraires, les émissions de CO_2 et les coûs.

C-Grid a été créée en septembre 2023[1]. Quatre partenaires (Fluxys, Pipelink, Socofe et SFPIM)[2] collaborent en tant qu'opérateurs de réseaux de CO_2 pour fournir à l'industrie chimique l'infrastructure nécessaire au transport du CO_2. Ce réseau sera également connecté à des sites chimiques dans d'autres pays européens. En outre, le Port d'Anvers-Bruges se concentre sur le développement de l'énergie circulaire[3]. Par exemple, avec NextGen District, le Port d'Anvers-Bruges offre un lieu pour la conception, le développement et la mise en œuvre de projets autour de la chimie circulaire. Situé dans un environnement industriel, à proximité du plus grand cluster chimique intégré d'Europe, le site offre un avantage compétitif grâce à son interaction avec les entreprises et fournisseurs existants. Plusieurs investisseurs sont déjà connus, dont TripleHelix[4]. Avec leur projet SurePUre[5], ils construisent une usine de recyclage de mousse de polyuréthane et de plaques de PET (plastique en polyéthylène téréphtalate). L'usine sera autosuffisante en termes de besoins énergétiques, de manière totalement circulaire. PureCycle investit également dans une usine de recyclage sur le site. Elle recyclera le polypropylène avec une capacité de 59 000 tonnes par an.

À l'instar d'autres ports européens, le CCUS ne suffira pas, à long terme, à rendre l'industrie chimique neutre sur le plan climatique. C'est pourquoi le port se concentre sur l'hydrogène (vert). En convertissant l'hydrogène en ammoniac, celui-ci peut être facilement transporté sur de longues distances. Une série d'investissements sont actuellement en cours pour que cet avenir devienne réalité (voir encadré).

---

[1] Le port d'Anvers-Bruges - "Fluxys c-grid" - gestionnaire du réseau de CO2 (https://newsroom.portofantwerpbruges.com/fluxys-belgium-pipelink-socofe-and-sfpim-join-forces-in-co2-network-operator-fluxys-c-grid#)
[2] https://www.fluxys.com/fr/press-releases/fluxys-belgium/2023/230920_press_co2-network-operator-fluxys-c-grid
[3] Le port d'Anvers-Bruges – Économie circulaire (https://www.portofantwerpbruges.com/en/news/investments-climate-neutral-port?fromSearch=true&query=decarbonisation)
[4] https://triplehelixgroup.com/
[5] https://www.lecho.be/connect/port-of-antwerp/port-mondial-au-coeur-humain--climat-et-economie/nous-voulons-que-le-nextgen-district-devienne-notre-deuxieme-chez-nous/10327947.html

Encadré 10 : Projets d'investissements dans le Port Anvers-Bruges pour un port neutre

- Le projet pilote d'Air Liquide investit dans l'hydrogène à Anvers. Une installation pilote innovante pour la décomposition de l'ammoniac doit être prochainement achevée. Grâce à de nouvelles technologies, elle convertira l'ammoniac en hydrogène à l'échelle industrielle avec une empreinte carbone optimisée.
- VTTI est une entreprise spécialisée dans le stockage de l'énergie et d'autres produits essentiels tels que les produits chimiques, elle vise à ce qu'un terminal d'importation d'ammoniac et une installation de décomposition de l'ammoniac soient opérationnels dans la zone portuaire d'ici 2026. Ce terminal devrait fournir plus d'un million de tonnes d'hydrogène propre dès la première année.
- Une étude de faisabilité pour un terminal d'importation ouvert pour l'ammoniac durable d'Advario Stolthaven Antwerp, Advario Gas Terminal et Fluxys a été réalisée[1]. L'objectif est de pouvoir utiliser cette infrastructure d'ici 2027-2028.
- La société néerlandaise de stockage de réservoirs VOPAK a acheté une nouvelle concession à Anvers, où elle construit le Vopak Energy Park Antwerp[2]. Vopak s'engage à redévelopper le site de manière durable. Par exemple, en collaboration avec le port d'Anvers-Bruges, l'entreprise se concentrera sur le développement et la mise en œuvre conjoints pour soutenir l'énergie renouvelable. Le site, d'une superficie d'environ 105 hectares, offre un accès en haute mer, fluvial, routier et ferroviaire, ainsi que des connexions de pipelines vers le nord-ouest de l'Europe. Les pipelines adjacents et futurs sont adaptés au transport, entre autres, du propylène, de l'éthylène, du CO_2 et de l'hydrogène. Un nouveau pôle d'énergie verte qui devrait accélérer la décarbonation du pôle industriel.

---

[1] https://www.fluxys.com/fr/projects/ammonia-terminal

[2] Le Port d'Anvers-Bruges - Vopak et le port d'Anvers-Bruges vont redévelopper durablement l'ancien site de Gunvor https://newsroom.portofantwerpbruges.com/vopak-and-port-of-antwerp-bruges-to-sustainably-redevelop-former-gunvor-site?fromSearch=true&query=decarbonisation&_gl=1*fpxi36*_ga*NTIzNDgwODkwOS45OTA0Njk2NTU3*_ga_DTC7EP43ET*MTcwOTg5MTgyNS4xLjEuMTcwOTg5MTg2OS4xNi4wLjA.#

- Hybex est un projet de Fluxys, Hinicio et du Port d'Anvers-Bruges[1] visant à créer un marché compétitif pour l'hydrogène durable, notamment par la construction d'un centre d'échange d'hydrogène.

Source : Le Port d'Anvers-Bruges - Investissements pour un port neutre sur le plan climatique
https://www.portofantwerpbruges.com/en/news/investments-climate-neutral-port?fromSearch=true&query=decarbonisation

Pour atteindre l'objectif de décarbonation, « l'esprit pionnier du changement » est mis en avant dans le port de Hambourg. Les autorités, les institutions et les entreprises consacreront les prochaines années à la création et au développement d'un pôle énergétique durable. De nombreux programmes sont déjà en cours, d'autres ont déjà été mis en œuvre par des entreprises. Le Sustainable Energy Hub Hamburg, la HPA (autorité portuaire de Hambourg), a lancé une initiative pour rapprocher tous les acteurs. L'idée est aussi de les aider à communiquer avec les autorités lorsqu'il s'agit d'approuver des projets. Ce sera un facteur décisif dans la mise en œuvre rapide de la plate-forme énergétique durable. Les solutions actuelles de décarbonation du port de Hambourg se concentrent sur la transition énergétique. L'autorité portuaire de Hambourg a lancé l'initiative Sustainable Energy Hub Hamburg[2]. Son objectif est d'assurer le développement et la transformation réussis d'une section du port pour l'énergie durable dès le début.

L'hydrogène jouera un rôle très important en tant que source d'énergie à l'avenir. Des entreprises, comme l'entreprise allemande de logistique et de transport HHLA, sont en train d'unir leurs forces à celles de nombreux autres partenaires pour tester cette nouvelle ressource dans des applications pratiques. Un autre élément de la transition énergétique est le GNL (gaz naturel liquéfié). De plus, en janvier 2024, les deux entreprises municipales Hamburg Port Authority

[1] Hybex est un projet de Fluxys, Hinicio et du Port d'Anvers-Bruges
[2] Le port de Hambourg- Pour un port plus vert (https://www.hafen-hamburg.de/en/port-of-hamburg-magazine/energy-hub/for-a-greener-port/)

et Hamburger Energiewerke ont créé une entreprise commune pour faire avancer la décarbonation du port de Hambourg. À cette fin, les énergies renouvelables telles que l'énergie photovoltaïque et l'énergie éolienne doivent être développées dans la zone portuaire et des solutions d'énergie renouvelable doivent être mises au point. La nouvelle société Erneuerbare Hafenenergie Hamburg GmbH sera gérée comme un partenariat égalitaire dans lequel les deux entreprises complètent leurs compétences et leurs capacités respectives. En juin 2023, HHLA a chargé Linde Engineering de construire une station-service d'hydrogène dans le cadre de son pôle d'innovation Clean Port & Logistics[1]. La station-service fera partie du centre d'essai pour la logistique portuaire alimentée à l'hydrogène au terminal à conteneurs Tollerort (CTT) dans le port de Hambourg.

D'autres projets en cours se concentrent également sur le développement de systèmes électriques alternatifs et sur l'utilisation des énergies renouvelables. Par exemple, en juin 2023, l'électrification de la zone de stockage du terminal à conteneurs Burchardkai[2] de HHLA se poursuit avec la mise en service de quatre nouveaux blocs de stockage modernes. Ce changement a pour but de faire progresser la décarbonation des flux de travail ainsi que la réduction des émissions dans le port de Hambourg. La transition vers ces nouvelles technologies a été subventionnée par l'autorité environnementale avec des fonds spéciaux du Fonds européen de développement régional dans le cadre de l'initiative REACT-UE[3], pour un total de dix millions d'euros. Ensuite, les centrales électriques à quai des terminaux de HHLA à Hambourg ont été mises en place en octobre

---

[1] Le port de Hambourg - station-service d'hydrogène dans le port de Hambourg (https://www.hafen-hamburg.de/en/press/news/hhla-and-linde-engineering-build-hydrogen-filling-station-in-the-port-of-hamburg/)

[2] https://hhla.de/en/company/subsidiaries/container-terminal-burchardkai-ctb

[3] REACT-EU est un programme européen qui vise à remédier aux dommages sociaux et économiques causés par la pandémie de Covid-19 et de préparer une reprise écologique, numérique et résiliente de l'économie.
https://www.europe-en-france.gouv.fr/fr/react-eu-recovery-assistance-cohesion-and-territories-europe

2023, ce qui permet de fournir de manière fiable de l'électricité à quai aux navires équipés de cette technologie[1].

Afin de promouvoir la décarbonation des ports, le Port de Hambourg participe actuellement à trois projets européens financés par le programme Interreg mer du Nord de l'Union européenne[2] :

- Le projet Green Supply Chains (GSC) se concentre sur l'exploitation des synergies dans les stratégies d'électrification des ports (intérieurs) et de leurs régions voisines. Dans le cadre de ce projet, l'autorité portuaire de Hambourg étudie l'expansion des solutions d'alimentation électrique à quai dans le port pour un plus grand nombre de clients. Le projet, qui doit se développer jusqu'en 2026, couvrira également le transport dans l'arrière-pays, où la technologie jouera un rôle essentiel dans l'avancement des efforts de décarbonation. Dans le cadre de cette initiative globale, l'objectif est d'améliorer les outils de réservation existants pour le transport combiné, en simplifiant le processus de réservation et d'utilisation du transport ferroviaire.
- Le projet Shore Power In European Shipping (SPIES)[3] se concentre sur la formulation d'un plan d'action pour l'expansion systématique de l'alimentation électrique à quai pour les navires intérieurs et côtiers.
- En ce qui concerne les compétences non techniques de la main-d'œuvre, le projet « Skills for a Green Industrial Transition » est un programme d'éducation et de formation pour les techniciens qualifiés afin de soutenir la transition industrielle verte dans le secteur portuaire. Un centre de formation professionnelle sera créé dans cet objectif.

---

[1] Le port de Hambourg - Centrale électrique à terre à CTT : premier essai de navire réussi (https://www.hafen-hamburg.de/en/press/news/shore-side-power-station-at-ctt-first-ship-test-successful/)

[2] Le port du Hambourg - Trois nouveaux projets pour des ports « verts » (https://www.hafen-hamburg.de/en/port-of-hamburg-magazine/energy-hub/three-new-projects-for-green-ports/)

[3] https://www.interregnorthsea.eu/spies

Le port du Havre installe des équipements pour alimenter les navires à quai et réduire leur empreinte environnementale[1]. Il a commencé à travailler pour atteindre l'objectif pour permettre aux navires de croisière de se connecter à une alimentation électrique terrestre lors de leurs escales au Havre. Le port du Havre a de l'ambition et sera le premier port d'Europe du Nord à pouvoir fournir 30MW aux navires de croisière. L'électrification des quais de Port 2000 s'étalera jusqu'en 2028, suite au protocole d'accord signé le 21 juin 2021 entre les cinq ports Range Nord (Anvers, Hambourg, Rotterdam, Bremerhaven et Le Havre). Avec ce programme d'électrification des quais, le port du Havre entend consolider sa compétitivité sur le marché de la croisière en Europe du Nord et renforcer son attractivité pour les opérateurs de croisière et les acteurs de l'ensemble de la chaîne de valeur transport/logistique. Le port du Havre développe donc des solutions alternatives d'alimentation électrique sur ses territoires pour accompagner la transition énergétique de ses clients[2]. En ce qui concerne plus particulièrement le transport fluvial, il s'agira de déployer 78 connecteurs terminaux le long de la Seine pour permettre aux bateaux de se raccorder au réseau terrestre. Dans la même logique, le port du Havre mettra à disposition des transporteurs routiers des stations-service gaz naturel pour véhicules sur le domaine portuaire, dont la plus importante de France, basée sur le port de Gennevilliers.

Par ailleurs, l'entreprise d'informatique pour la logistique portuaire, SOGET a créé une plateforme collaborative permettant la numérisation et l'automatisation de l'ensemble des flux documentaires, commerciaux et logistiques. Elle permet une plus grande connectivité entre les acteurs et contribue à l'attractivité de l'Axe Seine en assurant un acheminement efficace et sécurisé des marchandises. En particulier, le port du Havre, membre fondateur du

---

[1] Le port du Havre - Des ports plus verts : Le port installe des équipements pour alimenter en électricité les navires à quai, réduisant ainsi leur empreinte environnementale (https://www.haropaport.com/en/actualites/greener-ports-haropa-port-installs-equipment-supply-power-ships-berth-reducing-their)

[2] Le port du Havre - Votre partenaire pour une logistique décarbonée (https://www.haropaport.com/sites/default/files/media/downloads/plaquette-commerciale-en.pdf)

collectif 5G Lab[1] aux côtés de la communauté d'agglomération Le Havre Seine, Nokia, Siemens et EDF, accueille plusieurs expérimentations basées sur des cas d'usage reproductibles sur l'Axe Seine. L'objectif est de montrer que la 5G est une technologie appropriée pour améliorer la compétitivité des ports de l'Axe Seine, par exemple, l'amélioration de la communication mer/terre, la gestion et l'optimisation des flux de données et des procédures identifiées comme essentielles pour la sécurité de la navigation portuaire (en particulier en ce qui concerne les opérations de dragage). Le port du Havre s'est également associé à la Conférence Starat du MAGPIE organisée à Rotterdam le jeudi 10 mars 2023[2]. MAGPIE a l'ambition d'accélérer l'approvisionnement et l'utilisation de vecteurs d'énergie verte dans le transport vers, depuis et à l'intérieur des ports, en démontrant et en mettant en œuvre des solutions intelligentes dans le domaine de la numérisation et de l'automatisation pour contribuer à la décarbonation du transport portuaire.

Pour le cas du port d'Amsterdam, les mesures visant à développer de nouvelles sources d'énergie et à accroître l'efficacité énergétique sont clairement indiquées dans sa stratégie de transition énergétique. Par exemple, le port d'Amsterdam réserve de l'espace et investit dans l'infrastructure et les partenariats avec des clients, des start-ups et des partenaires. Le port a développé une plate-forme énergétique internationale durable reposant sur trois piliers[3] :

- Pilier 1 : développer la production et le stockage d'énergie durable, soit actuellement, plus de 260 000 kilomètres carrés de panneaux solaires ont été installés sur les toits des bâtiments du port d'Amsterdam. D'ici à la fin de l'année 2024, la surface totale devrait dépasser les 350 000 kilomètres carrés. Par ailleurs, un nouveau port de l'énergie sera construit sur l'ancien port à IJmuiden, ce qui

---

[1] https://www.haropaport.com/fr/haropa-port-un-incubateur-de-linnovation-collective

[2] Conférence de lancement des ports verts intelligents en tant que hubs multimodaux intégrés et efficaces (MAGPIE) (https://www.haropaport.com/en/actualites/smart-green-ports-integrated-efficient-multimodal-hubs-magpie-start-conference)

[3] Le port d'Amsterdam – La stratégie de transition énergétique (https://www.portofamsterdam.com/en/discover/sustainable-port/energy-transition)

jouera un rôle important dans l'installation de parcs éoliens en mer.

- Pilier 2 : attirer et faciliter la production de carburants renouvelables et de matières premières circulaires. Les carburants durables sont stockés dans plusieurs terminaux du port. L'objectif pour 2025 est de consacrer 12,5 % de la capacité de stockage aux carburants alternatifs. Le consortium H2Gate, qui réunit différentes entreprises énergétiques et en intelligence artificielle[1] et le port d'Amsterdam, s'est engagé à établir une chaîne de valeur 100 % verte pour le transport, le stockage et la distribution d'hydrogène vert dans la zone portuaire d'Amsterdam et dans les régions industrielles intérieures telles que la Ruhrgebied. H2Gate devient H2A en faisant de la zone portuaire d'Amsterdam la future plaque tournante des importations grâce à des technologies de transport de l'hydrogène vert sûres et rentables. Le port d'Amsterdam fait partie du consortium H2A[2], qui vise à importer un million de tonnes d'hydrogène vert dans le port d'Amsterdam et comprend de nombreux acteurs importants de l'industrie de l'hydrogène. HyCC a lancé le projet H2A[3] pour construire une usine d'hydrogène vert de 500 mégawatts dans la zone portuaire d'Amsterdam.
- Pilier 3 : développer l'infrastructure nécessaire à la transition durable. Pour la transition énergétique, les entreprises ont besoin de plus d'électricité, de vapeur, d'hydrogène vert et de CO_2, ainsi que d'une infrastructure pour transporter cette énergie et ces matériaux. Le transport maritime nécessite également une infrastructure (de ravitaillement) pour rendre possible le transport maritime propre. C'est pourquoi ce port travaille avec les gouvernements régionaux et les opérateurs de réseaux pour construire cette infrastructure.

Concernant les mesures de l'intégration de la ville portuaire et interaction industrielle, le port d'Amsterdam crée de précieuses

---

[1] Evos, Hydrogenious (Allemagne), Hysilabs (France) et Electriq Global (Israël)

[2] https://h2amsterdam.com/

[3] https://www.hycc.com/fr/nouvelles/hycc-lance-un-projet-dhydrogene-de-500-megawatts-dans-le-port-damsterdam

chaînes circulaires pour le port et la ville par plusieurs activités[1]. Par exemple, la majeure partie des déchets produits par les ménages d'Amsterdam, l'industrie hôtelière et les entreprises sont traités et recyclés dans la zone portuaire. Le port d'Amsterdam est le siège de nombreuses entreprises chimiques et énergétiques, de producteurs de biocarburants, d'usines chimiques et de centrales électriques. Le port crée des relations entre le port, l'industrie chimique, les centres de recherche, les spin-offs et les start-ups. Le port d'Amsterdam abrite plusieurs entreprises qui transforment ces déchets en biocarburants. Il existe une installation de gaz vert dans la zone portuaire, qui est une initiative de plusieurs entreprises (Waterschap Amstel, Gooi & Vecht[2]). Le gaz vert y est produit à partir du limon qui reste après le filtrage des eaux usées. Les déchets plastiques ont une nouvelle vie dans le port d'Amsterdam. Plastic Recycling Amsterdam transforme les déchets plastiques collectés en nouveaux matériaux plastiques.

Malgré les efforts mondiaux et les réglementations pressantes, les industries du transport maritime (Smith *et al.*, 2015 ; IMO, 2020), des ports (Iris, Lam, 2019 ; Alamoush *et al.*, 2020 ; Sifakis, Tsoutsos, 2021) et du transport terrestre (Bergqvist *et al.*, 2015) n'ont pas encore atteint leur objectif de décarbonation. Selon Alamoush *et al.* (2023), le transport maritime avance donc très lentement dans le processus de décarbonation. Les raisons de cette lenteur sont par exemple liées à l'augmentation continue du transport de marchandises et de ses émissions alors que les technologies et mesures de décarbonation sont lentement adoptées. Alamoush *et al.* (2023) ont également résumé et catégorisé les raisons de cette lente adoption des technologies et mesures de décarbonation en raisons organisationnelles, institutionnelles, économiques, politiques, réglementaires, de gestion et techniques.

---

[1] Le port d'Amsterdam – Économie circulaire (https://www.portofamsterdam.com/en/discover/sustainable-port/circular-economy)

[2] https://www.bable-smartcities.eu/fr/explorer/cas-pratiques/cas-pratique/bubble-barrier-amsterdam.html

Photo 28 : Au futur - l'industrie verte ?

Photo 29 : Au futur – CO_2 capté ?

Source : Hollman Rojas, photos réalisées à partir de l'intelligence artificielle

Conclusion

Face aux crises systémiques récentes (pandémie de la Covid-19, guerres), la question de la réindustrialisation est devenue depuis quelques années une question clé. Les défauts de fonctionnement des chaines de valeur globalisées dans de nombreuses industries ont été révélés par ces crises, par exemple dans les domaines des semi-conducteurs, de la pharmacie, de l'énergie, des céréales (Uzunidis, Adatto, 2022, 2023 ; Adatto *et al.*, 2023). Ils conduisent à réfléchir à la localisation /relocalisation, en Europe en particulier, d'unités de production essentielles au bon fonctionnement de l'économie contemporaine, afin de se soustraire de la dépendance liée à un éparpillement planétaire des activités face aux perturbations des transports ou à d'autres problèmes géopolitiques. Nombre d'États, dont la France, se sont donc lancés dans de vastes programmes de réindustrialisation. Cependant, celle-ci ne peut se faire en dehors de la réflexion portant sur le changement climatique et de la nécessité de diminuer l'impact des activités humaines sur l'environnement. Dans ce contexte, Réindustrialisation, Économie circulaire, et Décarbonation s'associent pour tenter de concilier impératifs industriels, économiques et environnementaux.

Si l'économie circulaire a longtemps été étudiée à l'échelle des économies nationales, voire supranationales, ou à l'inverse à l'échelle des entreprises, nous avons pris le parti dans cet ouvrage de l'étudier à l'échelle des territoires. En tant que concept et qu'ensembles de pratiques, l'économie circulaire a été popularisée dans les deux premières décennies du 21e siècle, avec l'objectif de transformer le modèle économique dominant, afin de le rendre compatible avec le développement durable. L'ensemble des pratiques qu'elle recouvre invite à promouvoir un meilleur usage des ressources naturelles et à réduire les déchets en développant des boucles de recyclage et de réutilisation.

Notre réflexion s'est ainsi portée sur les impacts de la mise en place l'économie circulaire dans le territoire industrialo-portuaire de

Dunkerque, que nous avons étudié par le biais de programmes de recherche et de thèses de doctorat réalisés depuis la fin des années 1990 à l'Université du Littoral Côte d'Opale. Nous avons développé l'idée selon laquelle, l'économie circulaire peut devenir un nouveau modèle économique pour ces territoires qui font face aux défis de se conformer aux contraintes environnementales liées à la raréfaction des ressources et à l'augmentation du prix de l'énergie. À partir de la littérature scientifique étudiée dans la première partie du présent ouvrage, nous avons fait le lien entre l'économie circulaire et l'écosystème d'innovation. Notre travail nous conduit à formuler une définition de l'écosystème d'innovation circulaire comme un écosystème d'innovation alimenté par un projet d'économie circulaire. Il est formé par un ensemble d'entreprises, d'institutions de recherche publique ou privée et d'organismes de gouvernance qui établissent des relations de collaboration et partagent des ressources liées au développement de l'économie circulaire (infrastructures, savoir-faire et ressources humaines partagés). Les entreprises impliquées dans un tel écosystème transforment et adaptent leur modèle économique pour pouvoir produire des éco-innovations avec les autres acteurs de l'écosystème. Ces éco-innovations peuvent prendre la forme d'innovations de produits ou de services, d'innovations de processus impliquant des technologies nouvelles, voire d'innovations organisationnelles. Dans ces écosystèmes d'innovation, la création de valeur est susceptible d'émerger à la fois aux niveaux micro et méso-économiques, orientée vers des activités économiques circulaires.

En France, le territoire de Dunkerque est un territoire pionnier en matière d'économie circulaire, en particulier par le biais d'un de ces piliers, l'écologie industrielle, où les déchets des uns deviennent la matière première des autres. Dès la création du complexe industriel lourd après la Seconde Guerre mondiale, la réutilisation de la chaleur du processus de production de l'acier a été pensée et progressivement mise en place. Nous avons retracé l'histoire industrielle de Dunkerque depuis le 17e siècle en rappelant ses principales étapes et en réalisant une étude approfondie de sa trajectoire du lendemain de la Seconde Guerre mondiale à nos jours. Cette trajectoire est marquée par des périodes de forte croissance et d'espoirs de renouveau, et par des périodes de crise et de remise en cause. Nous en étudions finement les raisons et les implications. Alors que la crise associée à la désindustrialisation faisait rage au tournant du 21e siècle, Dunkerque s'est saisie de l'économie circulaire pour relancer son économie, moderniser son industrie et ses infrastructures et construire une gouvernance commune orientée vers une industrie plus... durable, dans tous les sens du terme. Notre étude montre cependant que si tous les éléments caractérisant un écosystème d'innovation circulaire se sont progressivement consolidés, les résultats en termes d'innovation propre au territoire ou d'attractivité restent à la fin de la décennie 2010, modestes. Le territoire industrialo-portuaire de Dunkerque reste alors un territoire d'expérimentation d'innovations développées en dehors de ses frontières. Le vaste programme de réindustrialisation décarbonée en cours à partir des années 2020 change-t-il la donne ? D'un côté, il annonce une transformation radicale du territoire avec de multiples nouvelles implantations et l'émergence de nouvelles filières radicalement différentes de celles qui ont façonné les dernières décennies, des perspectives d'emplois très positives, la construction de nouvelles infrastructures, l'amélioration du cadre de vie pour les habitants. D'un autre côté, de fortes incertitudes sont manifestes, à la fois au regard du montant très important des investissements à réaliser, des besoins de main-d'œuvre, ou de la faisabilité technique des objectifs affichés. Certaines des technologies relatives à la décarbonation, notamment du captage, du stockage, voire de la valorisation du carbone, ne sont pas pour l'heure matures. Reste aussi la question épineuse de l'effet environnemental de l'ensemble, qui tout en vantant la décarbonation, s'éloigne, par sa mesure, de la sobriété. Surtout, il s'agit encore d'un élan venu d'ailleurs, décidé ailleurs, et dont on peut questionner le potentiel transformateur lorsque les nouvelles entreprises qui s'installent perpétuent la logique d'un territoire dépourvu de centres de décision, de laboratoires de recherche-développement, à même de générer, en collaboration avec les organisations et institutions locales, la nouveauté, l'innovation. Le territoire de Dunkerque construirait-il un nouveau colosse aux pieds d'argile ?

Photo 30 : Ports en transition

Source : Hollman Rojas, photos réalisées à partir de l'intelligence artificielle

Références bibliographiques

Acciaro, M., & Wilmsmeier, G. (2015). Energy efficiency in maritime logistics chains. *Research in Transportation Business & Management, 17,* 1-7.

Acciaro, M., Vanelslander, T., Sys, C., Ferrari, C., Roumboutsos, A., Giuliano, G., Lam, J.S.L., & Kapros, S. (2014). Environmental sustainability in seaports: A framework for successful innovation. *Maritime Policy & Management,* 41(5), 480-500.

Adatto, L., Aouinaït, C., Le, S. T. K., & Mongo, M. (2023). *Innovation Ecosystems in the New Economic Era: Digital Revolution and Ecological Transition.* Brussels: Peter Lang, 384 p.

Adner, R. (2006). Match your innovation strategy to your innovation ecosystem. *Harvard Business Review,* 84(4), 98.

Adner, R., & Kapoor, R. (2010). Value creation in innovation ecosystems: How the structure of technological interdependence affects firm performance in new technology generations. *Strategic Management Journal, 31*(3), 306-333.

Adner, R. (2016). Navigating the leadership challenges of innovation ecosystems. *MIT Sloan Management Review, 58*(1).

AGUR. (2019). L'éconographie Flandre-Dunkerque : https://www.agur-dunkerque.org/publications-995/econographe-1012/l-econographe-flandre-dunkerque-2019-2020-billet-4788.html

Alamoush, A. S., Ballini, F., & Ölçer, A. I. (2020). Ports' technical and operational measures to reduce greenhouse gas emission and improve energy efficiency: A review. *Marine Pollution Bulletin, 160,* 111508.

Alamoush, A. S., Ballini, F., & Ölçer, A. I. (2021). Revisiting port sustainability as a foundation for the implementation of the United Nations Sustainable Development Goals (UN SDGs). *Journal of Shipping and Trade, 6,* 1-40.

Alamoush, A. S., Dalaklis, D., Ballini, F., & Ölcer, A. I. (2023). Consolidating port decarbonisation implementation: concept, pathways, barriers, solutions, and opportunities. *Sustainability, 15*(19), 14185.

ALVANCE (2019). *Aluminium Dunkerque - Rapport développement durable.*

Amenta, L., & De Martino, P. (2018). Wastescapes in port cities Naples and Rotterdam: a spatial and institutional comparison on the role of ports as promoters of circular economy. *BDC. Bollettino Del Centro Calza Bini, 18*(2), 159-180.

Andriamanantena, A. N., Laperche, B., & Boutillier, S. (2022). Building circular innovation ecosystem in industrial port territories: The case of Dunkirk, France. In Prokop, V., Stejskal, J., Horbach, J., Gerstlberger, W. *Business Models for the Circular Economy: A European Perspective* (pp. 139-167). Cham: Springer International Publishing.

Angrisano, M., & Fusco Girard, L. (2017). The circular economy approach for the regeneration of Torre Annunziata port area, *Bollettino Del Centro Calza Bini, 17*(1), 11-21.

ANTWERP PORTS (2019). *Antwerp as a landlord port.* Retrieved from https://www.portofantwerp.com/en/antwerp-landlord-port

Autio, E., & Thomas, L. (2014). Innovation ecosystems. In *The Oxford handbook of innovation management* (pp. 204-288).

Aydalot, P. (1985). *Economie régionale et urbaine*. Paris : Economica.

Baas, L. (1998). Cleaner production and industrial ecosystems, a Dutch experience. *Journal of Cleaner Production, 6*(3-4), 189-197.

Baas, L. (2000). Developing an industrial ecosystem in rotterdam: Learning by... what?. *Journal of Industrial Ecology, 4*(2), 4-6.

Baas, L. (2008). Industrial symbiosis in the Rotterdam Harbour and Industry Complex: Reflections on the interconnection of the techno-sphere with the social system. *Business Strategy and the Environment, 17*(5), 330-340.

Baas, L. W., & Huisingh, D. (2008). The synergistic role of embeddedness and capabilities in industrial symbiosis: Illustration based upon 12 years of experiences in the Rotterdam Harbour and Industry Complex. *Progress in Industrial Ecology, An International Journal, 5*(5-6), 399-421.

Bahers, J. B., Tanguy, A., & Pincetl, S. (2020). Metabolic relationships between cities and hinterland: A political-industrial ecology of energy metabolism of Saint-Nazaire metropolitan and port area (France). *Ecological Economics, 167*, 106447.

Baldwin, C. Y., Bogers, M. L., Kapoor, R., & West, J. (2024). Focusing the ecosystem lens on innovation studies. *Research Policy, 53*(3), 104949.

Beaurain, C. (2008). La construction d'un territoire à partir des ressources environnementales : l'exemple de l'agglomération dunkerquoise. *Géographie Économie Société*, *10*(3), 365-384.

Beaurain, C., & Brullot, S. (2011). L'écologie industrielle comme processus de développement territorial : une lecture par la proximité. *Revue d'Economie Régionale et Urbaine*, (2), 313-340.

Beaurain, C., & Chembessi, C. D. R. (2018). Les villes-usines face à la problématique environnementale : réflexions à partir de l'exemple de l'agglomération dunkerquoise. *Revue Géographique de l'Est*, *58*(3-4).

Béranger G. (2022). Aciers : du fer à l'acier en passant par la fonte, in Mioche Ph., Godelier E., Kharaba I., Raggi P., *Dictionnaire historique de la sidérurgie française*, Presses Universitaires de Provence, 15-17.

Bergqvist, R., Macharis, C., Meers, D., & Woxenius, J. (2015). Making hinterland transport more sustainable a multi actor multi criteria analysis. *Research in Transportation Business & Management*, *14*, 80-89.

Beyer, A., & Lacoste, R. (2017). La transition écologique des territoires urbano-portuaires. *Revue d'Economie Régionale et Urbaine*, (5), 857-880.

Bishop, G. A., Schuchmann, B. G., Stedman, D. H., & Lawson, D. R. (2012). Emission changes resulting from the San Pedro Bay, California ports truck retirement program. *Environmental Science & Technology*, *46*(1), 551-558.

Boehme, S. E., Panero, M. A., Muñoz, G. R., Powers, C. W., & Valle, S. N. (2009). Collaborative problem solving using an industrial ecology approach: The New York/New Jersey Harbor economy-wide substance flow case studies. *Journal of Industrial Ecology*, *13*(5), 811-829.

Boons, F., & McMeekin, A. (Eds.). (2019). *Handbook of sustainable innovation*. Edward Elgar Publishing.

Boons, F. A., & Baas, L. W. (1997). Types of industrial ecology: the problem of coordination. *Journal of Cleaner Production*, *5*(1-2), 79-86.

Boschma, R. (2004). Competitiveness of regions from an evolutionary perspective. *Regional Studies*, *38*(9), 1001-1014.

Boschma, R. A., & Frenken, K. (2006). Why is economic geography not an evolutionary science? Towards an evolutionary economic geography. *Journal of Economic Geography*, *6*(3), 273-302.

Boschma, R., & Iammarino, S. (2007). Related variety and regional growth in Italy. *Science and Technology Policy Research*, *62*, 1-24.

Boschma, R. A., & Martin, R. L. (Eds.). (2010). *The handbook of evolutionary economic geography*. Edward Elgar Publishing.

Boschma, R., & Frenken, K. (2011). Technological relatedness, related variety and economic geography. In *Handbook of regional innovation and growth*. Edward Elgar Publishing.

Boschma, R. (2014). Constructing regional advantage and smart specialisation: Comparison of two European policy concepts. *Scienze regionali: Italian Journal of Regional Science, 13*(1), 51-68.

Boschma, R., Coenen, L., Frenken, K., & Truffer, B. (2017). Towards a theory of regional diversification: combining insights from Evolutionary Economic Geography and Transition Studies. *Regional Studies, 51*(1), 31-45.

Bosman, R., Loorbach, D., Rotmans, J., & Van Raak, R. (2018). Carbon lock-out: Leading the fossil port of Rotterdam into transition. *Sustainability, 10*(7), 2558.

Bosserelle, É. (2008). Guerres, transformation du capitalisme et croissance économique. *L'Homme et la société*, (4), 219-250.

Bouman, E. A., Lindstad, E., Rialland, A. I., & Strømman, A. H. (2017). State-of-the-art technologies, measures, and potential for reducing GHG emissions from shipping–A review. *Transportation Research Part D: Transport and Environment, 52*, 408-421.

Bourdin, S., Galliano, D., & Gonçalves, A. (2022). Circularities in territories: opportunities & challenges. *European Planning Studies, 30*(7), 1183-1191.

Boutillier, S., & Uzunidis, D. (1998). *Ports et industries du Nord. Clichés Dunkerquois*. Paris : L'Harmattan.

Boutillier, S. (2003). Les économistes et l'écologie, enseignements historiques. *Innovations*, (2), 139-165.

Boutillier, S. (2008). *Evolution de la création d'entreprise à Dunkerque (Nord-France) entre 1993 et 2005*. Document de travail n°193, Lab.RII, ULCO.

Boutillier, S. (2010). Entrepreneuriat et développement territorial, évolution de la création d'entreprises dans le territoire dunkerquois (Nord-France) entre 1993 et 2005. *Canadian Journal of Regional Science, 33*, 39-58.

Boutillier, S., Burmeister, A., Laperche, B., Brogniart, C. M., Uzunidis, D., & Kasmi, F. (2015). Le territoire entrepreneurial durable. Etude du cas de Dunkerque (Nord-France), Rapport Institut de Recherche Caisse des dépôts et Consignations

Boutillier, S., & Matagne, P. (2016). Une histoire asynchrone de l'économie et de l'écologie, et de leurs « passeurs ». *[VertigO] La revue électronique en sciences de l'environnement, 16*(1).

Boutillier, S., & Uzunidis, D. (2016). Le territoire entrepreneurial durable : fondements théoriques et analyse économique. *Marché et organisations*, (1), 45-66.

Boutillier, S. (2018). Le coworking, l'empreinte territoriale. Essai d'analyse d'une agglomération industrielle en reconversion, *Interventions Economiques*, (60). https://doi.org/10.4000/interventionseconomiques.4845

Boutillier, S. (2019). Small entrepreneurship, knowledge and social resources in a heavy industrial territory. The case of eco-innovations in Dunkirk, North of France. *Journal of the Knowledge Economy, 10*(3), 997-1018.

Boutillier, S., & Ross, E. (2021). L'empreinte territoriale du coworking : L'exemple d'une agglomération industrielle en reconversion. *Revue d'Economie Régionale & Urbaine*, (3), 497-514.

Boutillier, S., & Al-Haddad, R. (2023). Réindustrialisation et décarbonation, de l'utopie à la réalité. Essai d'analyse à partir du cas dunkerquois (Hauts de France), *Congrès RIODD 2023*, Lille.

Braudel, F. (1977). *La dynamique du capitalisme*. Flammarion.

Braudel, F. (1979). *Civilisation matérielle, économie et capitalisme, 16e – 18e siècle*, vol.3. Paris : Armand Colin, 607 p.

Brullot, S., Maillefert, M., & Joubert, J. (2014). Stratégies d'acteurs et gouvernance des démarches d'écologie industrielle et territoriale. *Développement durable et territoires. Économie, géographie, politique, droit, sociologie, 5*(1).

Brusco, S. (1982). The Emilian model: Productive decentralisation and social integration. *Cambridge Journal of Economics, 6*(2), 167-184.

Buclet, N. (2011). *Écologie industrielle et territoriale : stratégies locales pour un développement durable*. Presses Univ. Septentrion.

Budoc, R. L. (2017). Le développement des ports ultramarins : quels enjeux environnementaux ? *Développement durable et territoires. Économie, géographie, politique, droit, sociologie, 8*(1).

Cabantous, A. (1983dir). *Histoire de Dunkerque*. Paris : Privat, 312 p.

Camagni, R., & Maillat, D. (2006). *Milieux innovateurs : Théorie et politiques* (pp. 1-502). Economica.

Carpenter, A., Lozano, R., Sammalisto, K., & Astner, L. (2018). Securing a port's future through circular economy: Experiences from the port of Gävle in contributing to sustainability. *Marine Pollution Bulletin, 128*, 539-547.

Castells, M., & Godard, F. (1974). *Monopolville analyse des rapports entre l'entreprise, l'État et l'urbain à partir d'une enquête sur la croissance industrielle et urbaine de la région de Dunkerque*. Éditions Mouton, 496 p.

Cerceau, J., Junqua, G., Lopez-Ferber, M., & Mat, N. (2015). Au cœur des nouvelles filières de recyclage des déchets, les ports. In *Annales des Mines-Réalités industrielles* (No. 4, pp. 49-53). Cairn/Softwin.

Cerceau, J., Mat, N., Junqua, G., Lin, L., Laforest, V., & Gonzalez, C. (2014). Implementing industrial ecology in port cities: international overview of case studies and cross-case analysis. *Journal of Cleaner Production, 74*, 1-16.

Chertow, M. R. (2000). Industrial symbiosis: Literature and taxonomy. *Annual Review of Energy and the Environment, 25*(1), 313-337.

Chertow, M. R. (2004). Industrial symbiosis. In *Encyclopedia of Energy*, edited by C. J. Cleveland. San Diego: Elsevier.

Chesbrough, H. W. (2003). *Open innovation: The new imperative for creating and profiting from technology*. Harvard Business Press.

Chia, E., Torre, A., & Rey-Valette, H. (2008). Conclusion : Vers une « technologie » de la gouvernance territoriale ! Plaidoyer pour un programme de recherche sur les instruments et dispositifs de la gouvernance des territoires. *Norois. Environnement, aménagement, société*, (209), 167-177.

Cikankowitz, A., & Laforest, V. (2010). La directive IPPC : où en est-on et où va-t-on ?. *VertigO-la revue électronique en sciences de l'environnement, 10*(1).

Coleman, J. S. (1988). Social capital in the creation of human capital. *American Journal of Sociology, 94*, S95-S120.

Colletis, G., & Pecqueur, B. (2005). Révélation de ressources spécifiques et coordination située. *Économie et institutions*, (6-7), 51-74.

Colletis, G., & Pecqueur, B. (1993). Intégration des espaces et quasi intégration des firmes : vers de nouvelles rencontres productives ? *Revue d'Économie Régionale et Urbaine* (3), 489-508.

Conchon, A., & Lemaigre-Gaffier, P. (2017). L'impossible restauration des « manufactures royales ». Sollicitations et refus de privilèges d'entreprise sous l'Empire et la Restauration, *Annales historiques de la Révolution française* (3), 77-100.

Cooke, P., Uranga, M. G., & Etxebarria, G. (1997). Regional innovation systems: Institutional and organisational dimensions. *Research Policy, 26*(4-5), 475-491.

Coppin, O. (1999). L'ouvriérisation de l'emploi dunkerquois, les impasses d'une marche forcée vers l'industrie lourde. *Innovations, Cahiers d'économie de l'innovation*, (10), 2.

Coppin, O., Ziel, J., & Mudard, N. (2000). *Développement portuaire et milieu innovateur. Le cas de Dunkerque*. Document de travail n°31, Lab.RII, ULCO.

Cornot, S. (2023). La sidérurgie européenne se prépare pour être à la pointe de la décarbonation. *Notes de l'IFRI*.

Crevoisier, O. (2001). L'approche par les milieux innovateurs : état des lieux et perspectives. *Revue d'économie régionale et urbaine*, 2001-1, 153-165.

Cullinane, K., & Cullinane, S. (2019). Policy on reducing shipping emissions: Implications for "green ports". *Green Ports*, 35-62.

Dattée, B., Alexy, O., & Autio, E. (2018). Maneuvering in poor visibility: How firms play the ecosystem game when uncertainty is high. *Academy of Management Journal, 61*(2), 466-498.

Daumalin, X., & Mioche, P. (2013). La désindustrialisation au regard de l'histoire. Introduction. *Rives méditerranéennes*, (46), 5-9.

Daumas, J. C., Kharaba, I., & Mioche, P. (2017). *La désindustrialisation, une fatalité ?* (No. 29). Presses universitaires de Franche Comté.

De Langen, P. W., Sornn-Friese, H., & Hallworth, J. (2020). The role of port development companies in transitioning the port business ecosystem, the case of port of Amsterdam's circular activities. *Sustainability, 12*(11), 4397

De Pascale, A., Arbolino, R., Szopik-Depczyńska, K., Limosani, M., & Ioppolo, G. (2021). A systematic review for measuring circular economy: The 61 indicators. *Journal of Cleaner Production, 281*, 124942.

De Rouffignac, A., & Laperche, B. (2024). Roles of Higher Eduction and Research (HER) in the development of innovation ecosystems linked to biobased value chains, *7th Geography of Innovation Conference*, University of Manchester, 10-12 January.

De Vasconcelos Gomes, L. A., Facin, A. L. F., Salerno, M. S., & Ikenami, R. K. (2018). Unpacking the innovation ecosystem construct: Evolution, gaps and trends. *Technological Forecasting and Social Change*, *136*, 30-48.

Debref, R. (2012). The paradoxes of environmental innovations: The case of green chemistry. *Journal of Innovation Economics*, (1), 83-102.

Decouzon, C., & Maillefert, M. (2013). La gouvernance des démarches d'écologie industrielle. Un point de vue institutionnaliste. *FC Diemer A., Ecologie politique vs écologie industrielle, quelles stratégies pour le développement durable*, 162-178.

Diop, A., & Lolo, D. (2023). *Les grandes entreprises sur la voie de la sobriété énergétique*. La fabrique de l'industrie, 107 p.

Dockès P. (2019). *Le Capitalisme et ses rythmes, quatre siècles en perspective. Tome II, Splendeurs et misère de la croissance*. Classiques Garnier, 1390 p.

Donsimoni, M. (2015). Symbioses Port-Ville pour un meilleur ancrage local des activités industrialo-portuaires : L'exemple de Safi au Maroc. *Economie circulaire et écosystèmes portuaires*, 91-104.

Ducruet, C. (2015). *Maritime networks: Spatial structures and time dynamics*. Routledge.

Dujarier, M-A. (2021). *Troubles dans le travail. Sociologie d'une catégorie de pensée*. Presses Universitaires de France.

Dunkerque Promotion (2021). Des Fonds pour la Décarbonation de l'industrie et des Territoires. https://www.dunkerquepromotion.org/2020/12/decarbonation-de-lindustrie-et-des-territoires/

Dunn, B. C., & Steinemann, A. (1998). Industrial ecology for sustainable communities. *Journal of Environmental Planning and management*, *41*(6), 661-672.

Duszyński, J., Audievre, L., Mus, M., & Mary, J. F. (2015). Seine Gateway® at the heart of North-Western European freight flows: Regional dynamics and current challenges. *The Central European Review of Economics and Management*, *15*(1), 5-23.

Edelblutte, S. (2014). Reconversion industrielle ou redéveloppement territorial ? L'exemple de Thaon-les-Vosges, ancienne ville-usine textile lorraine. *Géoconfluences*. http://geoconfluences.ens-lyon.fr/informations-scientifiques/dossiers-regionaux/la-france-des-territoires-en-mutation/articles-scientifiques/reconversion-industrielle-ou-redeveloppement-territorial-lexemple-de-thaon-les-vosges-ancienne-ville-usine-textile-lorraine

Ellwanger, N., & Boschma, R. (2015). Who acquires whom? The role of geographical proximity and industrial relatedness in dutch domestic M & as between 2002 and 2008. *Tijdschrift voor economische en sociale geografie, 106*(5), 608-624.

Elouaer-Mrizak, S., & Picard, F. (2016). Technological dynamics and regional innovation policy: the contribution of the statistical analysis of networks. *Innovations, 50*(2), 13-41.

Engstrand, Å. K., & Stam, E. (2002). Embeddedness and economic transformation of manufacturing: A comparative research of two regions. *Economic and Industrial Democracy, 23*(3), 357-388.

Erkman, S. (2001). L'écologie industrielle, une stratégie de développement. *Le débat*, (1), 106-121.

Erkman, S. (2004). *Vers une écologie industrielle* (Vol. 137). ECLM.

Ezzat, A. M. (2016), Sustainable development of seaport cities through circular economy: a comparative study with implications to Suez Canal corridor project. *European Journal of Sustainable Development, 5*(4), 509-522.

Florin, B., & Garret, P. (2020). Les récupérateurs de ferraille : Entre tolérance et interdits. *Revue Projet*, (3), 24-29.

Foray D. (2014), *Smart Specialization: Opportunities and Challenges for Regional Innovation Policy*, London: Routledge.

Foulquier, E. (2012). Politique (s) de l'espace portuaire. *L'Espace Politique. Revue en ligne de géographie politique et de géopolitique*, (16).

Fourastié, J. (1979). *Les trente glorieuses*. Paris : Fayard, 306 p.

Freeman, C. (1987). *Technology policy and economic performance lessons from Japan*. London, New York: Printer Publishers.

Frenken, K., Van Oort, F., & Verburg, T. (2007). Related variety, unrelated variety and regional economic growth. *Regional Studies, 41*(5), 685-697.

Fressoz, J.-B., & Locher, F. (2020). *Les révoltes du ciel. Une histoire du changement climatique Xve-Xxe siècle*. Seuil.

Freyssenet, M. (2006), *La sidérurgie française 1945-1979, Histoire d'une faillite,* Archives HAL.

Friant, M. C., Vermeulen, W. J., & Salomone, R. (2020). A typology of circular economy discourses: Navigating the diverse visions of a contested paradigm. *Resources, Conservation and Recycling, 161*, 104917.

Froger, G., Calvo-Mendieta, I., Petit, O., & Vivien, F. D. (2016). Qu'est-ce que l'économie écologique ?. *L'Economie politique,* (1), 8-23.

Frosch, R. A., & Gallopoulos, N. E. (1989). Strategies for manufacturing. *Scientific American, 261*(3), 144-153.

Fusco Girard, L. (2013). Toward a smart sustainable development of port cities/areas: The role of the "Historic Urban Landscape" approach. *Sustainability, 5*(10), 4329-4348.

Gachelin, C. (1980). La mutation de la sidérurgie de la région du Nord. *Hommes et Terres du Nord, 1*(1), 21-33.

Gallaud, D., & Laperche, B. (2016). *Économie circulaire et développement durable : écologie industrielle et circuits courts* (Vol. 5). ISTE Group.

Garofoli, G. (1992). New firm formation and local development: The Italian experience. *Entrepreneurship & Regional Development, 4*(2), 101-126.

Gaston-Breton, T. (1998). *Lesieur, une marque dans l'histoire (1908-1998).* Paris : Perrin, 451 p.

Geissdoerfer, M., Savaget, P., Bocken, N. M., & Hultink, E. J. (2017). The circular economy–A new sustainability paradigm?. *Journal of Cleaner Production, 143*, 757-768.

Ghisellini, P., Cialani, C., & Ulgiati, S. (2016). A review on circular economy: the expected transition to a balanced interplay of environmental and economic systems. *Journal of Cleaner production, 114*, 11-32.

Gibbs, D., Deutz, P., & Proctor, A. (2005). Industrial ecology and eco-industrial development: A potential paradigm for local and regional development?. *Regional Studies, 39*(2), 171-183.

Gilbert, P., Bows-Larkin, A., Mander, S., & Walsh, C. (2014). Technologies for the high seas: Meeting the climate challenge. *Carbon Management, 5*(4), 447-461.

Gilly, J. P., & Wallet, F. (2005). Enchevêtrement des espaces de régulation et gouvernance territoriale. Les processus d'innovation institutionnelle dans la politique des Pays en France. *Revue d'Economie Régionale et Urbaine*, (5), 699-722.

Godelier, E. (1996). Du bricolage à l'organisation : La naissance des outils de gestion du personnel chez Usinor (1948-1981). *Entreprises et histoire*, (3), 97-114.

Grabher, G. (1993). *The embedded firm: On the socio-economics of industrial networks*. London: Routledge.

Granovetter, M., Action, E., & Structure, S. (1985). The problem of embeddedness. *American Journal of Sociology*, *91*(3), 481-510.

Granstrand, O., & Holgersson, M. (2020). Innovation ecosystems: A conceptual review and a new definition. *Technovation*, *90*, 102098.

Gravagnuolo, A., Angrisano, M., & Fusco Girard, L. (2019). Circular economy strategies in eight historic port criteria and indicators towards a circular city assessment framework. *Sustainability*, *11*(13), 3512.

Gravier, J. F. (1947). *Paris et le désert français*. Paris : Le Portulan.

Grondeau, A. (2022), *Altermétropolisation : une autre vi(ll)e est possible*. Aix-en-Provence, La Lune sur le toit, Collection Hic et nunc, 337 p.

Haezendonck, E., & Van den Berghe, K. (2020). Patterns of circular transition: What is the circular economy maturity of Belgian ports?. *Sustainability*, *12*(21), 9269.

Hannah, D. P., & Eisenhardt, K. M. (2018). How firms navigate cooperation and competition in nascent ecosystems. *Strategic Management Journal*, *39*(12), 3163-3192.

Hartley, K., Baldassarre, B., & Kirchherr, J. (2024). Circular economy as crisis response. *Journal of Cleaner Production*, *434*, 140140.

Hassink, R. (2005). How to unlock regional economies from path dependency? From learning region to learning cluster. *European Planning Studies*, *13*(4), 521-535.

Havard, C., & Sobczak, A. (2023). La contribution des unités syndicales territoriales au développement de la RSE : étude des capacités de trois syndicats français. *Revue de l'organisation responsable*, *18*(1), 29-48.

Heaton, S., Siegel, D. S., & Teece, D. J. (2019). Universities and innovation ecosystems: A dynamic capabilities perspective. *Industrial and Corporate Change, 28*(4), 921-939.

Hendriks, C., & Gooyert, V. D. (2023). *Towards sustainable port areas: Dynamics of industrial decarbonization and the role of port authorities*. Radboud University.

Homrich, A. S., Galvão, G., Abadia, L. G., & Carvalho, M. M. (2018). The circular economy umbrella: Trends and gaps on integrating pathways. *Journal of Cleaner Production, 175*, 525-543.

Horváth, G. Á., & Harazin, P. (2016). A framework for an industrial ecological decision support system to foster partnerships between businesses and governments for sustainable development. *Journal of Cleaner Production, 114*, 214-223.

Hosy, D., & Bourion, C. (2017). Du burn-out au bore-out : Vers l'emploi qui rend heureux : En France la découverte du bore-out est révélée par RIPCO en 2011. Diffusée par plus de 111 journalistes et 204 media, elle induit le standard du travail qui rend heureux : un emploi « plein » en activité où le salarié peut montrer de quoi il est capable. *Revue internationale de psychosociologie et de gestion des comportements organisationnels*, Suppléments (HS), 229-296.

Husser, C., & Raison, S. (2015, November). Dunkerque : la reconversion de terrains portuaires. In *Annales des Mines-Réalités Industrielles* (No. 4, pp. 66-71). Cairn/Softwin.

IMO (2020). Fourth IMO GHG study: Reduction of GHG emissions from ships. MEPC 75/7/15; International Maritime Organization (IMO), London, UK. Available online: https://docs.imo.org/Shared/Download.aspx?did=125134

IMO (2023). IMO Strategy on Reduction of GHG Emissions from Ships. Resolution MEPC.377; IMO: London, UK. Available online: https://www.imo.org/en/OurWork/Environment/Pages/2023-IMO-Strategy-on-Reduction-of-GHG-Emissions-from-Ships.aspx

IMPPEC (2020, B. Laperche, sous dir). *Le Rôle des ports dans l'Economie circulaire. Construction d'un tableau de bord d'Indicateurs*. Rapport n°1, Programme IMPPEC, oct 2020. https://riifr.univ-littoral.fr/wp-content/uploads/2023/10/Rapport1_Port_Economie_circulaire_2020octobre.pdf

IMPPEC (2022 B. Laperche, sous dir). Vers la création d'écosystèmes d'innovation circulaires, Rapport n°2, Programme IMPPEC, janvier 2022. https://riifr.univ-littoral.fr/wp-content/uploads/2023/10/Rapport2_Port_Economie_circulaire_Janvier-2022-1.pdf

IMPPEC. (2023 B. Laperche, sous dir). *L'économie circulaire dans les ports du Range Nord Européen. Etat des lieux pour la constitution d'écosystèmes d'innovation circulaires*. Rapport n° 3, Programme IMPPEC, avril 2023. https://riifr.univ-littoral.fr/wp-content/uploads/2023/10/Rapport3-Port-Economie-circulaire_avril23.pdf

INSEE. (2020). *Les tableaux de l'économie française*. https://www.insee.fr/fr/statistiques/4277675?sommaire=4318291

Iris, Ç., & Lam, J. S. L. (2019). A review of energy efficiency in ports: Operational strategies, technologies and energy management systems. *Renewable and Sustainable Energy Reviews*, *112*, 170-182.

Izoard, C. (2024). *La ruée minière au XXIe siècle : enquête sur les métaux à l'ère de la transition*. Coll. Ecocène, Paris, Seuil, 338 p

Jackson, B. (2011). What is an innovation ecosystem?, Washington DC.

Jaeger-Erben, M., Jensen, C., Hofmann, F., & Zwiers, J. (2021). There is no sustainable circular economy without a circular society. *Resources, Conservation and Recycling*, *168*(5), 105476.

Jakobsen, S., Lauvås, T., Quatraro, F., Rasmussen, E., & Steinmo, M. (Eds.). (2021). *Research handbook of innovation for a circular economy*. Edward Elgar Publishing.

Jevons, W. S. (1866). *The coal question; an inquiry concerning the progress of the nation and the probable exhaustion of our coal-mines*. Macmillan.

Jonathan, Y. C. E., & Kader, S. B. A. (2018). Prospect of emission reduction standard for sustainable port equipment electrification. *International Journal of Engineering*, *31*(8), 1347-1355.

Kampelmann, S. (2016). Mesurer l'économie circulaire à l'échelle territoriale. *Revue de l'OFCE*, *145*(1), 161-184.

Kapoor, R. (2018). Ecosystems: broadening the locus of value creation. *Journal of Organization Design*, *7*(1), 1-16.

Karimpour, R., Ballini, F., & Ölcer, A. I. (2019). Circular economy approach to facilitate the transition of the port cities into self-sustainable energy ports—A case study in Copenhagen-Malmö Port (CMP). *WMU Journal of Maritime Affairs, 18*, 225-247.

Kasdi, M., & Krajewski, F. G. (2008). Deux filières textiles en Flandres du XVIIIe siècle au milieu du XIXe siècle. *Revue du Nord*, (2), 495-530.

Kasmi, F. (2018). *Écologie industrielle, milieu éco-innovateur et diversification de l'économie territoriale : le cas du complexe industrialo-portuaire de Dunkerque*, Thèse de doctorat sous la direction de B. Laperche et C. Merlin., Université du Littoral Côte d'Opale.

Kasmi, F. (2021). Industrial symbiosis and territorial development: The cross-fertilization of proximity dynamics and the role of information and knowledge flows. *Journal of the Knowledge Economy, 12*, 342-362.

Kasmi, F., Laperche, B., Merlin-Brogniart, C., & Burmeister, A. (2017). Écologie industrielle, milieu innovateur et gouvernance territoriale : Le cas de Dunkerque (Nord-France). *Canadian Journal of Regional Science/Revue canadienne des sciences régionales, 40*(2), 103-113.

Kirchherr, J., Reike, D., & Hekkert, M. (2017). Conceptualizing the circular economy: An analysis of 114 definitions. *Resources, Conservation and Recycling, 127*, 221-232.

Kirchherr, J., Piscicelli, l., Bour, R., Kostense-Smit, E., Muller, J., Huibrechtse-truijens, A., Hekkert, M. (2018), Barriers to the Circular Economy: Evidence from the European Union (EU), *Ecological Economics*, 150, 264-272.

Kirchherr, J., Yang, N. H. N., Schulze-Spüntrup, F., Heerink, M. J., & Hartley, K. (2023). Conceptualizing the circular economy (revisited): An analysis of 221 definitions. *Resources, Conservation and Recycling, 194*, 107001.

Koenig, G. (2012). Le concept d'écosystème d'affaires revisité. *M@n@gement*, (2), 209-224.

Konietzko, J., Bocken, N., & Hultink, E. J. (2020). Circular ecosystem innovation: An initial set of principles. *Journal of Cleaner Production, 253*, 119942.

Korhonen, J., Honkasalo, A., & Seppälä, J. (2018). Circular economy: the concept and its limitations. *Ecological Economics, 143*, 37-46.

Kroichvili, N. (2023dir). *Actions de revitalisation et territoires en devenir. Le Nord Franche-Comté industriel.* Besançon : Presses universitaires de Franche-Comté.

Lacroix, M., & Genet, B. (2021). Les origines de l'usine sidérurgique Solmer de Fos-sur-Mer. In Bartolotti, F., Daumalin, X., & Raveux, O. dir, *L'histoire portuaire marseillaise en chantier, Espaces, fonctions et représentations* (pp. 145-152). Presses Universitaires de Provence.

Laperche, B. (2002). Le carré organique de la valorisation de la recherche : Le cas d'une jeune université dans un contexte de crise. *Politiques et gestion de l'enseignement supérieur, 14*(3), 171-198.

Laperche, B., Lorek, M., & Uzunidis, D. (2011). Crise et reconversion des milieux industrialo-portuaires : dépendance de sentier ou renouveau économique ? Les exemples de Dunkerque (France) et de Gdansk (Pologne). *Revue d'Economie Régionale et Urbaine*, (2), 341-368.

Laperche, B., & Uzunidis, D. (2011). Crise, innovation et renouveau des territoires : dépendance de sentier et trajectoires d'évolution. *Innovations*, (2), 159-182.

Laperche, B., & Picard F., (2013). Environmental constraints, product-service systems development and impacts on innovation management: learning from manufacturing firms in the French context, *Journal of Cleaner Production*, (53), 118-128.

Laperche, B. (2018). *Le capital savoir de l'entreprise* (Vol. 16). ISTE Group.

Laperche, B. (2020). Mutation des trajectoires des entreprises et innovation : capital savoir et opportunités financières. *Marché et organisations*, (3), 91-110.

Laperche, B. (2021). X-Innovation–The Polymorphism of Innovation. In Uzunidis, D, Kasmi, F., & Adatto, L. (eds.), *Innovation Economics, Engineering and Management Handbook 1: Main Themes*, 403-410.

Laperche, B., Fourmentin, S., Llorens, J.-M., Hardouin, P., & Abi-Aad, E. (2021). Une approche systémique de la valorisation de la recherche : le cas de l'Université du Littoral Côte d'Opale, *Technologie et Innovation*, *6*(3), 10.21494/ISTE.OP.2021.0653Laperche-Riteau, Y., Laperche, B. (2023). *La décarbonation de l'industrie : l'effet contrasté de l'hydrogène*, Blog RRI-Alternatives économiques, 05/02/2023.

Leclercq, R. (2021). Quand Dunkerque vendait à l'Europe du tabac américain. Melchior Didier, un manufacturier dunkerquois à la veille de la guerre d'Amérique (1770-1774). *Revue du Nord*, (2), 223-242.

Lehoërff, A. (2018). Value, craftsmanship and use in late bronze age cuirasses. *Prehistoric Warfare and Violence: Quantitative and Qualitative Approaches*, 307-326.

Leloup, F., Moyart, L., & Pecqueur, B. (2005). La gouvernance territoriale comme nouveau mode de coordination territoriale ?. *Géographie Économie Société*, *7*(4), 321-332.

Lenhart, J., Van Vliet, B., & Mol, A. P. (2015). New roles for local authorities in a time of climate change: The Rotterdam Energy Approach and Planning as a case of urban symbiosis. *Journal of Cleaner Production*, *107*, 593-601.

Letard, V. (2019). *Rapport d'information fait au nom de la mission d'information sur les enjeux de la filière sidérurgique dans la France du XXIe siècle : opportunités de croissance et de développement*. Sénat, Rapport n°649.

Levy, R., & Ferru, M. (2016). Ron Boschma - *L'apport de la géographie à la compréhension des mécanismes d'innovation collective. Les grands auteurs en management de l'innovation et de la créativité.* Editions EMS Management & société.

Leyssens, A. (2022). Dunkerque, port négrier du 18e siècle. *Historiens & Géographes*, 459. Retrouvé sur le lien https://www.aphg.fr/Dunkerque-port-negrier-au-XVIIIe-s

Lopez, F. J. D., Bastein, T., & Tukker, A. (2019). Business model innovation for resource-efficiency, circularity and cleaner production: What 143 cases tell us. *Ecological Economics*, *155*, 20-35.

Lorek, M. (2012). Eco-industrie et reconversion du territoire industriel et portuaire : le cas de Gdansk. *Marchés et organisation*, (2), 129-152.

Lorek, M. (2013). *Pôles de croissance et reconversion des territoires industriels dans une nouvelle économie de marché : Étude appliquée au cas de l'économie de Gdansk (Pologne)*. Thèse de doctorat sous la direction de D. Uzunidis, Université du Littoral Côte d'Opale.

Lowe, K. (2013). *L'Europe barbare : 1945-1950*. Paris : Perrin, 672 p.

Lüdeke-Freund, F., Gold, S., & Bocken, N. M. (2019). A review and typology of circular economy business model patterns. *Journal of Industrial Ecology*, *23*(1), 36-61.

Lundvall, B. A. (1992). *National systems of innovation: Towards a theory of innovation and interactive learning* (Vol. 242). London: Pinter.

Lundvall, B. Ä., & Johnson, B. (1994). The learning economy. *Journal of Industry Studies*, *1*(2), 23-42.

Lupton, S. (2011). *Économie des déchets : une approche institutionnaliste*. De Boeck.

Maillat, D., & Kébir, L. (1998). Learning region, milieu innovateur et apprentissages collectifs. *atti del colloquio GREMI "Le paradigme de milieu innovateur dans l'économie spatiale contemporaine"*, Paris.

Maillefert, M., & Robert, I. (2014). Écologie industrielle, économie de la fonctionnalité, entreprises et territoires : vers de nouveaux modèles productifs et organisationnels ?. *Développement durable et territoires*, *5*(1).

Malerba, F. (2002). Sectoral system of innovation and production. *Research Policy*, *31*, 247-264.

Malézieux, J. (1980). Crise et restructuration de la sidérurgie française : le groupe Usinor. *L'Espace géographique*, *9*(3), 183-196.

Mander, S., Walsh, C., Gilbert, P., Traut, M., & Bows, A. (2012). Decarbonizing the UK energy system and the implications for UK shipping. *Carbon Management*, *3*(6), 601-614.

Marnot, B. (2015). *Les villes portuaires maritimes en France 19e-20e siècle*. Paris : Armand Colin, 232 p.

Marshall, A. (1920). *Principles of economics*. London: Mac Millan, 8e édition.

Martínez-Moya, J., Vazquez-Paja, B., & Maldonado, J. A. G. (2019). Energy efficiency and CO_2 emissions of port container terminal equipment: Evidence from the Port of Valencia. *Energy Policy*, *131*, 312-319.

Marty, N. (2013). Une désindustrialisation perpétuelle ?. Comment (ré) évaluer le cas du Languedoc-Roussillon ?. *Rives méditerranéennes*, (46), 63-80.

Mat, N. (2015). *Dynamiques de transition dans les territoires portuaires : apport de l'écologie industrielle et territoriale aux processus d'adaptation vers une société bas-carbone* (Doctoral dissertation, Saint-Etienne, EMSE).

Mat, N., & Cerceau, J. (2015). *Economie circulaire et stratégies portuaires*, Note Stratégique et prospective, Fondation Sefacil.

Mat, N., Cerceau, J., Lopez-Ferber, M., & Junqua, G. (2017). Complexity as a means of resilience in Metropolitan port areas: Application to the Aix-Marseille case study in France. *Journal of Cleaner Production*, *145*, 159-171.

Mat, N., Cerceau, J., Shi, L., Park, H. S., Junqua, G., & Lopez-Ferber, M. (2016). Socio-ecological transitions toward low-carbon port cities: Trends, changes and adaptation processes in Asia and Europe. *Journal of Cleaner Production*, *114*, 362-375.

Matagne, P. (2003). Aux origines de l'écologie. *Innovations*, *18*(2), 27-42.

Ménager, B., & Benedict, F. (1995). La reconstruction de Dunkerque après la Florence Benedict seconde guerre mondiale. *Revue du Nord*, *77*(311), 633-640.

Merlin, C., (2024), *Economie de la fonctionnalité. Modèles économiques, enjeux et dynamique d'innovation*, Iste, Londres, à paraître.

Minovez, J.-M. (2019). La désindustrialisation en longue durée. *Revue d'histoire*, 144, 18-33.

Mioche, P. (1994). La sidérurgie française de 1973 à nos jours. Dégénérescence et transformation. *Vingtième siècle, revue d'histoire*, 42, 17-28.

Mioche, P. (2016). Des canons aux canettes : la sidérurgie française et la défense nationale pendant lesTrente Glorieuses. *Entreprises et histoire*, *85*(4), 88-99.

Mioche, P. (2018). Le déclin de la sidérurgie européenne est-il inéluctable ?. *Revue française d'histoire économique*, (1), 146-174.

Mioche, P., Godelier, E., Kharaba, P., & Raggi, P. (2022 dir). *Dictionnaire historique de la sidérurgie française*. Aix-en-Provence : Presses Universitaires de Provence, 600 p.

Misra, A., Panchabikesan, K., Gowrishankar, S. K., Ayyasamy, E., & Ramalingam, V. (2017). GHG emission accounting and mitigation strategies to reduce the carbon footprint in conventional port activities–a case of the Port of Chennai. *Carbon Management*, *8*(1), 45-56.

Moore, J.F. (1993). Predators and prey: the new ecology of competition, *Harvard Business Review*, 71(3),75–86.

Moore, J. F. (2006). Business ecosystems and the view from the firm. *The Antitrust Bulletin*, *51*(1), 31-75.

Moraga, G., Huysveld, S., Mathieux, F., Blengini, G. A., Alaerts, L., Van Acker, K., & Dewulf, J. (2019). Circular economy indicators: What do they measure?. *Resources, Conservation and Recycling, 146*, 452-461.

Mudard, N. (2001), Grandes entreprises et entrepreneurs à Dunkerque. Quand la grande entreprise asphicie l'esprit d'entreprise, Document de travail La.RII, ULCO, n°46, Octobre.

Mudard, N. (2004). *Approches et réalités économiques de l'entrepreneuriat : étude appliquée aux régions anciennement industrielles : le cas de Dunkerque*. Thèse de doctorat sous la direction de D. Uzunidis, Université du Littoral Côte d'Opale.

Murray, A., Skene, K., & Haynes, K. (2017). The circular economy: An interdisciplinary exploration of the concept and application in a global context. *Journal of Business Ethics, 140*, 369-380.

Nalebuff, B. J., Brandenburger, A., & Maulana, A. (1996). *Co-opetition*. Harper Collins Business, London.

Nambisan, S., & Baron, R. A. (2013). Entrepreneurship in innovation ecosystems: Entrepreneurs' self–regulatory processes and their implications for new venture success. *Entrepreneurship Theory and Practice, 37*(5), 1071-1097.

Naton J.-F. (2023). *Travail et santé-environnement : quels défis à relever face aux dérèglements climatiques*. Conseil économie, social et environnemental.

Nelson, R. R., & Winter, S.G. (1982). *An evolutionary theory of economic change*. Harvard University Press.

Noiriel, G. (2018). *Une histoire populaire de la France - De la guerre de Cent Ans à nos jours*. Paris : Agone, 832 p.

OCDE. (2010). *L'éco-innovation dans l'industrie : favoriser la croissance verte*, Éditions OCDE, Paris. https://doi.org/10.1787/9789264079557-5-fr.

OCDE. (2018). *Manuel d'Oslo 2018 : Lignes directrices pour le recueil, la communication et l'utilisation des données sur l'innovation, 4ème édition*, Mesurer les activités scientifiques, technologiques et d'innovation, Éditions OCDE, Paris. https://doi.org/10.1787/c76f1c7b-fr.

Oddone, P. (2013). Le port de Dunkerque entre tourmentes et réussites économiques. *Nord*, (2), 19-30.

ORÉE (2020), *État des lieux de l'écologie industrielle et territoriale en France*, 93 pages.

Parrique, T. (2022). *Ralentir ou périr. L'économie de la décroissance*. Seuil.

Pecqueur, B., & Zimmermann, J.-B. (2004). *Economie de proximités*. Hermès-Lavoisier.

Peng, Y., Wang, W., Song, X., & Zhang, Q. (2016). Optimal allocation of resources for yard crane network management to minimize carbon dioxide emissions. *Journal of Cleaner Production, 131*, 649-658.

Perret, J.-M. (1978). *Usinor Dunkerque : ou, l'espoir déçu des Flamands*. Dunkerque : Westhoek-Editions, 207 p.

Perron, R. (2014). Les sidérurgistes français face à la création de la CECA : L'exemple de Pont-à-Mousson (1950-1954). *Revue française d'histoire économique*, (2), 110-131.

Perroux, F. (1955). Note sur la notion de "pôle de croissance". *Economie appliquée, 8*(1), 307-320.

Perroux, F. (1964). *L'économie au 20e siècle*. Presses Universitaires de France.

Peter, J. (2000). *Vauban et Dunkerque*. Paris : Economica, 250 p.

Pfister-Langanay, C. (2019). Les maîtres charpentiers dunkerquois quinze ans après. *Revue du Nord*, 432, 815-857.

Philbin, S. P., Jones, D., Brandon, N. P., & Hawkes, A. D. (2014, July). Exploring research institutes: Structures, functioning and typology. In *Proceedings of PICMET'14 conference: Portland International Center for Management of engineering and technology; Infrastructure and Service Integration* (pp. 2569-2582). IEEE.

Pieroni, M. P., McAloone, T. C., & Pigosso, D. C. (2019). Business model innovation for circular economy and sustainability: A review of approaches. *Journal of Cleaner Production, 215*, 198-216.

Pinyol Alberich, J. (2022). Motivations of European Union Members States to adopt circular economy strategies: Towards a critical geopolitical approach. *Journal of Innovation Economics & Management*, 39, 45-72.

Pisani-Ferry, J., & Mahfouz, S. (2023). *Les incidences économiques de l'action pour le climat*. Rapport à la Première ministre, Inspection Générale des Finances, France Stratégie.

Port de Dunkerque (2020). Activités industrielles. Retrouvé sur le lien http://www.dunkerque-port.fr/fr/activites-commerciales/activites-industrielles-port-dunkerque.html

Portes, A., & Landolt, P. (1996). Unsolved mysteries: the Tocqueville files II. The downside of social capital. *The American Prospect*, *7*(26), 18-21.

Psaraftis, H. N., & Zis, T. (2022). Shipping decarbonization and green ports. *Maritime Transport Research*, *3*, 100068.

Putman, R. (1993). *Making democracy work: Civic traditions in modern Italy*. Princeton University Press.

Raggi, P. (2013). Industrialisation, désindustrialisation, ré-industrialisation en Europe. Le cas de la sidérurgie lorraine (1966-2006). *Rives méditerranéennes*, (46), 11-28.

Ratouis, O. (2005). L'autonomisation de l'expertise dans l'urbanisme français d'après-guerre : Dunkerque et la Flandre maritime à l'épreuve du fordisme ?. *Histoire urbaine*, (3), 9-27.

Ratouis, O. (2023). Albert Denvers, l'État et la SEDN : Politique urbaine fragmentée et économie mixte à Dunkerque dans les années 1960. *Histoire urbaine*, 68(3), 55-75.

Repp, L., Hekkert, M., & Kirchherr, J. (2021). Circular economy-induced global employment shifts in apparel value chains: Job reduction in apparel production activities, job growth in reuse and recycling activities. *Resources, Conservation and Recycling*, *171*, 105621.

Rey-Valette, H., Chia, E., Mathé, S., Michel, L., Nougarèdes, B., Soulard, C. T., Maurel, P., Jarrige, F., Barbe, E., & Guiheneuf, P. Y. (2014). Comment analyser la gouvernance territoriale ? Mise à l'épreuve d'une grille de lecture. *Geographie Economie Societe*, (1), 65-89.

Rifkin, J., & Guilhot, N. (2002). *L'économie hydrogène*. Paris : La Découverte.

Rosado, L., Kalmykova, Y., & Patrício, J. (2016). Urban metabolism profiles. An empirical analysis of the material flow characteristics of three metropolitan areas in Sweden. *Journal of Cleaner Production*, *126*, 206-217.

Rotterdam Port (2018). Port infrastructure. Retrieved from https://www.portofrotterdam.com/en/our-port/facts-and-figures/facts-figures-about-the-port/port-infrastructure

Saidani, M., Yannou, B., Leroy, Y., Cluzel, F., & Kendall, A. (2019). A taxonomy of circular economy indicators. *Journal of Cleaner Production, 207*, 542-559.

Say, J.-S. (1999). *Cours d'économie politique et autres essais*, GF – Flammarion.

Schalchli, P. (2011). *Rapport COMETHE (Conception d'outils méthodologiques et d'évaluation pour l'écologie industrielle)*. Rapport pour l'ANR.www.comethe.org

Sée, H. (1924). Quelques aperçus sur le capitalisme commercial en France au 17e siècle. *Revue d'histoire économique et sociale, 12*(2), 165-180.

Shahrokni, H., Årman, L., Lazarevic, D., Nilsson, A., & Brandt, N. (2015). Implementing smart urban metabolism in the Stockholm Royal Seaport: Smart city SRS. *Journal of Industrial Ecology, 19*(5), 917-929.

Shaw, D. R., & Allen, T. (2018). Studying innovation ecosystems using ecology theory. *Technological Forecasting and Social Change, 136*, 88-102.

Sifakis, N., & Tsoutsos, T. (2021). Planning zero-emissions ports through the nearly zero energy port concept. *Journal of Cleaner Production, 286*, 125448.

Smith, T. W. P., Jalkanen, J. P., Anderson, B. A., Corbett, J. J., Faber, J., Hanayama, S., O'Keeffe, E., Parker, S., Johansson, L., Aldous, L., Raucci, C., Traut, M., Ettinger, S., Nelissen, D., Lee, D. S., Ng, S., Agrawal, A., Winebrake, J. J., Hoen, M., ... Pandey, A. (2015). Third IMO Greenhouse Gas Study 2014. International Maritime Organization.

Smol, M., Kulczycka, J., & Avdiushchenko, A. (2017). Circular economy indicators in relation to eco-innovation in European regions. *Clean Technologies and Environmental Policy, 19*, 669-678.

Song, S. K., Shon, Z. H., Moon, S. H., Lee, T. H., Kim, H. S., Kang, S. H., ... & Yoo, E. C. (2022). Impact of international Maritime Organization 2020 sulfur content regulations on port air quality at international hub port. *Journal of Cleaner Production, 347*, 131298.

Song, Y., Gnyawali, D., & Qian, L. (2024). From early curiosity to space wide web: The emergence of the small satellite innovation ecosystem. *Research Policy, 53*(2), 104932.

Sordello, R., Ratel, O., Flamerie De Lachapelle, F., Leger, C., Dambry, A., & Vanpeene, S. (2020). Evidence of the impact of noise pollution on biodiversity: A systematic map. *Environmental Evidence, 9*, 1-27.

Steenmans, K. (2021). The role of circular economy transitions in fostering sustainable energy democracy. In *Sustainable Energy Democracy and the Law* (pp. 144-168). Brill Nijhoff.

Strale, M. (2017). The role of port and logistics activities in Brussels. *Brussels studies. La revue scientifique électronique pour les recherches sur Bruxelles/Het elektronisch wetenschappelijk tijdschrift voor onderzoek over Brussel/The e-journal for academic research on Brussels.*

SYNAPSE (2019). Campagne d'évaluation nationale et recueil des démarches d'EIT. Lien : https://www.economiecirculaire.org/articles/h/prolongation-de-la-campagne-d-evaluation-des- demarches-d-eit-jusqu-au-31-decembre-2019.html

SYNAPSE (2020). Démarche d'EIT : Étude d'écologie industrielle sur le territoire de HAROPA. Lien : https://www.economiecirculaire.org/eit/h/le-reseau-synapse.html#search ,LGtleXdvcmQ6aGFyb3Bh:page1

Tansley, A. G. (1935). The use and abuse of vegetational concepts and terms. *Ecology, 16*(3), 284-307.

Thelliez, E. (1957). Les industries de l'agglomération dunkerquoise. *Revue du Nord, 39*(155), 13-49.

Thomas, L. (2021). Déconstruction de l'ancienne raffinerie SRD de Dunkerque, *Travaux - Revue technique des entreprises de travaux publics*, 967, 30-35.

Torre, A., & Rallet, A. (2005). Proximity and localization. *Regional Studies, 39*(1), 47-59Torre, A. (2009). Retour sur la notion de proximité géographique. *Géographie Économie Société, 11*(1), 63-75.

Torre, A., & Beuret, J. E. (2012). *Proximités territoriales* (pp. 105-p). Economica

Torre, A., & Tanguy, C. (2014). Les systèmes territoriaux d'innovation : où en est-on ?, dans S. Boutillier et al., *Principes d'Économie de l'Innovation*, Business & Innovation, Peter Lang, pp.307-319.

Torre, A. (2015). Théorie du développement territorial. *Geographie, economie, societe, 17*(3), 273-288.

Torre, A. (2018). Développement territorial et relations de proximité, *Revue d'Economie Régionale et Urbaine*, (5-6), 1043-1075.

Torre, A. (2023). Contribution to the theory of territorial development: a territorial innovations approach. *Regional Studies*, 1-16.

Tsai, Y. T., Liang, C. J., Huang, K. H., Hung, K. H., Jheng, C. W., & Liang, J. J. (2018). Self-management of greenhouse gas and air pollutant emissions in Taichung Port, Taiwan. *Transportation Research Part D: Transport and Environment*, *63*, 576-587.

Tsujimoto, M., Kajikawa, Y., Tomita, J., & Matsumoto, Y. (2018). A review of the ecosystem concept—Towards coherent ecosystem design. *Technological Forecasting and Social Change*, *136*, 49-58.

Uche-Soria, M., & Rodríguez-Monroy, C. (2019). Solutions to marine pollution in Canary Islands' ports: alternatives and optimization of energy management. *Resources*, *8*(2), 59.

Uzunidis, D. (2008). The logic of the innovative milieu, in Laperche, B. & Uzunidis, D. (eds), *The Genesis of Innovation, Systemic Linkages between knowledge and the market* (pp. 187-207). Cheltenham: E. Elgar.

Uzunidis, D. (2010). Innovation et proximité : entreprises, entrepreneurs et milieux innovateurs. *La Revue des sciences de gestion*, (1), 13-22.

Uzunidis, D. (2015). Cycles et renouveau économique : le mythe de l'innovation. *Marché et organisations*, (2), 77-97.

Uzunidis, D., & Adatto, L. (2022). *Crise pandémique. Dangers et opportunités d'innovations. Itinérances en période trouble (2020-2021)*, Editions Le manuscrit, Magna Carta, Paris.

Uzunidis, D., & Adatto, L. (2023). *Catastrophes majeures au XXIe siècle : santé, environnement, alimentation, guerre*. Chroniques d'alerte, Editions Le manuscrit, Magna Carta, Paris.

Vayssière, B. (2009). Relever la France dans les après-guerres : Reconstruction ou réaménagement ?. *Guerres mondiales et conflits contemporains*, *236*(4), 45-60.

Vence, X., & Pereira, Á. (2019). Eco-innovation and Circular Business Models as drivers for a circular economy. *Contaduría y administración*, *64*(SPE1), 0-0.

Vence, X., Pereira, A., & Laperche, B. (2022). Overcoming the circular economy paradox through innovation: Pitfalls in the transition pathways. *Journal of Innovation Economics & Management*, *39*(3), 1-13.

Vernier, M. F. (Ed.). (2023). *Eco-conception et transition écologique. Le modèle économique en question*, Iste, Londres.

Verret, M. (1999). *Le travail ouvrier*. Paris : L'Harmattan, 234 p.

Veyssière, S., Laperche, B., & Blanquart, C. (2022). Territorial development process based on the circular economy: A systematic literature review. *European Planning Studies, 30*(7), 1192-1211.

Veyssière, S. (2023). *L'économie circulaire, un levier de développement territorial ? Une étude à partir de 16 projets soutenus dans le cadre de la stratégie REV3 de la Région Hauts-de-France*. Thèse de doctorat sous la direction de B. Laperche et C. Blanquart, Université du Littoral Côte d'Opale.

Vigarie, A. (1979). *Ports de commerce et vie littorale*. Paris : Hachette

Vivien, F. D. (2003). Rencontre du troisième type... d'écosystème ou quand l'écologie devient industrielle. *Innovations*, (2), 43-57.

Volkmer Martins, B., Faccin, K., Espindula, E., & Balestrin, A. (2019). Understanding innovation ecosystems: A biomimetic approach. *Revue internationale d'intelligence économique, 11*(2), 11-29.

Voskamp, I. M., Stremke, S., Spiller, M., Perrotti, D., van der Hoek, J. P., & Rijnaarts, H. H. (2017). Enhanced performance of the Eurostat method for comprehensive assessment of urban metabolism: A material flow analysis of Amsterdam. *Journal of Industrial Ecology, 21*(4), 887-902.

Wang, J. S., Bao, J. L., Chang, W. T., Ran, L., & Feng, Z. Z. (2010). Construction of circular economy symbiotic network in port heavy chemical industry zone. *Journal of Hebei University (Philosophy and Social Science)*, (3), 24.

Wang, L., & Li, H. (2009). Study on development of circular economy in Tianjin harbor industrial park. *Renewable Resources and Recycling Economy, 12*.

Williams, J. (2019). The circular regeneration of a seaport. *Sustainability, 11*(12), 3424.

Wilmsmeier, G., & Spengler, T. (2016). Energy consumption and container terminal efficiency. economic commission for Latin America and the Caribian, *Bulletin FAL*, 6, 1-10.

Yaghmaie, P., & Vanhaverbeke, W. (2020). Identifying and describing constituents of innovation ecosystems: A systematic review of the literature. *EuroMed Journal of Business, 15*(3), 283-314.

Zhenfeng, W. Y. W. M. Z., & Xinning, Z. (2008). On the Establishment of Regional Circular Economy Mode in Hebei Port-based Industrial Zone. *Journal of Adult Education School of Hebei University of Technology*, (2), 13.

Ziel, J. (1998). Attractivité et reconversion industrielle. Les investissements étrangers directs à Dunkerque. *Document de travail du Lab. RII-ULCO, 18*.

Indicateurs du tableau de bord IMPPEC

AXE 1		
ACTION	**NOM DE L'INDICATEUR**	**DESCRIPTION DE L'INDICATEUR**
Stratégie	**Part du budget affecté à l'économie circulaire (EC)**	Pourcentage du budget annuel du port dévolu aux actions liées à l'économie circulaire
	Existence d'un cadre/chargé de mission en charge de l'EC ?	Au sein du port / ou éventuellement équipe Equivalent Temps Plein (ETP)
	Existence d'un plan d'action défini par le Port en matière de développement durable/économie circulaire ?	Existe-t-il des documents stratégiques et de planification disponible ? Y-a-t-il un suivi des actions de la part du port ? (Indicateurs/ rapports annuels)
Gouvernance	**Coopération locale en matière d'EC**	Existe-t-il une coopération entre le port et les collectivités ? Les associations ? L'université ? Les entreprises ?
		Dans la réalisation de vos objectifs, avez-vous des relations de collaborations avec d'autres organisations ?
		La gouvernance est-elle collective ou fragmentée ?
	Coopération nationale en matière d'EC	Existe-t-il une coopération entre le port et d'autres ports français sur le thème de l'EC (échange d'informations, projets communs)
	Coopération internationale en matière d'EC	Existe-t-il une coopération avec d'autres ports européens sur le thème de l'EC ?
Communicat-ion	**Existence de plateforme(s) de collaboration**	Y a-t-il une plateforme numérique de collaboration entre les entreprises et les acteurs portuaires, gérée par le port ?
	Actions de communication	Durant les cinq dernières années avez-vous fait des actions de communications autour du thème de l'économie circulaire, du développement durable ou de la valorisation des déchets ?

AXE 2		
ACTION	**NOM DE L'INDICATEUR**	**DESCRIPTION DE L'INDICATEUR**
Flux portuaires	**Suivi des flux portuaires et implication dans la symbiose industrielle**	Pourcentage de flux entrants (trafic portuaire) utilisé sur le territoire dunkerquois / dans la symbiose industrielle
Symbioses industrielles (caractéristiques)	**Nombre d'entreprises dans la symbiose industrielle (SI)**	Nombre d'entreprises composant la SI et évolution (distinguer flux de mutualisation et flux de substitution)
		Evolution du nombre d'entreprise de la SI (tendance croissante ? Ou décroissante ?)
	Implication dans les synergies entre entreprises	A quelle étape votre organisation intervient-elle dans la synergie entre entreprises en matière d'économie circulaire ?
	Bénéficiaires des services de l'institution	Nombre d'entreprises bénéficiant des services de l'institution
Type d'activités dans la SI	**Nombre de piliers de l'économie circulaire (Selon l'ADEME)**	Extraction / exploitation et achats durables
		Eco-conception
		Ecologie industrielle
		Economie de la fonctionnalité
		Consommation responsable
		Réemploi (Allongement de la durée de vie)
		Recyclage

AXE 3a		
ACTION	**NOM DE L'INDICATEUR**	**DESCRIPTION DE L'INDICATEUR**
Investissements en Infrastructures	**Nouvelles infrastructures construites**	Nombre d'infrastructures construites pour faciliter le développement de l'EC
	Eco-design infrastructure	L'infrastructure est-elle construite selon un modèle d'éco-conception ?
		Le port intègre-t-il des principes de l'EC dans les activités de maintenance et de rénovation ?
Mise à Disposition du Foncier	**Terrains mis à disposition**	Superficie du foncier disponible pour les entreprises Part du foncier disponible occupé par des nouvelles entreprises insérées dans la symbiose
Moyens Consacrés à la Formation et à l'innovation	**Nombre de partenariats**	Nombre de partenariats du port signés avec des instituts de recherche dans le champ du développement durable. (Locaux ou non).
	Nombre de stages et d'apprentissages	Nombre de stages et de contrats d'apprentissage des entreprises SI pour la formation à l'économie circulaire
	Formation en rapport avec l'économie circulaire	Formation en rapport avec l'économie circulaire
		Partenariats Université et autres acteurs
		Stages d'étudiants en lien avec l'économie circulaire
		Projets de recherche en lien avec l'économie circulaire
	% Dépenses de R&D	Dépenses de R&D faites par les entreprises de la symbiose industrielle

AXE 3b		
ACTION	**NOM DE L'INDICATEUR**	**DESCRIPTION DE L'INDICATEUR**
Innovations (Résultats)	**Nombre de brevets déposés**	Nombre de brevets déposés par les entreprises de la symbiose industrielle (SI) en relation avec les éco-innovations et les biotechnologies (biocarburants, etc.)
	Innovation introduite	Biens nouveaux ou améliorés
		Procédés de production nouveaux ou améliorés
		Prestations de services / nouvelles ou améliorées
		De nouvelles formes / outils (sites collaboratifs / plateformes / fablab par exemple) d'organisation de travail
		De nouvelles méthodes commerciales
Création d'entreprises	**Nombre d'entreprises créées**	De nouvelles entreprises se sont-elles insérées dans les projets d'écologie industrielle au cours des dernières années ?
	Nombre de titulaires d'écolabels	Nombre d'entreprises portant des actions labellisées développement durable.
Création d'emplois	**Nombre d'emplois créés dans la Symbiose industrielle**	Avez-vous créé des emplois durant les 5 dernières années ?
	Emplois « circulaires » créés	Parmi les emplois créés, quelle est la part d'emplois « circulaires » ?

AXE 4		
ACTION	**NOM DE L'INDICATEUR**	**DESCRIPTION DE L'INDICATEUR**
Réduction des Emissions / Ressources	**Total des émissions de CO_2**	Évolution du pourcentage d'émissions par an.
	Total des émissions de SO_2 et autres polluants	Évolution du pourcentage d'émissions par an
	Total des émissions de poussière	Évolution du pourcentage d'émissions de poussière par an
	Economie des ressources	Le développement d'activités circulaire a-t-elle permis des économies de ressources sur les 5 dernières années ? Eau, énergie, matières premières ?
Gestion des Déchets	**Déchets ménagers**	Recyclage (%), mise en décharge (%), incinération (%)
	Déchets issus de l'activité des entreprises	Participez-vous / Menez-vous des activités de mutualisation ?
		Votre entreprise a-t-elle recours à des co-produits dans sa chaine de production ?
		Est-ce que votre entreprise vend une partie des sous-produits / co-produits non valorisés dans sa chaine de valeur ?
		Votre entreprise réutilise-t-elle une partie de ses co-produits ?
	Déchets portuaires	-Pourcentage de sédiments valorisés Comment sont-ils valorisés (traitement sur site, intégration dans d'autres aménagements du port) ? - Pourcentage de déchets mis en décharge, incinérés, autres ? - Nombre d'opérations de dépollution (par le port ou auxquelles le port participe) - Existe-t-il des dispositifs d'identification des filières de traitement des déchets mis en

		place par le port ou auquel le port participe ? - Mise en place par le port d'outils de gestion des déchets (en l'occurrence outil SIRENE)
	Déchets industriels	Avez-vous connaissance de la quantité de déchets industriels produite à Dunkerque ?
		Est-ce qu'une partie de ces déchets industriels est recyclée ?
		Est-ce qu'une partie de ces déchets industriels est incinérée ?
Risques Industriels	**Entreprises classées**	Nombre d'entreprises classées SEVESO (différents seuils)

Index

Revue « Marché et Organisations »

Promouvoir la recherche originale sur les relations de plus en plus étroites entre le marché et les organisations. Les acteurs économiques de taille, de puissance et de pouvoir différents dont les intérêts peuvent être convergents, complémentaires ou, le plus souvent, antagoniques, ont tendance à organiser les marchés. La raison du marché, pourtant, est la référence stratégique pour l'entreprise ainsi que pour les institutions publiques de décision économique.

N°6 : Entrepreneuriat et accompagnement. Outils, actions et paradigmes nouveaux, 2008
N°7 : Développement durable des territoires. Economie sociale, environnement et innovations, 2008
N°8 : Développement durable et responsabilité sociale des acteurs, 2009
N°9 : Gouvernance : exercices de pouvoir, 2009
N°10 : Le travail collaboratif. Une innovation générique, 2009
N°11 : Economie sociale et solidaire. Nouvelles trajectoires d'innovations, 2010
N°12 : Relations à la marque et marques de la relation. Regards croisés sur le management relationnel de la marque, 2010
N°13 : Les contrats au service de la recherche ?, 2011
N°14 : Le potentiel économique de l'Afrique subsaharienne, 2011
N°15 : Management de la distribution, 2012
N°16 : Territoire Vert. Entreprises, Institutions, Innovations, 2012
N°17 : Eco-conception, conception et innovation. Les nouveaux défis de l'entreprise, 2013
N°18 : Intelligence économique : entreprises et territoires, 2013
N°19 : La finance globale. Un monde fini, 2013
N°20 : La crise du « développement », 2014
N°21 : La Chine innove. Politiques publiques et stratégies d'entreprise, 2014
N°22 : Go East! Nouvelles Economies de Marché, 2015
N°23 : L'économie du changement, 2015
N°24 : Le temps des artisans. Permanences et mutations, 2015
N°25 : Innovations de proximité et esprit d'entreprise, 2016
N°26 : L'avenir des économies du Maghreb : entre inertie structurelle et envie de rupture, 2016/3 (n° 27)
N°27 : Le sport aux frontières du marché du travail, 2016
N°28 : Dynamiques internationales des entreprises, 2017
N°29 : L'univers du risque, 2017
N°30 : Les petites entreprises dans l'histoire industrielle, 2017
N°31 : Economie sociale et *social business* ? Au défi d'entreprendre et se financer, 2018
N°32 : Éducation et fertilisation des économies africaines, 2018
N°33 : L'entrepreneuriat innovant dans les pays du Maghreb, 2018
N°34 : L'entrepreneuriat scientifique : institutions et innovation, 2019
N°35 : Le champ économique de la culture, 2019
N°36 : Economie sociale et solidaire ? Modèles d'innovation et modes de gouvernance, 2019
N°37 : Rethinking Luxury Business, 2020
N°38 : La santé connectée. Nouvelles technologies et réorganisation des soins, 2020
N°39 : Options stratégiques et systèmes complexes d'innovation, 2020
N°40 : Les services : intégration des systèmes productifs et lien social, 2021
N°41 : Crise pandémique, crise globale. Réalité et controverses théoriques, 2021
N°42 : La crise de la covid-19. Le marché et les organisations en perspective, 2021
N°43 : (Re)faire système. *Bug & reset*, 2022
N°44 : Aléas du marché et management du risque, 2022
N°45 : Le renouveau du transport et de la logistique : les systèmes d'information, 2022
N°46 : Entrepreneuriat et innovation dans l'enseignement supérieur, 2023
N°47 : Le tourisme créatif. Culture, créativité, patrimoine, management, 2023
N°48 : L'Afrique : questions de performances, 2023
N°49 : *Fintech* en sciences du management, 2024

https://www.cairn.info/revue-marche-et-organisations.htm

Collection « L'esprit économique »

fondée par Sophie Boutillier et Dimitri Uzunidis en 1996

Dernières parutions

► ***Série Economie et Innovation***

T. MICHAUD, *Le projet spatial européen, entre pragmatisme et imagination*, 2020.
J.-P. SCHMITT, N. RAVIDAT, *Management conjoint de la technologie et de la personne. Pour performer et croitre*, 2020.
Y. EL YAHYAOUI, *Economie des plateformes numériques. Captation de la valeur, pouvoir de marché et communs collaboratifs*, 2021.
G. DUTHIL, *Handicap et insertion professionnelle*, 2022.
T. MICHAUD, *La science-fiction institutionnelle*, 2023.

► ***Série Le Monde en Questions***

J. PIERRE-JUSTIN VIRAPATIRIN, *La petite économie insulaire de la Guadeloupe. Bilan, enjeux et perspectives*, 2022.
K. ESSAF, *Les Sukuk : aspects théoriques, rendement et risques*, 2022.
C. GALLOUJ, S. GALLOUJ, *Grande distribution non alimentaire au Maroc. GSS, grands magasins, malls, franchises et e-commerce*, 2023.
C. SARI, *Valeur relative de la monnaie et taux de change. Vers la fin de l'étalon dollar ?*, 2023.
G. DUTHIL, N. POLINI, *La Défense nationale*, 2023.
A. DAGHER, *La crise financière du Liban : taux de change, FMI, politique monétaire*, 2023.
G. BAYOH, *Ecosystème des transferts internationaux d'argent et développement durable : Contraintes et solutions*, 2024.

► ***Série Krisis***

R. DELORME, *La complexité autrement. Une réponse nouvelle à la pandémie et à d'autres phénomènes sociaux complexes*, 2022.
V. YEFIMOV, *L'ordre social monétaire. L'économie discursive défit le courant dominant et l'économie narrative*, 2022.
M. WIELEZYNSKI, *La loi du marché post-esclavagiste. Une approche critique*, 2023.
G. MINART, *Condorcet économiste : un libéralisme économique au service du bien public*, 2023.
A. MANRAY, *Petit traité de gouvernance à l'usage des despotes éclairés*, 2024.

► ***Série Clichés***

S. BOUTILLIER, D. UZUNIDIS (dir.), *La Russie européenne. Du passé composé au futur antérieur*, 2008.
R. VOLPI, *La négociation. Pain, paix, liberté*, 2009.
B. S. BONBON, *Géométrie parabolique tridimensionnelle ou perspective parabolique*, 2023.

► ***Série Cours Principaux***

B. LANDAIS, *Macroéconomie efficace. Croissance et crises*, 2020.
A. MBULI LANDU, *Le memo d'un comptable. Approche par le SYSCOHADA révisé*, 2021.
M. EL KARRIM, *Introduction à l'économétrie appliquée*, 2022.
Z. FIRANO, *Fondements de la finance de marché. Théories et applications*, 2022.
Y. KEHO, *Introduction à l'économétrie appliquée sous EVIEWS, Rappels de cours et illustrations pratiques*, 2023.
K. AMZILE, *Intelligence artificielle et modélisation du risque de crédit*, 2023.
B. LANDAIS, *Macroéconomie. Les fondamentaux*, 2024.

► ***Série L'économie formelle***

E. CARREY, H. LANDIER, *Après la guerre contre la Covid : de l'économie financière a l'entrepreneuriat social*, 2021.
J. LATREILLE, *Sale temps pour l'économie marchande*, 2021.
J. LATREILLE, *Escronomistes ! Ces théories qui abîment le monde*, 2022.
M. FOUQUIN, *Dettes publiques à long terme et souveraineté nationale : enseignements des crises du XIIe au XXIe siècle*, 2023.
J.-P. ROSELLO, *Marchés financiers, capital financier et crises systémiques*, 2024.
J.-L. VILLOUTREIX, *L'eau coule à Aguad : un conte économique*, 2024.
B. MEUNIER, *L'insoutenable dette publique de la France*, 2024.

Structures éditoriales du groupe L'Harmattan

L'Harmattan Italie
Via degli Artisti, 15
10124 Torino
harmattan.italia@gmail.com

L'Harmattan Hongrie
Kossuth l. u. 14-16.
1053 Budapest
harmattan@harmattan.hu

L'Harmattan Sénégal
10 VDN en face Mermoz
BP 45034 Dakar-Fann
senharmattan@gmail.com

L'Harmattan Cameroun
TSINGA/FECAFOOT
BP 11486 Yaoundé
inkoukam@gmail.com

L'Harmattan Burkina Faso
Achille Somé – tengnule@hotmail.fr

L'Harmattan Guinée
Almamya, rue KA 028 OKB Agency
BP 3470 Conakry
harmattanguinee@yahoo.fr

L'Harmattan RDC
185, avenue Nyangwe
Commune de Lingwala – Kinshasa
matangilamusadila@yahoo.fr

L'Harmattan Congo
219, avenue Nelson Mandela
BP 2874 Brazzaville
harmattan.congo@yahoo.fr

L'Harmattan Mali
ACI 2000 - Immeuble Mgr Jean Marie Cisse
Bureau 10
BP 145 Bamako-Mali
mali@harmattan.fr

L'Harmattan Togo
Djidjole – Lomé
Maison Amela
face EPP BATOME
ddamela@aol.com

L'Harmattan Côte d'Ivoire
Résidence Karl – Cité des Arts
Abidjan-Cocody
03 BP 1588 Abidjan
espace_harmattan.ci@hotmail.fr

Nos librairies en France

Librairie internationale
16, rue des Écoles
75005 Paris
librairie.internationale@harmattan.fr
01 40 46 79 11
www.librairieharmattan.com

Librairie des savoirs
21, rue des Écoles
75005 Paris
librairie.sh@harmattan.fr
01 46 34 13 71
www.librairieharmattansh.com

Librairie Le Lucernaire
53, rue Notre-Dame-des-Champs
75006 Paris
librairie@lucernaire.fr
01 42 22 67 13

www.ingramcontent.com/pod-product-compliance
Lightning Source LLC
LaVergne TN
LVHW080932071026
849535LV00013B/4180
* 9 7 8 2 3 3 6 4 6 6 1 8 7 *